王翰颖 著

高诱《吕氏春秋注》研究

人民出版社

目 录

绪　论

　　《吕氏春秋》诞生于战国末，各种迹象表明中国历史将由纷乱走向统一，而这样一个重担也将由实力最强的秦国来担任。秦国宰相吕不韦以他商人的敏锐、开明的思想和灵活的头脑，紧紧抓住了这一时机，以众门客之手，"备天地万物古今之事"，有组织有计划地编写了这部政治蓝图一般的《吕氏春秋》，以期为秦王嬴政统一天下建立新政权而作思想准备和政治谋划。后来的历史告诉我们，吕不韦的一片苦心和精心并未能够付诸实践，但秦始皇也并未将其焚烧，《吕氏春秋》也就这样奇迹般地保存了下来，并对汉代社会产生了深远的影响。

　　四百年后，同样是在战乱纷争的年代里，《吕氏春秋》早已没有了当年"暴之咸阳市门，悬千金其上，有能增损一字者与千金"的霸气，而面临着被私意篡改而面目全非甚至残缺佚失的命运。许是命不该绝，汉末儒士高诱于家中"寻绎案省"，惊喜之余发现"大出诸子之右"，遂"复依先师旧训，辄乃为之解焉，以述古儒之旨"①。高诱注是《吕氏春秋》的第一部注书，对《吕氏春秋》文本的保存、流传和先秦思想的传承起到了重要的保护作用。后人对《吕氏春秋》的校正、注释、研究均以高诱注为基础，是《吕氏春秋》研究领域的奠基之作。高诱也因为《吕氏春秋注》、《淮南子注》和《战国策注》的成书和传世而确立了他汉代训诂大家的地位。清卢见曾赞曰："两汉传注存者，自毛氏、

---

① 高诱《吕氏春秋序》，《诸子集成》本，世界书局 1935 年版。以下所引文字出自《吕氏春秋》者，不再另行注出。

1

何氏而外，首推郑氏。继郑氏而博学多识者，唯高氏。盖其学有师承，非赵台卿、王叔师之比也。"①

　　汉代是经学的天下，治经成为汉代士人取仕的主要途径，"遗子黄金满籯，不如一经"真实地反映了当时经学在利禄之途中的重要性。经学不仅霸占了政坛，也强居着学坛。经学之外的诸子之学皆沦为末流而鲜有人习，研究文字、音韵、训诂的"小学"也只是经学的附庸，为读经解经服务。古文经学因为治学以名物训诂为长、抵制"微言大义"的随意阐发而无法战胜强势的今文经学，难以取得官学的地位，虽一度被提升为博士，但终究难敌今文经学的强大壁垒。直到东汉末年，经过贾逵、马融、许慎、郑玄等学者的共同努力方才最终战胜今文经学，完成了今古文经学的合流。高诱的《吕氏春秋注》就诞生于今文经学衰微、古文经学逐渐取得胜利的东汉末年。由于历史的原因，在汉代历史上，学者于《吕氏春秋》颇为讳言，又因班固《汉书·艺文志》（以下简称"汉志"）将之列入"杂家"而地位更低，这样一部著作在经学昌盛时期是断然不会有人为之作注的。汉代注书以经书为主要对象，《汉书·艺文志》中所载录的经书的各家注本数量繁多，流传至今的如毛亨《毛诗故训传》、郑玄《毛诗笺》和《三礼注》、何休《春秋公羊解诂》等。只有到了东汉中后期以后，随着古文经学的深入人心、今文经学的没势，注释的范围方才从经书扩展开来，如《孟子》、《老子》、《孝经》、《战国策》、《楚辞》等逐渐都有了注书问世。高诱则将目光转向了杂家著作，先后为《淮南子》和《吕氏春秋》作注，扩大了注释范围，提高了杂家著作的地位。高诱师承卢植，为古文经学大师马融的再传弟子，治学之路以古文经学为主，注文风格简洁朴实，重名物训诂，少义理发挥。《吕氏春秋注》是以古文经学之路数治诸子的优秀著作，是研究汉代训诂成就的重要参考资料。《吕氏春秋注》中保存了大量的方言、地舆、人物、制度、官职、史实、自然等词语的解释，是研究汉代社会的宝贵文献资料。

---

① 卢见曾：《刻姚本战国策序》，见诸祖耿：《战国策集注汇考》，凤凰出版社 2008 年版，第 1821 页。

　　在长期的流传过程中，高诱注本难免残缺或舛误，后人有感于"自宋以来，刊刻多谬讹"，且校注"或羝牾本意，失其旨趣，私辄病之"①，而纷纷对《吕氏春秋》原文以及高注进行重新修订，如毕沅《吕氏春秋新校正》、蒋维乔和杨宽、沈延国等合著的《吕氏春秋汇校》、许维遹《吕氏春秋集释》等都是系统整理《吕氏春秋》的优秀之作。特别是陈奇猷于1984年初版的《吕氏春秋校释》、2002年再版的《吕氏春秋新校释》和王利器的《吕氏春秋注疏》，集校勘、文字、注疏于一体，是新中国成立后研究《吕氏春秋》的鼎力之作，也兼为高诱注的勘正和研究做出了努力。

　　因为《吕氏春秋》高诱注是一部汉人的传注训诂著作，所以目前，对《吕氏春秋》高诱注的研究主要体现在对其训诂成就的研究总结方面。

　　一些训诂学教材或专著都提到高诱注《淮南子》、《吕氏春秋》、《战国策》在汉代训诂成就中的重要地位，如周大璞《训诂学初稿》（1987）、李建国《汉语训诂学史》（2002）、陈绂《训诂学基础》（2005）、孙永选《新编训诂学纲要》（2007）等，都对高诱注的整体情况和历史地位做了简单明了但高屋建瓴的说明和概括。又有单篇论文综述《吕氏春秋》高诱注的训诂特点或意义，如韩阙林、陈静言《高诱在训诂学上的贡献》（1991）、马辉芬《〈吕氏春秋〉高诱注训诂特点综述》（2008）、姚红卫《试析〈吕氏春秋〉高诱注的训诂价值》（2001）等，相较于上述教材或专著评述更加翔实和丰富。更有一些硕士博士论文从训诂学的角度专门讨论《吕氏春秋注》，如崔晓静《高诱〈吕氏春秋〉语句注释测查与分析》（2001）、徐志林《〈吕氏春秋〉高诱注研究》（2003）、王丽芬《〈吕氏春秋〉高诱注研究》（2005）、武玉香《高诱注训诂研究》（2012）、杨效明《〈吕氏春秋〉高诱注名物训释研究》（2014），比较全面地论述了《吕氏春秋》高诱注在传统语言学方面的成就和意义。

　　还有专门从训诂学的某个角度来谈论《吕氏春秋注》的。词汇方面，有吴

---

① 徐时栋:《烟屿楼文集·吕氏春秋杂记序》,《续修四库全书·集部·别集类》,上海古籍出版社2002年版,第240页。

欣《高诱〈吕氏春秋注〉词汇研究》（2008）、焦冬梅《高诱注释语言词汇研究》（2011）和郭欣欣《〈吕氏春秋注〉复音词研究》（2014），都对其词汇做了较为全面的分析，王清秋（2015）则从比较语言学的角度试图从新的角度探究今古文经学的差异，是个不错的尝试。另有古敬恒《〈吕览〉高注中所见古汉语基本词的特性》（1988）、喻世长《〈吕氏春秋〉高诱注中所显示的单素词向多素词演变的痕迹》（1990）、吴泽顺《汉魏时期同义并列双音词的衍生模式——以高诱注中的音训词为例》（2009）、焦冬梅《高诱注对〈同源字典〉及系列字典的修正和补充》（2009）、周俊勋《高诱注词汇研究》（2008）、《从高诱注看东汉北方代词系统的调整》（2000）等则是着眼于历史语言学角度，从历时的角度来关照《吕氏春秋》高诱注的语言学价值。

语音方面，有翟思成《高诱音注材料与分析》（2001）、徐志林《〈吕氏春秋〉高注音读研究》（2004）、杨蓉蓉《高诱注所存古方音疏证》（1992）、李超《高诱注中音注反映的汉末声母特点论析》（2008）、黄坤尧《高诱的注音》（1992）和《高诱音补说》（2005）、吴欣《〈吕氏春秋〉高诱注声训体例研究》（2012）等对高诱注的注音材料进行梳理，而孙玉文《从东汉高诱的注音材料看中古韵书未收的一些上古读音》（2020）进一步挖掘高诱注中语音材料的历史价值，对当今《吕氏春秋注》的研究很有启发意义。

方言方面，有周俊勋《高诱注方言词研究》（1999）、华学诚《论高诱的方言研究》（2002）、《从高诱注看东汉北方代词系统的调整》（2000）将高诱所有注释看做一个整体全面论述其方言词汇的情况及发展轨迹。

语法方面，有孙良明《高诱注中的语义结构和语法结构描写》（1988）、《谈高诱"注"解说受事主语句的表达功能、解释能力和先秦汉语受事主语句系统及古代汉语被动句的形成——兼质疑"（N）为（N）V"式指称说》（2010）、李开《〈吕氏春秋〉高诱注的语法问题》（1989）、卢和乐《试析〈吕氏春秋〉高诱注的语法价值》（2004）等。

术语方面，有王明春《高诱训诂术语研究》（2004）比较全面地对高诱注的术语进行归纳总结。又有日本学者平山久雄《高诱注〈淮南子〉〈吕氏春秋〉

的"急气言"与"缓气言"》(1991)、刘芹《高诱譬况音注术语功能研究》(2009)等专门讨论了高诱注中的一部分有历史争议的注音术语。

除了从训诂角度对之进行研究外，还有一些论文从其他角度进行探讨：注文的勘正，如杨明照《学不已斋杂著·吕氏春秋高诱训解疏证》(1985)、姚红卫《〈吕氏春秋〉高诱注之误释》(1994)、顾丽丹《〈吕氏春秋〉校注札记》(2008)；注文的文献价值，如吴欣《从注释内容看〈吕氏春秋〉高诱注的文献资料价值》(2011)、史建桥《高诱与古籍整理》(1989)、何志华《高诱引〈礼〉考》(1996)、徐志林《〈吕氏春秋〉高注所引书目初探》(2005)这些文献对于《吕氏春秋注》的校勘注释及刊行起到了积极的建设性作用。

有两部专著不得不提，即何志华《高诱注解发微：从〈吕氏春秋〉到〈淮南子〉》(2007)和《经史考据：从〈诗〉〈书〉到〈史记〉》(2007)。前者收录七篇论文①，皆与《吕氏春秋》、《淮南子》的高诱注解有关，是研究高诱注的重要参考资料。后者收录的三篇文章②亦与高诱有关，对于高诱学术体系和汉代古籍流传情况的研究极有帮助。

从以上的总结梳理来看，近些年来，随着训诂学的复兴、语言本体研究的深入、文献整理工作的重视，对《吕氏春秋》高诱注的研究从总体到局部已经做了很多整理和分析工作，对汉代训诂学的补充研究和汉代语言语料的研究提供有价值的成果。但这些成果仍然仅局限在文献训诂的范围内，没能够跳出这个限制，从宏观的角度、理论的高度和思想的深度对之进行全方位的研究。

《吕氏春秋注》是一部注书，但绝不仅仅是一部注书，它既是高诱的个人成就，也是时代的产物，它能反映高诱本人的思想学术修养，也能折射出时代的政治、学术之风。正是出于这样的考虑，本文拟在前人研究成果的基础上，

---

① 即《王利器"〈吕氏春秋〉之编次本为〈六论〉、〈十二纪〉、〈八览〉"书证献疑——兼论高诱注释体例问题》、《高诱注解体例探微——兼论高〈注〉于群经考据之用》、《〈淮南子〉、〈吕氏春秋〉、〈战国策〉三书高〈注〉互异集证》、《〈吕氏春秋〉高诱〈注〉校释》、《〈淮南子〉高诱〈注〉校释》、《〈汉语大词典〉收录〈淮南子〉罕用词汇义例献疑——兼论高诱注解之参考作用》及《〈汉语大字典〉、〈汉语大词典〉"无子曰孤"义例商榷》。

② 即《高诱用〈诗〉考》、《高诱引〈礼〉考》和《高诱引〈山海经〉考》。

以大量历史文献为依托，综合运用文献学、训诂学、语言学等学科方法，秉着实事求是的精神，对高诱和《吕氏春秋注》作全面的考察，探讨高诱的经世思想，肯定《吕氏春秋注》的历史价值，确立《吕氏春秋注》在我国传统语言学发展史上的地位。

本书将高诱及其著作置于汉代政治、学术的历史发展中，考察《吕氏春秋注》成书的必然性和可能性。《吕氏春秋》对汉代的影响是潜移默化的，虽然没有如《五经》一样掀起研究的高潮，但实际上已经渗透进汉代政治、学术的很多方面。而汉末经学的衰微、学术思想的多元化则为子学的兴起创造了契机，这决定了《吕氏春秋》必定会重新浮出水面。高诱本人的学术修养又为《吕氏春秋注》的产生提供了可能。

本书将高诱注置于语言历史发展的大背景中，考察其语言注释的思想和对汉代训诂的继承与发展，从而加强了高诱注训诂研究的理论深度。高诱是一位优秀的训诂学家，他用历史发展的眼光来看待所要注释的语言文字，抱着"阙如"的精神，还原文本原貌，对之作历时和共时的研究，灵活地根据上下文来解释词语含义，充分体现了汉代古文经学的学术特点，扩大了汉代训诂的范围，是通向魏晋训诂学的桥梁。

本书高诱注中引用了大量的古代文献，通过对引书的考察，可以看到先秦古籍在汉代末期的流传情况，也可以看出高诱的学派归属。本书在这部分用力较多，所获也颇丰。

本书通过高诱注文考察高诱本人的思想观念。《孟子·万章下》曰："颂其诗，读其书，不知其人，可乎？是以论其世也，是尚友也。"这就是所谓的"知人论世"的观点，是我国典籍注释的重要原则和方法。反过来，可以"因世知人"，可以"因书究学"，通过考察其人之书，可以看到其人的思想面貌。故章学诚曰："欲人即类求书，因书究学。"①通过《吕氏春秋注》考察高诱的思想，这方面的研究目前还相当缺少，如丁原明《高诱思想述要》（1988）、金前文

---

① 章学诚：《文史通义》，上海书店 1988 年版，第 57 页。

《赵岐、高诱〈诗经〉学渊源再考》（2007），许建良《魏晋玄学伦理思想研究》（2003）讨论了《吕氏春秋注》和《淮南子注》中"天本授人清净之性"的伦理思想，李秀华（2011）通过梳理《淮南子注》和《吕氏春秋注》试图诠释高诱的群经之学，等等，可以看出这方面的研究已经起步，仍显不足，尚有很大的发展空间。

本书所用版本为 1935 年世界书局《诸子集成》本《吕氏春秋注》，并参考了许维遹《吕氏春秋集释》（中华书局 2009 年版）和陈奇猷《吕氏春秋新校释》（上海古籍出版社 2002 年版）。

第 一 章

高诱及《吕氏春秋注》的成书分析

　　汉末高诱，学博识卓，然今传其书仅《吕氏春秋注》、《淮南子注》、《战国策注》等数种，可谓吉光片羽。读《吕氏春秋注》，叹先贤作注之不易，遂想见其为人。对高氏之生平、事迹、师承、著作等重新加以梳理、考证，可为治汉代文献学、学术史者提供小助。《吕氏春秋》这样一部成书于秦统一前夕的宏伟蓝图，却在随后的秦汉之际，"世儒以不韦故，几欲弃绝此书"①。然至汉末，高诱竟为之作注，其中必定有其必然的社会原因为《吕氏春秋》的浮出水面创造时机，也有高诱个人主观方面的原因使《吕氏春秋注》的成书成为现实。

第一节　高诱生平事迹考

一、高诱生平考

　　高诱，《后汉书》无传，故生卒年未详。今传史料载其身世及著述者，唯其《淮南子注》、《吕氏春秋注》之两篇序文，后人对于高诱的了解大致即据于此。今备录于下，《淮南子·叙目》言：

---

① 卢文弨：《抱经堂文集·书吕氏春秋后》，《丛书集成》，商务印书馆1935年版，第149页。

自诱之少，从故侍中、同县卢君受其句读，诵举大义。会遭兵灾，天下棋峙，亡失书传，废不寻修，二十余载。建安十年，辟司空掾，除东郡濮阳令，睹时人少为《淮南》者，惧遂凌迟，于是以朝晡事毕之间，乃深思先师之训，参以经传道家之言，比方其事，为之注解，悉载本文，并举音读。典农中郎将弁揖借八卷刺之，会揖身丧，遂亡不得。至十七年，迁监河东，复更补足。①

《吕氏春秋·序》言：

诱正《孟子》章句，作《淮南》、《孝经》解毕讫，家有此书（《吕氏春秋》）……故复依先师旧训，辄乃为之解焉。②

一代先正的生平、事迹，今乃独倚重两篇序文，实为憾事。然既隔世千载，无从质证，亦只得据此而加以考释、疏证。

首先，《淮南子·叙目》题"汉涿郡高诱撰"，《吕氏春秋·序》题"汉河东高诱撰"，然涿郡、河东二地绝不相及。按《水经注·易水》曰："高诱云：'易水迳故安城南城外东流。'即斯水也。诱是涿人，事经明证。"③即称高诱乃涿人。涿，即涿县（今河北省涿州市），西汉高帝六年（公元前201）置涿郡，隶属幽州刺史部，治在涿，领县二十九。后汉涿郡辖域大大缩减，仅七县，仍治涿。魏黄初五年（224），涿郡改为范阳国，治所仍在涿。后几经废改，至南北朝时期，涿属范阳郡，并为其治所。《魏书·郦道元传》："郦道元，字善长，范阳人也。"④故高氏实郦氏之乡先贤，郦氏当对高诱之籍贯甚为熟稔，则高诱乃涿郡人士自为可信。至于《吕氏春秋·序》所题之"汉河东高诱撰"，可能是由于诱曾"迁监河东"，故后人误以河东为诱之郡望。

其次，关于高诱之约略生年。然欲探讨此问题，需先解决另一问题，即高诱求学于何时。

---

① 高诱：《淮南子注》，上海书店1986年版，第2页。

② 高诱：《吕氏春秋注》，《诸子集成》本，上海书店1986年版，第2页。

③ 陈桥驿：《水经注校证》，中华书局2007年版，第280页。

④ 魏收：《魏书》，中华书局1974年版，第949页。

《淮南子·叙目》中提道:"少从故侍中同县卢君,受其句读,诵举大义。"诱既为涿郡涿人,则所谓"同县卢君",自指东汉经学大师卢植。卢植,《后汉书》有传,云:"卢植字子干,涿郡涿人也。"卢植于灵帝熹平年间作过侍中,且"能通古今学,好研精而不守章句。……学终辞归,阖门教授"①,正与诱"受其句读,诵举大义"相吻合。由此可证,高诱少所从师之"卢君"确乃卢植无疑。

考卢植平生,大致有四个可以招收弟子的时期。第一个时期,学成归来之后。"学终辞归,阖门教授。"此时卢植尚为布衣。汉灵帝登基以后,才于"建宁中,征为博士"。第二个时期,平九江蛮反之后。《三国志·先主传》:"(刘备)年十五,母使行学,与同宗刘德然、辽西公孙瓒俱事故九江太守同郡卢植。"又据本传:"夏四月癸巳,先主殂于永安宫,时年六十三。"②按此乃章武三年即223年,故刘备生于161年。备"年十五"时,即175年。《后汉书·公孙瓒传》:"(公孙瓒)后从涿郡卢植学于缑氏山中,略见书传。"③据上,175年卢植"以疾去官",大概就隐居于缑氏山中注疏经籍,"作《尚书章句》《三礼解诂》",并教授子弟,其中包括刘备、刘德然、公孙瓒等。"会南夷反叛",卢植又被委以新任,所以刘备等人的学习生涯只好告一段落。第三个时期,黄巾起义初时卢植获罪免官归乡期间④。卢植拒绝行赂于左丰,被诬告,"槛车征植,减死罪一等",后待到皇甫嵩"讨平黄巾,盛称植行师方略",卢植才"其年复为尚书"。"抵罪在(中平元年)六月,复为尚书在(中平元年)十二月"⑤。第四个时期,卢植晚年被免官以后"隐于上谷"时期。虽名之曰"不交人事",只是不再参与政治,并不表明不与外界来往。以卢植此时的声誉,定会有很多

---

① 范晔:《后汉书》,中华书局1965年版,第2113页。
② 陈寿:《三国志》,中华书局1959年版,第871页。
③ 范晔:《后汉书》,中华书局1965年版,第2357页。
④ 民国常熟蒋元庆认为,诱于公元184年卢植因罪释官归家期间拜师求学。参见蒋元庆:《后汉侍中尚书涿郡卢君年表》,《汉晋名人年谱2》,北京图书馆出版社2004年版,第76页。
⑤ 据蒋元庆:《后汉侍中尚书涿郡卢君年表》,《汉晋名人年谱2》,北京图书馆出版社2004年版,第76页。

学生前来拜访，所以齐思和认为"诱从之受学，盖在其归隐之后"①，即灵帝中平六年（189）以后②。

高诱自称"少从故侍中同县卢君"，很容易让人理解为高诱从师于卢植任侍中期间。③这涉及对"故"字的理解。如前文刘备等人"俱事故九江太守同郡卢植。""故"表示曾经的意思，"故九江太守"表明刘备之人从学于卢植时，卢植已经辞官，不再担任九江太守。又，《后汉书·卢植传》："建安中，曹操北讨柳城，过涿郡，告守令曰：'故北中郎将卢植……'"其中"故"亦表示曾经、过去、从前的意思。则"故侍中同县卢君"只表明卢植曾担任过侍中一职，并非高氏跟随其学习是其任侍中时期。"岁余，复征拜议郎……帝以非急务，转为侍中，迁尚书。"侍中之后，卢植很快迁尚书，黄巾起义初又被委任北中郎将，高诱为何提"故侍中同县卢君"，而不提"故尚书同县卢君"或"故北中郎将卢君"呢？这或许与"侍中"这一官职有关。侍中，秦时已设立，《通典》："秦为侍中，本丞相史也，使五人往来殿内东厢奏事。"④当时是联络皇帝和丞相之间的一个小官。西汉继承秦制，职能与秦时无异。武帝时，加强了皇帝身边亲信的职能，侍中受到提拔和重用。光武帝时，侍中成为有固定秩为"比二千石"的官职，亦有了固定的职能，"掌侍左右，赞导众事，顾问应对"⑤。而且在东汉，担任侍中的还往往是"旧儒高德，博学渊懿"之人，以供皇帝"仰占俯视，切问近对"⑥。灵帝熹平六年设立侍中寺⑦，大大扩大了侍中的规模和职权。高诱在此特意强调"故侍中同县卢君"，或许是在向外人骄傲地暗示他

---

① 齐思和：《中国史探研》，中华书局 1981 年版，第 241 页。

② 但这时距诱于"建安十年辟司空掾"仅 16 年，与诱之自述"废不寻修二十余载"不相符。故此说不可信。

③ 李秀华认为，诱于卢植任侍中期间即熹平五年从之受学，并一直延续到黄巾起义爆发方结束学业。（李秀华：《〈淮南子〉许高二注研究》，华东师范大学 2010 年博士学位论文，第 122 页。）

④ 杜佑：《通典》，中华书局 1984 年版，第 121 页。

⑤ 范晔：《后汉书》，中华书局 1965 年版，第 3593 页。

⑥ 蔡质：《汉仪》，《后汉书·百官三》"侍中"注引，中华书局 1965 年版，第 3593 页。

⑦ 参见李浩：《东汉侍中探论》，《石河子大学学报》（哲学社会科学版）2008 年第 5 期。

学有所出，师出名门。另有《晋书·江逌传》提道"汉侍中卢植，时之达学，受法不究，则不敢厝心"①，亦是从卢植的学术地位着眼的。除此两处，他人提到卢植，或"尚书卢植"，或"故北中郎将卢植"，侧重的是他在政治或军事方面的贡献。

至此，我们确定高诱跟随卢植学习当在第三阶段即黄巾起义中因罪免官放归故乡期间。高氏"受其句读，诵举大义"时"会遭兵灾，天下棋峙"，"兵灾"指的正是黄巾起义。因卢植复官，高氏只好结束了短暂的求学。到"建安十年，辟司空掾"恰"二十余载"②。或许正是这不长时间的学习，造就了高诱不同于其师卢植的学术风格。

高诱自述："自诱之少从故侍中同县卢君，受其句读，诵举大义。"此"少"字是个很含糊的概念，很难确定具体年龄断限。但若从学习的角度来讲，应在八岁以后、二十岁以前。古代关于孩童的入学年龄，有诸多说法。《大戴礼记·保傅》："古者年八岁而出就外舍，学小艺焉，履小节焉；束发而就大学，学大艺焉，履大节焉。"③《尚书大传》云："古之王者必立大学、小学，使王子、公卿、大夫、元士之嫡子十有五年始入小学，见小节焉，践小义焉。二十始入大学，见大节焉，践大义焉。"又云："穋鉏已藏，祈乐已入，岁事已毕，余子皆入学。十五始入小学，见小节，践小义；十八始入大学，见大节，践大义。"④班固《汉书·食货志》："八岁入小学，……十五入大学。"⑤后世学者多有考证，但仍然不能统一。但不管是哪个阶层的子弟，学习时间均在八岁至二十岁之间。《白虎通义·辟雍篇》解释道："古者所以年十五入大学何？以为八岁毁齿，始有识知，入学学书计。七八十五阴阳备，故十五成童志明，入大

① 房玄龄：《晋书》，中华书局1974年版，第2175页。

② 据蒋元庆：《后汉侍中尚书涿郡卢君年表》，《汉晋名人年谱2》，北京图书馆出版社2004年版，第76页。

③ 王聘珍：《大戴礼记解诂》，中华书局1983年版，第60页。

④ 伏生：《尚书大传》，中华书局1985年版，第105—122页。

⑤ 班固：《汉书》，中华书局1962年版，第1122页。

学，学经术。"① 故有 "八岁入小学，十五入大学" 的说法。而古代男子二十加冠成人，始学礼，故又有 "二十入大学" 之说。至于 "十三入小学，十八入大学" 则是 "盖国子与王子共学必稍长，乃知贵贱之礼、上下之分，且使王子有辅仁之益，故其期不同"②。至于普通百姓家子弟，大约也不出此年龄段。引《书传略说》云："余子十三入小学，十八入大学。其乡人当与余子同。"③ 而清胡渭则曰："《食货志》'八岁入小学，十五入大学'，此庶人之子入学之年也。其所谓'小学'即家塾，'大学'则庠序也。"④ 学生资质不同，性成之早晚各异，故入学年龄有差异也就在情理当中了。高诱出身断非平民，幼童时期或读庠序，大概于十三至二十岁之间从卢植师受学。《魏书·徐遵明传》："年十七，随乡人毛灵和等诣山东求学……猛略谓遵明曰：'君年少从师，每不终业，千里负帙，何去就之甚？ 如此用意，终恐无成。'"⑤ 其中 "少" 即指十七岁及随后的几年学习生涯。若依次推算，184 年诱拜师习经时乃一成童，则诱之生年当在公元164—171 年之间，正处于后汉桓帝末灵帝初。李秀华认为 "高诱的生年大概在汉桓帝永寿三年（157）至延熹四年（161）之间"⑥，或许未必可靠。

　　《淮南子·叙目》曰："会遭兵灾，天下棋峙，亡失书传，废不寻修二十余载。"⑦ 自结束求学至 "建安十年，辟司空掾，除东郡濮阳令" 这二十余载，高诱的生平事迹恐怕是难以稽查了。但据《吕氏春秋·序》"诱正《孟子》章句，作《淮南》、《孝经》解毕讫"，可知在注《淮南子》之前，高诱曾给《孟子章句》做过校正。高氏所谓 "废不寻修二十余载" 不过是过谦之辞，高氏从未放弃句读、大义的学习。正是这样的积累，才于乱世中有了《淮南子注》、《孝经解》、

① 陈立：《白虎通疏证》，中华书局 1994 年版，第 253 页。
② 柯尚迁：《周礼全经释原》卷四，《文渊阁四库全书》第 96 册，上海古籍出版社 1987 年版，第 624 页。
③ 卫湜：《礼记集说》卷三三，《通志堂经解》，第 515 页。
④ 胡渭：《大学翼真》卷一，《文渊阁四库全书》第 208 册，上海古籍出版社 1987 年版，第 918 页。
⑤ 魏收：《魏书》，中华书局 1974 年版，第 1855 页。
⑥ 李秀华：《〈淮南子〉许高二注研究》，华东师范大学 2010 年博士学位论文，第 123 页。
⑦ 高诱：《淮南子注》，上海书店 1986 年版，第 2 页。

《吕氏春秋注》、《战国策注》等的问世。难怪王蘧常赞曰："诱生汉末天下棋峙之秋，干戈满地，救死不暇，独能不忘述作，其有道之士哉？"[1]

《后汉书·卢植传》云："建安中，曹操北讨柳城，过涿郡，告守令曰：'故北中郎将卢植，名著海内，学为儒宗，士之楷模，国之桢干也。……《春秋》之义，贤者之后，宜有殊礼。……'"[2]恐怕受到"殊礼"的不仅有卢氏子孙，亦有卢门之徒。东汉末年，地方上居统治地位的是各地的大姓、名士，他们在政治、经济、文化上对广大的农村实行垄断，并成为左右政局的重要力量，反映在人才的选拔上则是唯"名"是举，结党营私。曹操为了加强统治，消除大姓名士的消极影响，提出"唯才是举"的主张，其《论吏士行能令》云："治平尚德行，有事赏功能"。[3]但是，曹操毕竟摆脱不了大姓名士控制地方的现实，所以也只能退而求其次，在大姓、名士的范围之内选拔他所需要的优秀人才。《三国志·郭嘉传》注引《傅子》云："河北既平，太祖多辟召青、冀、幽、并知名之士，渐臣使之，以为省事掾属，皆嘉之谋也。"[4]《资治通鉴》"建安十年"条亦载，"（建安十年）郭嘉说操多辟青、冀、幽、并名士以为掾属，使人心归附，操从之。"[5]于是就有了《三国志·卢毓传》所谓"文帝为五官将，召毓署门下贼曹"[6]。可以想见，高诱亦是因之而于"建安十年，辟司空掾，除东郡濮阳令"。"司空"，东汉三公（太尉、司徒、司空）官名，"掾"，辅佐之意。"司空掾"即司空下属的佐官，大概相当于现在的秘书之类。司空掾只是个过渡，很快，高诱得到提拔，"寻除东郡濮阳令"。东郡，秦始皇五年即公元前242年攻下建郡，治濮阳，隶属兖州。前汉领县22，后汉领县15，仍以濮阳为郡治。曹操曾任东郡太守，并以之为根据地，笼络人才，发展势力，名臣如荀彧、李典、典韦等都是在此时投奔到他的麾下。而濮阳（今河南濮阳市西

① 王蘧常：《中国历代思想家传记汇诠》，复旦大学出版社1989年版，第563页。
② 范晔：《后汉书》，中华书局1965年版，第2119页。
③ 《曹操集》，中华书局1974年版，第59页。
④ 陈寿：《三国志》，中华书局1959年版，第434页。
⑤ 司马光：《资治通鉴》，中华书局1956年版，第2060页。
⑥ 陈寿：《三国志》，中华书局1959年版，第650页。

南）不仅是东郡的郡治，更是中原重地，自古乃兵家必争之地。高诱此时四十岁上下，年富力强，于濮阳任七年，迎来了他仕途的高峰并在学术上取得最重要的成就。

　　想来高诱相当珍惜这次提升，加之其师"性刚毅有大节，常怀济世志"的人格影响，于政务非常勤恳用心，对于热衷的《淮南子》注释工作也是"以朝餔事毕之间"完成的。这期间，高诱应该是接触了不少大姓名士和当地豪绅，并与之有密切的来往。《淮南子·叙目》云："典农中郎将弁揖，借八卷刺之。"①《资治通鉴》"建安元年"条胡三省注文引《魏志》："曹公置典农中郎将，秩二千石。典农都尉，秩六百石或四百石。典农校尉，秩比二千石。"②典农中郎将乃一俸禄优裕的职位。弁揖，史无传，然《元和姓纂》"卞"姓，提道："魏卞揖生统，为晋琅琊内史；生粹，中书令，子眹、盱、瞻。"③此"卞揖"乃彼"弁揖"吗？弁，亦作"覍"。覍，小篆𢍏。《说文解字·儿部》："冕也。周曰覍，殷曰吁，夏曰收。从儿，象形。𢍏籀文覍，从廾，上象形。𡚼或覍字。"④段玉裁注："今则或字行而正字废矣。𢍏为籀文，则覍本古文也。人象上覆之形，弁之讹俗为卞，由隶书而𫠙谬也。"⑤可知，"卞"乃"弁"之俗体。《苏魏公文集·校淮南子题序》"又按高氏叙典农中郎将卞揖借八卷"⑥，即作"卞揖"。卞氏为中原古老姓氏之一，黄帝后裔，"出自姬姓，曹叔振铎之后"⑦，后世发展为大姓望族，人才辈出。东晋初著名政治家、书法家卞壶即其一。《晋书·卞壶传》："卞壶，字望之，济阴冤句人也。祖统，琅邪内史。父粹，以清辩鉴察称。"⑧与上文《元和姓纂》的记载基本吻合。《金石录》有《魏南郡太守卞统碑》，上

---

①　高诱：《淮南子注》，上海书店 1986 年版，第 2 页。

②　司马光：《资治通鉴》，中华书局 1956 年版，第 1990 页。

③　林宝：《元和姓纂》，中华书局 1994 年版，第 1302 页。

④　许慎：《说文解字》，中华书局 1963 年版，第 177 页。

⑤　段玉裁：《说文解字注》，上海古籍出版社 1981 年版，第 406 页。

⑥　苏颂：《苏魏公文集》，中华书局 1988 年版，第 1008 页。

⑦　林宝：《元和姓纂》，中华书局 1994 年版，第 1302 页。

⑧　房玄龄：《晋书》，中华书局 1974 年版，第 1866 页。

有"嘉平二年十一月己亥寝疾卒官"字样，可知卞统卒于魏齐王曹芳嘉平二年即公元250年。赵明诚考证道："统以魏嘉平中卒，《姓纂》以为仕晋者，误也。"①《元和姓纂》将卞统误认为晋琅琊内史，那么其父卞揖的年代魏或许亦有误，卞揖很有可能卒于魏之前。《淮南子·叙目》云："会揖身丧，遂亡不得。"此弁揖卒于建安十年至建安十七年之间，即东汉末年人也。故可肯定此"弁揖"即统之父"卞揖"也。"刺"，书写。《释名·释书契》："书，书称刺，以笔刺纸简之上也。"②弁揖是个热衷学问的人，和高诱来往甚密，并且很称赏高诱的学问。弁揖借去八卷抄写，不料，"会揖身丧"，八卷手稿也就没了下落。直到建安十七年（212），诱"迁监河东"，"复更补足"所亡之书，"凡二十一篇"。

《吕氏春秋·序》曰："诱正《孟子》章句，作《淮南》、《孝经》解毕讫。家有此书（《吕氏春秋》）……故复依先师旧训辄乃为之解焉。"注完《淮南子》，诱又注解了《孝经》。《淮南子》的初稿完成后，高诱或许就已经开始了《孝经》的训释。《孝经》短短两千余字，训解并不需耗费多少时日。后《淮南子注》几近缺失，终于建安十七年补足，故《孝经解》完成于《淮南子注》补足工作的同时或稍后。诱见家中有《吕氏春秋》，"寻绎案省"，发现此书"大出诸子之右"。然"有脱误，小儒又以私意改定"，担心"失其本真"，"故复依先师旧训，辄乃为之解"。据此，《吕氏春秋注》乃高诱解甲归田后所作，此时的高诱已经年近知天命之年。《吕氏春秋》虽二十六卷，但均为短小篇秩，且有注解《淮南子》在先，《吕氏春秋》的训释恐怕要顺畅得多。

两篇序文均未提及注《战国策》之事，从后世书志中可以得知高诱曾注《战国策》。考察《淮南子注》和《吕氏春秋注》中的引书，我们发现，高诱注释有个很大的特点就是会大量征引自己先前注释过的书籍。《淮南子注》作于正《孟子》章句之后，其注中引《孟子》约11例，而引《孝经》、《淮南子》、《战国策》均只有1例。而后完成的《吕氏春秋注》，引《孝经》8例，引《淮南子》

---

① 赵明诚:《金石录》，中华书局1991年版，第459页。
② 刘熙:《释名》，中华书局1985年版，第97页。

21 例，引《战国策》只有 1 例。由此，我们可以得出，《战国策注》当晚于《吕氏春秋注》。

没有任何资料表明高诱卒于何时。有学者认为"其卒至早亦当远在魏代汉之后……其卒或在魏明帝时"①，还有"高诱完全有可能生活到汉魏易代，直至魏文帝在位时期。取其断限，高诱当卒于黄初七年（226）左右"②，这些说法均为猜测之辞，本文不再做泛滥的推论，但诱经历汉魏易代应是可能的。

关于高诱之字，史亦无记载。陈祺寿《淮南子序》引《金楼子·聚书篇》："范鄱阳胥经饷书，如高道注《战国策》之例是也。"③ 四库馆辑永乐大典本改"道"为"诱"。陈氏按："'道'不当改。《诗·召南》'吉士诱之'，《毛诗》：'诱，道也。'高涿郡名诱，字道，名字正相应。"④ 然考今本《金楼子·聚书篇》本作"高遒注《战国策》之例是也"，四库本校改"遒"为"诱"⑤。遒，从母幽部；诱，喻母幽部⑥，两字叠韵，"诱"作"遒"或为音近而传写之误。"道"、"遒"字形相近，陈氏所见之"道"或为"遒"之讹。道、诱意义相通，古多有以"道"训"诱"之例⑦。且古人有名有字，名字之间往往有意义上的联系，《白虎通义·姓氏》："闻名即知其字，闻字即知其名。"⑧ 但古人名和字之间的组合

---

① 齐思和：《中国史探研》，中华书局 1981 年版，第 242 页。

② 见李秀华：《〈淮南子〉许高二注研究》，华东师范大学 2010 年博士学位论文，第 125 页。

③ 何宁：《淮南子集释》，中华书局 1998 年版，第 1550 页。

④ 何宁：《淮南子集释》，中华书局 1998 年版，第 1550 页。

⑤ 萧绎撰，许逸民校：《金楼子校笺》，中华书局 2011 年版，第 541 页。

⑥ 唐作藩：《上古音手册》，江苏人民出版社 1982 年版，第 27 页。本论文中关于汉字古音，皆出此书。

⑦ 《毛诗正义》曰："《释诂》云：'诱，进也。'《曲礼》注'进客'谓'导之'，明'进''导'一也。故以'诱'为'导'也。"又《说文解字·厶部》："羑，相谇呼也。从厶从羑。诱，或从言、秀、䚽，或如此。羑，古文。"段玉裁注："《召南》曰：'有女怀春，吉士诱之。'传曰：'诱，道也。'按：'道'即'导'。《释诂》曰：'诱，进也。'《仪礼》'诱射'，郑曰：'诱犹教也。'《乐记》'知诱于外'，郑曰：'诱犹道也、引也。'盖善恶皆得谓之诱。"羑，从厶，而《说文解字·厶部》："厶，奸邪也。凡厶之属皆从厶。""诱"乃羑之重文，故由"相谇呼"引申出诱导、引诱之义。"道"、"导"上古音均为定母幽部，古多通用。故"道"、"导"、"诱"三字相通。

⑧ 陈立：《白虎通疏证》，中华书局 1994 年版，第 411 页。

方式多种多样，所以，陈说虽有一定道理，或只是巧合而已。

二、高诱师承考

两汉时期，学术传承上最大的特点就是对师法、家法的严守和传习。关于师法、家法的关系历来学者多有论及，但讨论的前提都是师法、家法赖师生得以相传并严守，在继承的基础上再提出各自观点学说。西汉时，书籍尚处于拯救、恢复时期，大多数学者只能是专治一经、师事一人，如公羊弘、董仲舒治《公羊》，伏生治《书》，申公授《诗》等。随着典籍的增加以及造纸术的发明与应用，西汉后期至东汉，出现了很多兼治多经的学者，如任安"少游太学，受《孟氏易》，兼通数经。又从同郡杨厚学图谶，究极其术"；尹敏"初习《欧阳尚书》，后受《古文》，兼善《毛诗》、《穀梁》、《左氏春秋》"；景鸾"能理《齐诗》、《施氏易》，兼受《河》、《洛》图纬，作《易说》及《诗解》。……又撰《礼内外记》，号曰《礼略》"；张玄"少习《颜氏春秋》，兼通数家法"；何休"精研《六经》"，许慎、蔡玄等学通《五经》①；贾逵，自幼长于太学，古文造诣极深，并奉敕撰四家诗之异同；马融以古文著称，传《费氏易》，杂采孟氏、梁丘氏、京房氏之卦气说，注《左氏春秋》，写成《春秋三传异同说》，等等。

高诱"少从故侍中同县卢君，受其句读，诵举大义"，跟着卢植进行经学基础和义理的学习。《淮南子·叙目》"深思先师之训"、《吕氏春秋·序》"复依先师旧训辄乃为之解"，其所谓的"先师"均指卢植。可见卢植对高诱学术实践影响之深远。

据《后汉书·卢植传》记载，卢植早年具备今文经学的基础，所以"建宁中，征为博士，乃始起焉"。东汉置十四博士，均今文经学，卢植被征为博士，显然其于今文经非常出色。后西上扶风，"与郑玄俱事马融"，学习古文经学，从而成为"能通古今学"的通儒，形成了"好研精而不守章句"的学术风格，名著当时。议郎彭伯曾谏董卓曰："卢尚书海内大儒，人之望也。"曹操也曾赞

---

① 范晔：《后汉书》，中华书局 1965 年版，第 2551—2588 页。

誉："故北中郎将卢植，名著海内，学为儒宗。"①

卢植的古文经学的成就继承自东汉古文经大师马融，《后汉书》有《马融传》②。扶风茂陵马融乃一代通儒，出身于外戚仕宦之家，"美辞貌，有俊才"，曾拜京兆挚恂学习儒术，"博通经籍"。一生仕途不顺，滞留东观十年不得调迁，且依傍权势，诬陷忠贤，颇为当时人所诉，但在经学上的成就却相当可观。《后汉书·马融传》赞曰："才高博洽，为世通儒。""尝欲训《左氏春秋》，及见贾逵、郑众注"，改变初衷，著《三传异同说》，别出新意。又"注《孝经》、《论语》、《诗》、《易》、《三礼》、《尚书》、《列女传》、《老子》、《淮南子》、《离骚》"，可谓遍注五经，集古文经学之大成，又兼及诸子，首开注释诸子之风。

卢植乃融之高足，其千余生徒"鲜有入其室者"。即使汉末经学大师郑玄当年拜在马融门下，也是"三年不得见，乃使高业弟子传授于玄"③，而卢植却荣幸地"侍讲积年"，显然其才学受到了马融的格外赏识，属于登堂入室之徒。《礼记马氏注·序》云："融之学长于三礼。"④卢植本习今文《礼记》，后受马融《周官》古文经学的影响，始研习古文"礼"学，"作《尚书章句》、《三礼解诂》"，通过比照优劣，觉今文《礼记》之繁冗，上书汉灵帝置《礼记》博士、立为官学，他说："臣少从通儒故南郡太守马融受古学，颇知今之《礼记》特多回冗。……考《礼记》失得，庶裁定圣典，刊定碑文。"郑玄亦先研今文《礼》，师从马融之后，则取古文"礼"之长校《小戴礼》之失，融合古今，其《三礼注》影响深远。《后汉书·董钧传》："中兴，郑众传《周官经》，后马融作《周官传》，授郑玄，玄作《周官注》。玄本习《小戴礼》，后以古经校之，取其义长者，故为郑氏学。玄又注小戴所传《礼记》四十九篇，通为《三礼》焉。"⑤

卢植在"礼"学方面的努力，直接影响了高诱。从高诱注《吕氏春秋》来

① 范晔：《后汉书》，中华书局 1965 年版，第 2114—2119 页。
② 范晔：《后汉书》，中华书局 1965 年版，第 1953—1973 页。
③ 范晔：《后汉书》，中华书局 1965 年版，第 1207 页。
④ 马国翰：《玉函山房辑佚书》卷二十四，广陵书社 2004 年版，第 904 页。
⑤ 范晔：《后汉书》，中华书局 1965 年版，第 2577 页。

看，其引用《周礼》之文于"三礼"最富，多达 49 见，而引《礼记》则仅 4 见，可见高诱对古文"礼"学的偏爱。高诱对卢植之"礼"学之传承体现在其注文中，如刘昭注《后汉书》引卢植《礼记注》曰："天子耕藉，一发九推末。《周礼》，二耜为耦，一耜之伐广尺深尺。伐，发也。天子及三公，坐而论道，参五职事，故三公以五为数。卿、诸侯当究成天子之职事，故以九为数。伐皆三者，礼以三为文。"① 而高诱《孟春注》："礼以三谓文，故天子三推，谓一发也。"可见其承袭之迹。

"礼"学如此，其他诸学亦然。马融"博通经籍"，遍注群经，并延及经学之外，这种博大的学术视界和海纳百川的学术胸怀，对后学影响很深。高诱于注《淮南子》、《吕氏春秋》之外，还曾尝试正《孟子章句》，并注《孝经》。其《孝经》学，盖源自经卢植传承下来的马融之《孝经》学。高诱注《淮南子》、《吕氏春秋》，引用大量"五经"文字，俯拾即是。据高诱《吕氏春秋注·序》，高注"十七万三千五十四言"，今初步统计，高注引"五经"文字约 8 千言，占注文总数之 4.6%，足见高诱对"五经"的熟悉程度和重视程度。同时还引用了《列子》、《老子》、《庄子》、《韩非子》、《淮南子》、《孙子兵法》等诸子著作和《战国策》等史书以及班固《幽通赋》等诗赋作品。广博的学术视野使高诱在引用时左右逢源，得心应手。这种以"五经"为主、旁及诸学的博洽的学术框架与马融、卢植是一脉相承的。

高诱于马融一派继承来的还有兼通古今文经学的通达的治学精神。由贾逵开端、马融继余绪、郑玄光大的融合古今文经的学术潮流，在高诱身上亦有所体现。一方面，高诱注释古籍，秉着古文经学派的学术风格，走以名物训诂为主的治学之路，简明朴实，实事求是，"于引证颠舛之处"，多考原书，予以驳正，"皆不蹈注家附会之失"②。同时，高诱又引经入子，经子互补，这在其注释两部杂家著作《淮南子》、《吕氏春秋》时体现得非常明显。

---

① 范晔：《后汉书》，中华书局 1965 年版，第 3107 页。

② 纪昀：《四库全书总目提要》第 23 册，商务印书馆 1931 年版，第 8 页。

马融对后学的影响除此之外，还有其"达生任性，不拘儒者之节"的性格特征。马融身上有浓重的道家思想气息。他认为"生贵于天下"，故而会投邓骘门下，保全生命。"善鼓琴，好吹笛……居宇器服，多存侈饰。常坐高堂，施绛纱帐，前授生徒，后列女乐"，俨然一派魏晋风雅。道家思想对马融的影响是深刻的，他于五经之外注解《老子》、《淮南子》正可说明之。卢植之性格迥异于其师马融，他"性刚毅有大节，常怀济世志，不好辞赋"，不惧权势，屡次上书，直言己见，甚至冲撞董卓，几丢性命，属于典型的儒者风范，故被当时及后世所推崇。尽管如此，鉴于东汉末年的衰败混乱局面，卢植亦接受了其师道家思想的浸染，有道家之风，将汉初盛行一时的黄老学说应用于其为官从政之中。平九江叛乱之后，植"以疾去官"。据前考证，植去官后隐居缑氏山中注疏经籍，并教授子弟。有疾恐是托辞，植尚清静为真。后来，又"会南夷反叛，以植尝在九江有恩信，拜为庐江太守。植深达政宜，务存清静，弘大体而已"。受黄老思想的影响，卢植生活节俭，临终嘱子毓："俭葬于土穴，不用棺椁，附体单帛而已。"①

马融之道家思想在高诱身上体现得更为明显。诱之其他著作均佚或残存，独《淮南子注》、《吕氏春秋注》能基本完整留传下来，足以见得高诱于兹二书之用心及其训解之功后人难比。诱初注此二书，均出于恐其"凌迟"、"失其本真"之担忧，遂身先士卒拯救其于乱世。在两注序言中，高诱对二书之道家思想因素给予很高评价："其（《淮南子》）旨近老子，淡泊无为，蹈虚守静，出入经道。言其大也，则焘天载地，说其细也，则沦于无垠，及古今治乱存亡祸福，世间诡异瑰奇之事。其义也著，其文也富。物事之类，无所不载。然其大较，归之于道。""此书（《吕氏春秋》）所尚，以道德为标的，以无为为纲纪，以忠义为品式，以公方为检格。"一则表明此二书以道家思想为主旨，另则表明诱本人之浓厚的道家倾向。两书序文还传达出这样一种信息，即高诱身上有种与生俱来的道者风范。他叙述汉末离乱，虽然惋惜但很平静；讲述自身经

① 范晔：《后汉书》，中华书局1965年版，第2119页。

历，寥寥数语，轻描淡写，全然不像赵岐《孟子章句题辞》中所传达的颠沛流离、时乖命蹇。性情刚烈的赵岐能展示出孟子的"浩然之气"，而心平气静的高诱喜吕书和淮南"励节亢高，以绝世俗"之气，做出"大出诸子之右"的评判。故王蘧常曰："诱生汉末天下棋峙之秋，干戈满地，救死不暇，独能不忘述作，其有道之士哉？其所注多道家言，盖深得夫黄老之指，此其所以能自全于乱世欤？"①

高诱的师承及其学术渊源决定了高诱在精熟"五经"的基础上拓展视野，将诸子中的"杂家"著作作为研究对象；而对道家思想的钟情，则决定了他对《淮南子》、《吕氏春秋》这样两部道家色彩非常浓重的著作高度评价，并倾力为之作注。

三、高诱著作考

据《顺天府志》载，高诱著述有：《礼记注》、《明堂月令》四卷、《孝经解》、《正孟子章句》、《战国策注》二十一篇、《吕氏春秋解诂》二十六卷、《淮南鸿烈解诂》二十一篇和《鸿烈音》二卷②。这与高诱在《淮南子》、《吕氏春秋》注文序言中所言不尽相同。兹对高诱著作情况重新做一番梳理考证。

（一）《礼记注》

朱彝尊《经义考》卷一百三十九曰："高氏诱《礼记注》，佚。按：高氏《礼注》，《艺文类聚》引之。"③后钱大昭《补续汉书艺文志》、姚振宗《后汉艺文志》仍之。然姚氏曰："按高诱尝从卢子干受学，卢撰《礼记解诂》，诱承师说而别为之注，未可知也。姑从《经义考》录存之。"④则姚氏对此已疑矣。《顺天府志》所录亦据《经义考》耳。

考《初学记》、《御定渊鉴类函》，多处引用高诱之言注释正文《礼记·月

---

① 王蘧常：《中国历代思想家传记汇诠》，复旦大学出版社 1989 年版，第 563 页。
② 周家楣：《光绪顺天府志》，北京古籍出版社 1987 年版，第 6405—6409 页。
③ 朱彝尊：《经义考》，中华书局 1998 年版，第 735 页。
④ 姚振宗：《后汉艺文志》，《二十五史补编》，开明书店 1936 年版，第 17 页。

令》的部分内容，看似高诱曾注《礼记·月令》，然两书均有 30 多处引高诱注文，皆摘自高诱《吕氏春秋注》《淮南子注》等，其对《月令》的注释则取自《吕氏春秋注》，在个别字词上有所微别而已。《古今事文类聚·续集》卷六引《礼记·儒行》"儒有一亩之宫，环堵之室"，"注：堵，长一丈，高一丈，面环一堵为方丈，故曰环堵之室。有小字注：高诱注《礼记》。"① 实则此注文出自《淮南子·原道训》注："堵，长一丈，高一丈，面环一堵，为方一丈，故曰环堵。"

由此言之，高诱注《礼记》说难成立也。

（二）《明堂月令》

《经义考》言："高氏诱《明堂月令》四卷，存。按：乙亥二月，忽获之吴兴书贾舟中，乃旧本，读之，其字句与今本《月令》颇有不同，……较之《吕览》，其文正同，盖好事者以诱所注《吕览》钞出成书。"② 按朱说，《明堂月令》乃后人由《吕氏春秋》钞成，其注者当高诱莫属。而蔡邕则谓："殷人无文，及周而备，文义所说，博衍深远，宜周公之所著也。官号职司，与《周官》合。《周书》七十二篇，而《月令》第五十三。"③ 又郑玄注《月令》，有"《今月令》"之说，孔颖达《礼记正义》以之为《吕氏春秋·十二纪》，然惠栋、钱大昕、陈乔枞、洪颐煊、钱坫、叶德辉等以《今月令》即《明堂月令》。

《周书·月令》与《礼记·月令》自不相同，杜台卿、梁玉绳、俞正燮均已指出。今人杨宽先生以为《月令》早有成说，当为战国晋人之作，而《吕氏春秋·十二纪》之首章则为吕不韦宾客割裂《月令》十二月为之耳④。至于《明堂月令》，蔡邕言："因天时，制人事，天子发号施令，祀神受职，每月异礼，故谓之'月令'，所以顺阴阳，奉四时，效气物，行王政也。成法具备，各从时月，藏之明堂，所以示承祖考神明，明不敢泄渎之义，故以《明堂》冠

---

① 祝穆：《事文类聚续编》卷六，中文出版社（株式会社）1989 年版，第 1245 页。据景明万历甲辰（1584）金谷唐富春精校补遗重刻本影印。

② 朱彝尊：《经义考》，中华书局 1998 年版，第 781 页。

③ 严可均：《全后汉文》卷八十蔡邕《月令篇名》，商务印书馆 1999 年版，第 802 页。

④ 杨宽：《月令考》，《齐鲁学报》1941 年第 2 期。

《月令》。"① 汪中等即主《明堂月令》乃《礼记·月令》之说。徐锴《说文解字系传·畿》亦云:"《明堂月令》即今《礼记·月令》未删定前也,古天子居明堂布政,每月告朔,班一月之政令,故曰《明堂月令》。"②杨宽更将《今月令》与蔡邕《月令章句》、《说文解字》所引《明堂月令》进行对校,认为《说文解字》所引与蔡邕《月令章句》为一书,即《礼记·月令》③。在汉代,《礼记·月令》简言之但称《月令》,详言之则谓《明堂月令》,非有二书也。

至此,高诱著《明堂月令》之说不攻自破。

(三)《孝经解》

《吕氏春秋·序》云:"诱正《孟子》章句,作《淮南》、《孝经》解毕讫。"知高诱曾于《淮南子注》之后注解《孝经》,其时间如前(《高诱生平考》)所述,大约完成于《淮南子注》补足工作(建安十七年即 212 年)的同时或稍后。两汉时期,《孝经》由于其内容和观念对维护君臣、父子等关系至关重要,即如《汉志》所言"夫孝,天之经,地之义,民之行也"④,故而广受重视,从帝王到官员,从士人、学者,到普通百姓,涵盖了社会的各个阶层,影响非常广泛。然而毕竟不列于"五经",非士人晋身之阶,《孝经》的研究成果非常有限,更没有专治《孝经》的学者,诚如王国维所讲:"汉人传《论语》、《孝经》者皆他经大师,无以此二书专门名家者。"⑤马融、何休、郑玄、许慎等古今文经学大师都曾为《孝经》作注,然皆湮没不闻,高诱《孝经解》欲于其中脱颖而出,亦非易事,终脱不了过早亡佚的命运。

(四)《正孟子章句》

高诱在《吕氏春秋·序》中提道的"诱正《孟子》章句",成为后人关于高氏《孟子》研究的依据。然高诱所正《孟子章句》并未流传下来,历代书志

① 严可均:《全后汉文》卷八十蔡邕《月令篇名》,商务印书馆 1999 年版,第 801 页。
② 徐锴:《说文解字系传》,中华书局 1987 年版,第 162 页。
③ 杨宽:《〈今月令〉考》,《杨宽古史论文选集》,上海人民出版社 2003 年版,第 514—517 页。
④ 班固:《汉书》,中华书局 1962 年版,第 1719 页。
⑤ 王国维:《观堂集林》,中华书局 1959 年版,第 181 页。

均未著录，所以关于高诱正何本《章句》以及高诱之《孟子》注本的面目如何也就变得扑朔迷离。学界关于高氏所正之《章句》为何大致有两种看法：其一为程曾《孟子章句》。程曾，《后汉书·儒林传》有传："程曾字秀升，豫章南昌人也。受业长安，习《严氏春秋》，积十余年，还家讲授。会稽顾奉等数百人常居门下。著书百余篇，皆《五经》通难，又作《孟子章句》。建初三年，举孝廉，迁海西令，卒于官。"① 程曾为东汉章帝时人，收徒讲学，学著当时，其《孟子章句》亦应在其讲授之列，也必会有门人传习之。惜后不见记载，窃疑其授徒及活动范围均在吴越之地，波及范围较狭，加之后赵岐《章句》出，"属书离辞，指事类情，于诂训无所戾"②，程氏《章句》遂湮灭不闻。其二为赵岐《孟子章句》。赵岐《后汉书》有传，载其著《孟子章句》。

王应麟《玉海》卷四一《艺文·孟子》"汉孟子章句"条程曾"又作《孟子章句》"下小字注云"高诱正《章句》"，主高诱正程氏《章句》之说。清周广业、侯康、《顺天府志》亦从此说，然均未说明理由。俞樾将高诱所注之《淮南子》、《吕氏春秋》、《战国策》中所征引《孟子》以及与《孟子》有所关涉者收集整理集成《孟子高氏学》一卷，并说："诱于建安十年辟司空掾，而赵邠卿卒于建安六年，则诱于邠卿固及见之，于赵氏《孟子注》后复为正其章句。"③ 认为高诱所正《章句》为赵岐本。焦循亦秉此说，其所作《孟子正义》屡次提及高注与赵注之训诂多同。

由《吕氏春秋·序》知，高氏注《淮南子》、《吕氏春秋》在正《孟子章句》之后。粗考《孟子正义》，高、赵训诂相同者约有 80 例，可看出高诱受赵岐之影响。如：

① 赵注"天下恶乎定"：问天下安所定，言谁能定之。（《梁惠王上》）

---

① 范晔：《后汉书》，中华书局 1965 年版，第 2581 页。

② 阮元：《孟子注疏校勘记序》，阮元校刻：《十三经注疏·孟子注疏》，中华书局 1980 年版，第 2664 页。

③ 俞樾：《孟子高氏学》，《俞楼杂纂》卷十七，清光绪二十五年（1899）刻《春在堂全书》本，第 493 页。

高注：恶，安也。(《本生》)

② 赵注"皆引领而望之矣"：民皆延颈望欲归之。(《梁惠王上》)

高注：延颈，引领也。(《顺说》)

③ 赵注"病于夏畦"：病，极也。(《滕文公下》)

高注：极，病也。(《适音》)

④ 赵注"子诚齐人也"：诚，实也。(《公孙丑上》)

赵注"反身而诚"：诚者，实也。(《尽心上》)

高注：诚，实也。(《论威》、《淮南子·主术训》、《淮南子·说林训》)

⑤ 赵注"力不赡也"：赡，足也。(《公孙丑上》)

高注：赡，犹足也。(《顺民》)

⑥ 赵注"在野曰草莽之臣"：莽，亦草也。(《万章下》)

高注：莽，草也。(《淮南子·本经训》、《淮南子·泰族训》)

⑦ 赵注"不得志修身见于世"：见，立也。(《尽心上》)

高注：立，犹见也。(《适威》、《淮南子·主术训》)

⑧ 赵注"易其田畴"：易，治也。(《尽心上》)

高注：易，治也。(《辩土》)

⑨ 赵注"有私淑艾者"：私，独。(《尽心上》)

高注：私，犹独也。(《孝行》)

⑩ 赵注"莫之敢撄"：撄，迫也。(《尽心下》)

高注：撄，迫也。(《淮南子·俶真训》)

有一例更可说明问题。《淮南子·览冥训》注、《当染》注并引《孟子》"王者师臣也"，然今本《孟子》没有此句，阮元云："当出《孟子外书》，或约与景、丑语。"俞樾则谓："王者师臣"即约此篇文，非《孟子》别有此文，亦非出《外书》。① 然考赵氏《章句》，有注文"王者师臣，霸者友臣也"②，许是高诱误以

---

① 俞樾：《孟子高氏学》，《俞楼杂纂》卷十七，清光绪二十五年（1899）刻《春在堂全书》本，第496页。

② 阮元校刻：《十三经注疏·孟子注疏》，中华书局1980年版，第2694页。

赵氏注文为《孟子》正文，也正可说明其对赵氏《章句》的熟悉程度。高诱所正为赵氏《章句》确信无疑矣。

高诱的注释工作始于正《孟子章句》，或许是其学有所得，对赵氏《孟子章句》进行辨正，并做出自己的解释。然历代书志均未著录，故早已亡佚，独王应麟《玉海》有高诱《正孟子章句》，盖据于《吕氏春秋·序》耳。从高氏所注《淮南子》、《吕氏春秋》引《孟子》来看①，高氏对《孟子》文本比较熟悉，且将孟子性善、民本、仁政等思想运用于注释当中。除俞樾《孟子高氏学》一卷外，又有清人马国翰所辑录之《孟子高氏章句》一卷，是研究《孟子》高氏学的重要资料。

（五）《淮南子注》

今本《淮南子注》乃是许慎和高诱两家注文之混合，这成为《淮南子注》研究中的重要论题。

高诱《淮南子·叙目》中说："建安十年，辟司空掾，除东郡濮阳令，睹时人少为《淮南》者，惧遂凌迟，于是以朝哺事毕之间，乃深思先师之训，参以经传道家之言，比方其事，为之注解……"高诱注过《淮南子》，是没有疑问的。后被借阅而损失八卷，诱重又补足，成为完整的二十一篇，也是确定的。

关于许慎注《淮南子》，《后汉书·儒林传》并未提到，但诸多史料皆可证明许慎是《淮南子》之东汉注家之一。《隋书·经籍志》载："《淮南子》二十一卷，汉淮南王刘安撰，许慎注"，"《淮南子》二十一卷，高诱注"。② 又现存《淮南子》最早版本北宋本影写本之每卷卷首落款均为"太尉祭酒许慎记上"。从后世文献征引《淮南子》许注的情况看，如欧阳询《艺文类聚》、颜师古《汉书注》、孔颖达《毛诗正义》、李善《文选注》等，涉及了除《要略》以外的所有篇目。许慎不仅注过《淮南子》全书，而且在唐代，许注本仍然是独立的完整注本。

---

① 据笔者统计，《淮南子注》引《孟子》凡 11 见，《吕氏春秋注》引《孟子》凡 14 见。

② 魏征:《隋书》，中华书局 1973 年版，第 1006 页。

北宋苏颂《校淮南子题序》最早描述了许、高二注混杂的情形：

> 是书有后汉时太尉祭酒许慎、东郡濮阳令高诱二家之注，隋、唐目录皆别传行，今校崇文旧书与蜀川印本、暨臣某家书凡七部，并题曰《淮南子》。二注相参，不复可辨。惟集贤本卷末有前贤题载云："许标其首，皆曰'间诂'，《鸿烈》之下谓之'记上'。高题卷首皆谓之'鸿烈解经'，《解经》之下曰'高氏注'，每篇之下皆曰'训'，又分数篇为上下，以此为异。"《崇文总目》亦云如此。又谓"高氏注详于许氏本书，文句亦有小异"。然今此七本皆有高氏训叙，题卷仍各不同：或于《解经》下云"许慎记上"，或于"间诂"上云"高氏"，或但云《鸿烈解》，或不言"高氏注"，或以《人间篇》为第七，或以《精神篇》为第十八，参差不齐，非复昔时之体。①

这说明至少在苏颂所生活的北宋中后期，许、高二注已经非常严重地混杂在一起，两个注本也不再是单本独行了。

今本《淮南子》，只有题名高诱注且只有高诱叙之一种，如何区分二注，前人已有不少讨论。苏颂、劳格、陆心源、陶方琦、刘文典等依据二注的不同特征，判断出今本《淮南子》存许注八篇、高注十三篇，如劳格在《淮南子许高二注》一文中说：

> 格按，今道藏题"许慎记上"，与陈氏所见正同。据苏序，高注篇名皆有"因以题篇"之语，定正今本，知高注仅存十三篇。其《缪称》、《齐俗》、《道应》、《诠言》、《兵略》、《人间》、《泰族》、《要略》八篇注，皆无是句，又注文简约，与高注颇殊，与诸书所引许注相合，当是许注无疑。②

其后他人的研究结论皆是在劳格的基础之上所进行的补充、深入。

（六）《淮南鸿烈音》

《淮南子注》中，注音是高诱非常注重的一项工作，"叙目"中自称"悉载

---

① 苏颂：《苏魏公文集》，中华书局 1988 年版，第 1007—1008 页。

② 劳格：《读书杂识》，《续修四库全书·子部·杂家类》，上海古籍出版社 2002 年版，第 206 页。

本文，并举音读"，且数量颇为可观①，但在汉代，字词的音义解释仍夹在文句的注释当中，并未形成一种独立的体式，直到唐代才独立出来"音义"这一训诂体式，如陆德明《经典释文》、佛门弟子玄应《一切经音义》和慧林《一切经音义》等，故高诱著《淮南鸿烈音》是不可能的，也是没有必要的。《新唐书·杂家》云："高诱注《淮南子》二十一卷，又《淮南鸿烈音》二卷。"《旧唐书·杂家》："《淮南鸿烈音》二卷，何诱撰。"载是书者仅此两处，其他书目均未载录，可以大致推测，《淮南鸿烈音》当为唐代人士所辑，但由于汉代语音研究尚未全面发展，《淮南鸿烈音》在古音方面的参考价值相对较弱，故存在不久便遭淘汰。

（七）《吕氏春秋注》

时人据高诱《吕氏春秋·序》"故复依先师旧训，辄乃为之解焉"，而判断高诱之师卢植曾注《吕氏春秋》，惜原书不存。此乃误读高诱之意。《淮南子·叙目》高诱亦曾言"乃深思先师之训，参以经传道家之言，比方其事，为之注解"，则可以推测，卢植曾为高诱讲解过此二书，但是否成书则不可考。以此断定卢植曾注《吕氏春秋》不足为据。

汉末乱世，生灵涂炭，天下书籍亦难逃厄运。《吕氏春秋》可谓距汉代时间最近的先秦图书，然而由于各种原因，在汉末已渐失真貌。"家有此书，寻绎案省，大出诸子之右，既有脱误，小儒又以私意改定，犹虑传义失其本真，少能详之。"出于对《吕氏春秋》的欣赏和担忧，高诱承担起了在汉代颇不受重视的《吕氏春秋》的注释工作。《吕氏春秋》因高诱而得以完整保存流传，高诱亦因《吕氏春秋》而名著史册。"自汉以来，注者惟高诱一家，训诂简质，于引证颠舛之处"，则考文献以驳之，"皆不蹈注家附会之失"②。不仅如此，《吕氏春秋注》还是高诱著作中流传至今保存最完整的一部注书。

《汉志》载"《吕氏春秋》二十六篇"，《隋书·经籍志》载"《吕氏春秋》

---

① 据李秀华博士论文《〈淮南子〉许高二注研究》统计，《淮南子》注音例共290余次。
② 纪昀：《四库全书总目提要》第二十三册，商务印书馆1931年版，第8页。

二十六卷，秦相吕不韦撰，高诱注”①，“篇”与“卷”从根本来讲意义是不同的，然则在具体的应用中古人常将二者同等对待，《吕氏春秋》二十六篇即二十六卷。又如《汉志》有“《淮南内》二十一篇，王安”，《隋书·艺文志》“《淮南子》二十一卷，高诱注”，“二十一篇”与“二十一卷”同。

（八）《战国策注》

《隋书·经籍志》：“《战国策》二十一卷，高诱撰注。”② 这是关于高诱注《战国策》的最早记录。《淮南子注》和《吕氏春秋注》中高诱均未提及注释《战国策》之事，则《战国策》应注于《吕氏春秋》之后。从高诱注《淮南子》和《吕氏春秋》时征引文献可以发现，他往往会征引之前注释过的书籍，而此二书之引《战国策》均只 1 例，更可确定《战国策注》作于《吕氏春秋注》之后，且当为高诱生平最后一部注书。

司马贞注《史记集解序》曰：“《战国策》，高诱云：‘六国时纵横之说也。一曰《短长书》，亦曰《国事》。刘向撰为三十三篇，名曰《战国策》。’”③ 这段文字是对《战国策》的总论，为高诱注《战国策》之序文。古人写《序》一般是在著作结束之时，如《淮南子·叙目》提到书成之后被人借阅而失，后又补足的情况，若写于注书之前，如何会知道后面将发生的事情。又如《吕氏春秋·序》中提道“凡十七万三千五十四言”，可以肯定是写于注书之后。《战国策注》之序文尚且已经写成，诱对《战国策》全书之注必定完工。而《隋书·艺文志》中《战国策》高诱注仅二十一卷，或约在唐朝初年《战国策》高注就已经有所损失。《旧唐书·经籍志》又有“《战国策》三十二卷，高诱注”，从《隋志》“二十一卷”到“三十二卷”，卷数如何会增加？郑杰文认为：“《旧唐书·经籍志》著录高诱《战国策注》为三十三卷，当是抄录者以注文析附于正文后。”④ 然据《崇文总目》载，《战国策》“篇卷亡阙，第二至十、三十一至三阙。

① 魏征：《隋书》，中华书局 1973 年版，第 1006 页。
② 魏征：《隋书》，中华书局 1973 年版，第 959 页。
③ 司马贞：《史记索隐》，广雅书局 1893 年版，第 1 页。
④ 郑杰文：《战国策文新论》，山东人民出版社 1998 年版，第 407 页。

又有后汉高诱注本二十卷，今阙第一、第五、第十一至第二十，止存八卷"①，则《旧唐书》所录之三十二卷，在当时就已经将高诱注本与其他官私所藏之《战国策》相混杂为一本，并名之曰"高诱注"。后曾巩校《战国策》，各方搜求，补足刘向之卷数，并得高注两卷，曰："刘向所定著《战国策》三十三篇，《崇文总目》称十一篇者阙。臣访之士大夫家，始尽得其书，正其误谬，而疑其不可考者，然后《战国策》三十三篇复完。……此书有高诱注者二十一篇，或曰三十二篇，《崇文总目》存者八篇，今存者十篇云。"②曾巩所校高注十卷即今所存之毛晋汲古阁影宋钞本所存之第二至四、第六至十、第三十二至三十三卷。

第二节 《吕氏春秋注》的成书分析

一、《吕氏春秋》对两汉社会的积极影响

《吕氏春秋》对有汉一代的影响，可谓贯穿始终，并以无孔不入之势渗透到汉代社会的方方面面。田凤台说："及汉之世，或以憎秦政之苛而讳言其书，或以畀其人而羞称其言，然其对汉代学术与政治上之影响，不得不承认有惊人之后果焉。"③

（一）开启了汉代兼收并蓄的思想风尚

《吕氏春秋》是先秦思想的一次伟大总结，是百家争鸣后期学术走向兼容、综合的集大成之作，同时启迪了汉代思想的先声。

战国时期，顺应时代发展的趋势和需求，各家各派学说如雨后春笋，破土而出，各逞其说，各展其能，互相驳难，为统治阶级出谋划策，极大地促进

---

① 马端临：《文献通考》卷二一二引《崇文总目》，中华书局1936年版，第1742页。
② 曾巩：《战国策目录序》，见诸祖耿：《战国策集注汇考》，凤凰出版社2008年版，第1800页。
③ 田凤台：《吕氏春秋探微》，台湾学生书局1946年版，第419页。

了思想的自由和文化的繁荣,这就是后世所谓的"百家争鸣"。到了战国后期,为适应历史统一的大趋势对思想文化的要求,也为满足学术自身发展完善的需求,各派学术思想趋于融合和渗透,"舍短取长,以通万方之略"①,适时地改造完善着旧有学说,形成新的思想体系。比如,《庄子·天下》对百家思想的分析与批判,从一个侧面折射出思想融合的趋势;《荀子·解蔽》对道家、法家思想有所批判和吸收;法家主张刑德并施,"二柄者,刑、德也"②。

以上所举反映了思想文化走向统一的趋势,但仍然停留在"吸收"的层面,是主一家而兼其他。而《吕氏春秋》则不然,不论是海纳百川的气度,抑或整合之力度、系统性,都是先秦各家诸子所不及的。

《吕氏春秋》有着包罗万象的丰富内容,从宇宙到地舆,从政治到农业,从爱己到为公,从用人到教育,从军事到音乐,"上揆之天,下验之地,中审之人",涉及当时社会的各个方面。明人张同德在《吕氏春秋序》中说:

> 第观其书,法四时之运,极万物之变,究治乱兴亡之理;上拓鸿古,下搜列国,虽其言出诸家,不尽轨于大道,其于民法事情,绵绵乎亦既备矣!厥后淮南、刘向,多祖其言以成书。而班史列之杂家,称其知国体,贯王治,有味乎其言之也。考古者证其义,轨事者踵其故,尚权者习其数,驰说者掇其辞,即以其书为后世之资,亦奚不可。③

《吕氏春秋》宛如一个历史文化的宝藏,其广备的内容为后世所挖掘和取用。

《吕氏春秋》的融合之功更应该体现在对诸子百家思想的吸纳、整合上。它对先秦思想做了一次伟大的总结,既糅合众家思想的精髓,又于众家之中有所偏重,"以道德为标的,以无为为纲纪,以忠义为品式,以公方为检格",它是博精的而非驳杂的,极好地体现了扬弃的批判精神。《吕氏春秋》的出现,既是时代发展的必然,也是学术发展的必然。清人徐时栋《吕氏春秋杂记序》云:

---

① 班固:《汉书》,中华书局 1962 年版,第 1746 页。
② 王先慎:《韩非子集解》,中华书局 1998 年版,第 39 页。
③ 王利器:《吕氏春秋注疏》,巴蜀书社 2002 年版,第 3228 页。

遗文轶事，名言至理，往往而在。考其征引：神农之教，黄帝之诲，尧之戒，舜之诗，后稷之书，伊尹之说，夏之鼎，商周之箴，三代以来礼乐刑政，以至春秋战国之法令，《易》《书》《诗》《礼》《孝经》周公、孔子、曾子、子贡、子思之言，以及夫关、列、老、庄、文子、子华子、季子、李子、魏公子牟、惠施、慎到、宁越、陈骈、孙膑、墨翟、公孙龙之书，上志故记，歌诵谣谚，其掇摭也博，故其言也杂，然而其说多醇而少疵。[①]

《吕氏春秋》上承先秦百家思想的争鸣，下启秦汉统治思想的确立，成为我国哲学思想发展过程中的重要桥梁。《吕氏春秋》对汉代最显著的影响就是在思想意识领域开启了兼容之风，体现在统治意识和学术思想两个方面。

1. 对统治意识的影响

丁原明说："(《吕氏春秋》)为统一的封建意识形态的形成，作了一次有历史意义的试探。"[②]所谓"杂家"实际就是兼容百家，打破各学派门户之见，集众家之长为我所用，为统治所用，所以"杂家"之谓只是《吕氏春秋》所运用的理论方法，其最终目的则是帝国之治。《吕氏春秋》融汇百家思想以指导统治方针的做法，为汉代统治思想的选择与确立树立了典范，汉初选用黄老道家思想、后董仲舒将儒术定为一尊便是遵循《吕氏春秋》治国思路而来的。

《吕氏春秋》顺应时代发展潮流，兼容百家，取长补短，这种包容式的治国方略为后世所效法。统治者又可根据现实情况，选取百家之学为之所用，包容之下有所偏重，具有很大的灵活性和扩展空间。

《吕氏春秋》编写的大背景是战国末期，无论是民心向背还是社会发展趋势都是从纷乱争战走向统一，《吕氏春秋》将百家思想融会贯通以期为即将到来的统一帝国的建立提供统治方案，这是顺应时代的积极做法。

秦末大规模农民起义推翻了残暴的秦朝统治，刘邦建立的汉朝政权。面对

---

① 徐时栋：《烟屿楼文集》，《续修四库全书·集部·别集类》，上海古籍出版社 2002 年版，第240 页。

② 丁原明：《论〈吕氏春秋〉及其历史作用》，《文史哲》1982 年第 4 期。

千疮百孔、极端凋敝的社会局面，"马上得"天下的汉初统治者亟须一套成熟且适用的统治思想来稳定政局、发展生产、缓和矛盾、巩固政权。历史证明，旧的"礼乐"治国的统治体系已土崩瓦解，极端的"法治"葬送了秦朝统治，新的以儒学为宗的治国策略此时还尚未建立。而"黄老"学说逐渐发展成熟，在汉初登上了政治舞台，为汉初的经济恢复、民心的稳定和政权的巩固发挥了积极的效用。在多种意识观念中，统治者选择了"黄老"道家思想作为汉初恢复时期的指导思想，这其中有着历史的必然性。

黄老学说是"黄学"和"老学"相结合而形成的一种学术理论。"黄"一般指黄帝，"黄学"则是后世托古于黄帝的言论和观点。"老学"是老子之学，由《老子》一书所记录保存的关于老子的思想体系。黄老学说将道家之尚"道"、贵"因"与法家之法治思想相融合，用道家"道法自然"、"无为而治"等观念为法治统治披上了合理、必然的外衣，使法家思想摆脱了早期纯实用性的探讨，深化了理论建设，令统治者依靠法治来富国强兵变成可能。另一方面，使道家这一形而上的理论与现实政治有了合作，为道家在政治领域的进一步发展提供了广阔空间。黄老学说最大的特点在于其强大的包容性：既道、法兼并，如慎到"以道变法者君长也"①逸文，《黄帝四经》"道生法"②，《管子》"宪律制度必法道"③；又刑、德并施，如慎到"明君动事分功必由慧，定赏分财必由法，行德制中必由礼"④，《黄帝四经》之"刑德相养"⑤，尹文"仁、义、礼、乐、名、法、刑、赏，凡此八者，五帝、三王治世之术也"⑥。将儒家思想引入黄老学说，调和了儒、法、道之间的矛盾冲突，完善了黄老学说，代表了先秦政治哲学思想兼容并蓄的走向，对后世政治统治影响深远。

汉初从统治者到地方势力到朝廷百官，普遍具有黄老学说的思想倾向，而

---

① 《慎子》，《诸子集成》本，世界书局 1935 年版，第 9 页。
② 陈鼓应：《黄帝四经今注今译》，商务印书馆 2007 年版，第 2 页。
③ 黎凤翔：《管子校注》，中华书局 2004 年版，第 301 页。
④ 《慎子》，《诸子集成》本，世界书局 1935 年版，第 3 页。
⑤ 陈鼓应：《黄帝四经今注今译》，商务印书馆 2007 年版，第 265 页。
⑥ 《尹文子》，《诸子集成》本，世界书局 1935 年版，第 7 页。

黄老学说确实给汉初政治的稳定和经济的恢复带来了积极的作用，一度成为在全国占绝对优势的主导思想。然而随着黄老学说在政治统治中暴露的缺陷、带来的危机，如地方势力的扩张、中央集权受到威胁等，黄老学说逐渐脱离了政治理论的轨道，朝着宗教迷信、神仙方术的方向发展开来。"黄老学说就其作用来说，是治术性而非构建性的，是应变无方而非恒定不易的，这就决定了它对于一个大一统国家既缺乏制度上的支持力度，也缺乏观念上的统归标准，难以成为兼容制度与观念为一体的大经大法，而只能是一种权宜性的治术思想。一旦政治需求发生改变，曾作为主流思想的黄老之学便很自然地被儒学所代替。"① 董仲舒迎合汉武帝中央集权的政治需求，适时地改造了旧有儒学，将法家、阴阳五行、道、名等学派思想加以吸收，从而形成顺应时代、满足帝王的"新儒学"。董仲舒将阴阳五行的宇宙图式与儒家的伦理纲常相配置建构了"天人合一"的系统，确立了封建大一统下的皇权的绝对专制和社会统治秩序。在董仲舒看来，"天"具有无上的权力，是宇宙的主宰、社会的本原，一切人及其道德、行为都是在"天"的旨意下进行的。"天者，万物之祖，万物非天不生。"②"天者，百神之大君也，王者之所最尊也。"③ 在"天"的最高统治之下，天与人有了更加奇异的比附关系：

> 天以终岁之数，成人之身，故小节三百六十六，副日数也；大节十二分，副月数也；内有五脏，副五行数也；外有四肢，副四时数也；乍视乍瞑，副昼夜也；乍刚乍柔，副冬夏也；乍哀乍乐，副阴阳也；心有计虑，副度数也；行有伦理，副天地也。④

董仲舒强调"天"的最高性，实质是为君权神授张本的。他表面上是"独尊儒术"，实则抛弃了孔孟的仁义和民本。"君之所受命，天之所大显也。"⑤"唯

---

① 刘晓东：《汉代黄老之学到老庄之学的演变》，《山东大学学报》（人文社会科学版）2002 年第 1 期。
② 董仲舒著，凌曙注：《春秋繁露》，中华书局 1975 年版，第 518 页。
③ 董仲舒著，凌曙注：《春秋繁露》，中华书局 1975 年版，第 507 页。
④ 董仲舒著，凌曙注：《春秋繁露》，中华书局 1975 年版，第 442 页。
⑤ 董仲舒著，凌曙注：《春秋繁露》，中华书局 1975 年版，第 18 页。

天子受命于天，则天下受命于天子，一国则受命于君。"① 天子代"天"立言，是世间的最高统治者，从而确立了君主的独尊地位。以此为基础，董仲舒又提出著名的"三纲"说："天子受命于天，诸侯受命于天子，子受命于父，臣妾受命于君，妻受命于夫。"② 他对审名号的重视，取之于名家；他对"为人主者，以无为为道"③ 的为政主张显然来源于道家。正是因为"融合百家"，董仲舒才能够"罢黜百家"，使儒家思想以新的姿态在汉代落实为正统的政治思想。

黄老道家学说和董子儒学都是思想综合下的产物，顺应了汉代各个时期发展的特殊情况；反过来说，统治者根据汉代的具体发展态势，有所侧重地选择治国之路：面对汉初凋敝的景象，只能用黄老道家思想，与民休息，安抚朝野，以待国力逐渐强盛；应加强中央集权的需求，武帝时国策开始转向，经董仲舒改造过的儒学成为国家的统治意识，将汉代带入繁盛的时期。

2. 对学术思想的影响

不仅在政治思想上，在学术上，《吕氏春秋》兼容百家的思想体系在汉初的思想领域也有所回应和继承，对汉代兼容并包的学术思想态势的形成，无疑起到了开风气之先的功劳。徐复观说："离开了《吕氏春秋》，即不能了解汉代学术的特性。"④

汉代的很多学者步《吕氏春秋》之后尘，吸纳多家学说来完善自己的学术体系。从《淮南子》到陆贾《新语》，从贾谊《新书》到董仲舒《春秋繁露》，从桓宽《盐铁论》到班固《白虎通》，从司马迁《史记》到班固《汉书》，都在不同程度上表现出兼容、整合的趋向。江瑔《读子卮言·论杂家》云：

> 自汉以后，凡以论说名书而涉于政治者，如陆贾《新语》、贾谊《新书》、桓宽《盐铁论》、刘向《新序》、《说苑》、《世说》、王充《论衡》、王

---

① 董仲舒著，凌曙注：《春秋繁露》，中华书局 1975 年版，第 386 页。
② 董仲舒著，凌曙注：《春秋繁露》，中华书局 1975 年版，第 520 页。
③ 董仲舒著，凌曙注：《春秋繁露》，中华书局 1975 年版，第 206 页。
④ 徐复观：《两汉思想史》第二卷，华东师范大学出版社 2001 年版，第 1 页。

符《潜夫论》、应劭《风俗通义》、桓谭《新论》、荀悦《申鉴》、徐幹《中论》、刘邵《人物志》、仲长统《昌言》、王通《中说》、黄宗羲《明夷待访录》之类，均当入诸杂家。自班氏以后之学者，皆以诸书所陈多涉儒家言，因以多列于儒家，（按刘向三书或亦列入史类，《人物志》或列入名家。）而不知诸家之书均以议时政之得失为宗，其人虽儒，其书则杂。①

汉初推崇的"黄老"道家思想，在思想界是以综合的姿态被评价的。司马谈在《论六家要旨》中对各家各派作了客观的评价，并指出："道家使人精神专一，动合无形，赡足万物，其为术也，因阴阳之大顺，才儒墨之善，撮名法之要，与时迁移，应物变化，立俗施事，无所不宜，指约而易操，事少而功多。"②显然这里的"道家"已不是先秦老庄学说，而是汉初具有兼容特点的"道家"，也就是"黄老"学说，以至于胡适云："杂家是道家的前身，道家是杂家的新名。汉以前道家可叫杂家，秦以后杂家应叫道家。"③对《吕氏春秋》思想综合的思路继承的最好的是《淮南子》，高诱对《淮南子》作如是之评价："讲论道德，总统仁义而著此书。其旨近老子，淡泊无为，蹈虚守静，出入经道。……其义也著，其文也富，物事之类，无所不载。然其大较，归之于道。"《淮南子》以"道"为主的思想宗旨和兼收并蓄的思想体系与《吕氏春秋》是一致的。同时，在新的历史条件下，又对《吕氏春秋》作了适当的调整和修正，代表了汉代进步的思想成果。正如有学者所言："《淮南子》在总结前人文化和创造新理论体系时所走的道路，正是《吕氏春秋》所开辟的道路。"④《淮南子》以"道德"为"纲纪"，来消弭各家学说之界域，突出黄老思想，兼采各家所长，"统天下，理万物"，并以此来抨击"罢黜百家，独尊儒术"的政策，建议统治者"非循一迹之路、守一隅之指"，试图为汉代统治者提供一个新的综合的统治思想。

---

① 江瑔：《读子卮言》，华东师范大学出版社 2012 年版，第 123 页。
② 司马迁：《史记》，中华书局 1959 年版，第 3289 页。
③ 胡适：《中国中古思想史长编》，《胡适全集》第 6 卷，安徽教育出版社 2003 年版，第 32 页。
④ 牟钟鉴：《〈吕氏春秋〉与〈淮南子〉思想研究》，齐鲁书社 1987 年版，第 107 页。

（二）促使了汉代神秘主义思维方式形成

《吕氏春秋》中的阴阳五行思想渗透到汉代社会的各个领域，影响了当时国家上下的思维方式，使整个汉代弥漫着阴阳五行的神迷气息。

阴阳、五行作为中国原始的一种思维方式脱胎于原始的宗教巫术，是诸子之前的哲学体现，并对后来诸子百家的思想学说产生了不同程度的影响。阴阳学派的创始人邹衍，"深观阴阳消息"，成为"五德终始说"的创始人，根据阴阳消长而提出五行相胜和機祥度制的理论，对政治具有指导意义。《吕氏春秋》将邹衍之"五德终始说"和"機祥度制"说进一步丰富严密和行政制度化，形成一个更加周密的宇宙运行图式，对秦汉社会的政权更替、政令实行和统治思想产生了深远的影响。

关于"五德终始说"的内容和精神，现在比较详细完整地保存于《应同》篇：

> 凡帝王者之将兴也，天必先见祥乎下民。黄帝之时，天先见大蚓大蝼，黄帝曰："土气胜。"土气胜，故其色尚黄，其事则土。及禹之时，天先见草木秋冬不杀，禹曰："木气胜。"木气胜，故其色尚青，其事则木。及汤之时，天先见金刃生于水，汤曰："金气胜。"金气胜，故其色尚白，其事则金。及文王之时，天先见火，赤乌衔丹书集于周社，文王曰："火气胜。"火气胜，故其色尚赤，其事则火。代火者必将水，天且先见水气胜。水气胜，故其色尚黑，其事则水。水气至而不知，数备将徙于土。

"五德终始说"按照五行相胜的顺序进行转移，周而复始，循环往复，用于解释朝代的更迭、历史的变迁，推动其运转的不是人的主观能动性而是天命。当朝代需要更新之际，上天会出现暗示某德将兴的"符应"，"凡帝王者之将兴也，天必先见祥乎下民"。"五德终始说"是《吕氏春秋》政治理论之一，也是对后代王朝影响颇深的政治主张，备受统治者推崇，成为改朝换代的理论依据。

秦始皇对"五德终始说"颇感兴趣，采纳了吕不韦在书中的暗示，以为秦得水气之瑞，故秦代周为水德，"衣服旄旌节旗皆上黑"。因"水主阴，阴刑杀"，秦朝据此而采取一系列的严刑峻法来巩固统治，"刚毅戾深，事皆决于法，刻削毋仁恩和义"①，借用"五德终始说"来说服广大百姓秦的建立乃是顺应天意，并为其法家路线制造理论根据。

汉高祖刘邦以火德自居，受天命推翻秦朝成为新的天子，旗帜尚赤。然立汉之后，在张苍的建议下，又以汉为水德制始，一切官制、正朔仍袭秦制。

文帝十五年，黄龙见于成纪，文帝接受了公孙臣"汉为土德"之说，并拜公孙臣为博士。武帝之初，封禅改制，"以正月为岁首，而色上黄，官名更印章以五字"②。

西汉后期，基于五行相生之理的"汉为尧后"说为王莽篡汉和刘秀建立东汉政权提供了理论依据。刘向父子以汉为火德，汉家尧后，且汉德将衰，而王莽自称是舜的后代，如此，汉当传位于莽，以土德王，也就成为天经地义之事。

刘秀复依刘向父子"汉为尧后"之说，继承汉以火德王的说法，建立之初，即"始正火德，色尚赤"③，得到朝廷上下的广泛认可。

"機祥度制"指吉凶之先兆，该说是十二纪中颇具现实意义的内容，政令的实施与四时相配，若与四时相顺，则国兴，反之，则灾异并起。十二纪记载了大量政令与四时相逆而产生的先兆和后果，如：

《孟春》：孟春行夏令则风雨不时，草木早槁，国乃有恐；行秋令则民大疫，疾风暴雨数至，藜莠蓬蒿并兴；行冬令则水潦为败，霜雪大挚，首种不入。

《仲夏》：仲夏行冬令则雹霰伤谷，道路不通，暴兵来至。行春令则五谷晚熟，百螣时起，其国乃饥。行秋令则草木零落，果实早成，民殃于疫。

《明理》：其妖孽有生如带，有鬼投其陣，有菟生雉，雉亦生鴳，有螟集其国，其音匈匈，国有游虵西东，马牛乃言，犬彘乃连，有狼入于国，

①　司马迁：《史记》，中华书局1963年版，第238页。
②　司马迁：《史记》，中华书局1963年版，第483页。
③　范晔：《后汉书》，中华书局1965年版，第27页。

有人自天降，市有舞鸥，国有行飞，马有生角，雄鸡五足，有豕生而弥，鸡卵多毈，有社迁处，有豕生狗。……此皆乱国之所生也，不能胜数，尽荆、越之竹犹不能书。

这些吉凶之先兆，或许有牵强附会之嫌，或许有荒诞不经之处，但对于当朝统治者确实起到了警戒的作用，迫使当朝者要顺应五行之理，合理安排政令。

《孟春》：王布农事，命田舍东郊，皆修封疆，审端径术，善相丘陵阪险原隰，土地所宜，五谷所殖，以教道民，必躬亲之。……是月也，命乐正入学习舞。乃修祭典，命祀山林川泽，牺牲无用牝。禁止伐木，无覆巢，无杀孩虫胎夭飞鸟，无麛无卵，无聚大众，无置城廓，掩骼霾髊。是月也，不可以称兵，称兵必有天殃。兵戎不起，不可以从我始。无变天之道，无绝地之理，无乱人之纪。

汉代的诏奏也确实非常明显地体现了统治者在政令施行中对五行的重视，如成帝阳朔二年诏：

昔在帝尧，立羲、和之官，命以四时之事，令不失其序。故《书》云"黎民于蕃时雍"，明以阴阳为本也。今公卿大夫或不信阴阳，薄而小之，所奏请多违时政。传以不知，周行天下，而欲望阴阳和调，岂不谬哉？其务顺四时月令。①

明帝中元二年诏：

方春戒节，人以耕桑。其敕有司务顺时气，使无烦扰。天下亡命殊死以下，听得赎论。②

章帝建初六年诏：

群公庶尹，各推精诚，专急人事。罪非殊死，须立秋案验。有司明慎选举，进柔良，退贪猾，顺时令，理冤狱。③

阴阳五行还影响了汉代的统治意识形态，董仲舒将阴阳五行思想引入经学

---

① 班固：《汉书》，中华书局1962年版，第312页。
② 范晔：《后汉书》，中华书局1965年版，第98页。
③ 范晔：《后汉书》，中华书局1965年版，第133页。

（主要是"公羊"学）体系，发展完善儒家学说，以适应汉代强化君权的社会需求，完成了新的历史条件下对儒学的改造，使汉代经学走上了神秘主义的发展道路，这也是汉代经学区别于其他朝代的主要特点，董仲舒也就成为汉代经学神学化过程中至关重要的人物。徐复观指出："两汉人士，许多是在《吕氏春秋》影响之下来把握经学。"① 了解《吕氏春秋》对汉代经学的影响，是深入了解汉代经学的关键。

（三）为汉代图书编辑和写作做出榜样

《吕氏春秋》在中国散文发展史上具有承前启后的关键作用，它标志着先秦散文在体例和结构上的成熟，并为后世的文学创作提供了宝贵的可资借鉴的经验，大到写作主旨、结构安排，小到写作技巧、表现手法，都可以在汉代以后的著作中找到《吕氏春秋》的影子。

《吕氏春秋》是先秦散文中第一部经过有意识地精心安排部局的著作，显示出很好的完整性和系统性。先秦诸子散文中，《论语》、《老子》均无标题，章节之间没有联系，每章的论述也没有明确的主题；《墨子》的很多篇章围绕一个明确的论题展开，有了标明题旨的标题，已经是形式上完整的论文；《孟子》、《庄子》的论文大都能围绕一个中心展开，正面阐述某个观点，且运用很多表达技巧，体现了向论说文过渡的特点；《荀子》、《韩非子》已经具有了篇章的完整性，但整部著作缺乏统筹安排，仍属于文集性质。《吕氏春秋》则不同，按照"上揆之天，中审于人，下验之地"的总原则，总分纪、览、论，每部分又分若干类，类又由短篇组成，形式上匀称整齐；每个短篇都是围绕题目展开论述，或举例，或推理，是成熟的专题论文，篇与篇之间又多同贯相连。《吕氏春秋》有着"先秦诸子书最完密之形式"②，是"我国最早之有形式系统之私人著述"③。《吕氏春秋》在文章的构造上是一个明显的进步，启迪了汉代以后的著作编排。

---

① 徐复观:《两汉思想史》第二卷，华东师范大学出版社 2001 年版，第 1 页。

② 程千帆:《先唐文学源流论略之二》,《武汉师范学院学报》1981 年第 2 期。

③ 许维遹:《吕氏春秋集释》,中华书局 2009 年版，第 1 页。

　　《淮南子》是受《吕氏春秋》影响最直接最深刻的著作，两者存在密切的仿效、继承的关系，《淮南子》可看做《吕氏春秋》的续篇。关于两者的前后继承关系，前人已有议论，如，宋高似孙曰："及观《吕氏春秋》，则《淮南王书》殆出于此者乎？"① 近人蒋伯潜《诸子通考》云："《淮南子》成于门客之手，与《吕氏春秋》同。……《汉书》本传曰：'安好书，所招致率多浮杂。'故是书内容之杂，仍与《吕氏春秋》同。"② 细考之，两书在编写目的、编辑过程、结构安排、论述内容及思想倾向上都有着惊人的相似。与《吕氏春秋》一样，《淮南子》亦是一部集体著作的成果。淮南王利用众人之力编写是书，总结历史兴亡的教训，探讨社会、自然发展规律，试图为当时统一的帝国提供一个长治久安的统治策略，同时也为个人的避祸求全寻找一个精神依靠。结构编排上，《淮南子》依然是以"上考之天，下揆之地，中通诸理"为指导思想，全书二十篇，题目整齐，篇幅相当，内容各有侧重，也是一部精心安排之作。两部书都"纪纲道德，经纬人事"，全面地涉及了天文、地理、四时、社会、人生、政治、军事、农业、养生、教育等内容，可谓百科全书式的著作。《淮南子》还继承了《吕氏春秋》融合百家、兼容并包的杂家写作思路。《淮南子》诞生于汉代封建统一的大帝国确立统治思想的前夕，是对汉代以前的思想、文化进行总结的一部集大成之作，体现了独尊儒术之前汉代的学术面貌，是先秦诸子百家争鸣的回响，它在《吕氏春秋》的基础上，扩充、发展了儒家、阴阳五行、法家、道家等思想，对古代中国的文化发展具有承前启后的作用。刘知几《史通·自叙》评价道："昔汉世刘安著书，号曰《淮南子》，其书牢笼天地，博极古今，上自太公，下至商鞅，其错综经纬，自谓兼于数家，无遗力矣。"③

　　《史记》是汉代另一部受《吕氏春秋》深刻影响的著作。在司马迁眼中，吕不韦是一位在历史上值得书写和纪念的"倜傥非常之人"。在《太史公自序》和《报任安书》中，司马迁饱含激情地提道"不韦迁蜀，世传《吕览》"，与《周

---

① 孙似高：《子略》，《丛书集成》，商务印书馆 1985 年版，第 35 页。

② 蒋伯潜：《诸子通考》，正中书局 1948 年版，第 506 页。

③ 刘知几：《史通》卷十，《四部丛刊》本，商务印书馆 1912 年版。

易》、《春秋》、《离骚》、《国语》等并为"圣贤发愤之所为作也"，在司马迁心里，《吕氏春秋》等著作及作者的写作精神是他效仿的榜样。由于种种历史原因，秦汉时期，人们讳言此书，而司马迁专为吕不韦列传，详细记载了《吕氏春秋》的成书与传播情况，并尊称吕不韦为"吕子"，在汉代是罕有的。司马迁对《吕氏春秋》的欣赏、推崇之情溢于言表。

结构体例上，司马迁从《吕氏春秋》得到启发，创造性地将《史记》分成本纪、表、书、世家、列传等五种体例，从各个社会层面、各个角度探讨天人、古今之关系。①《史记》还独具慧眼地发现了《吕氏春秋》在叙事情节与表现手法上的可取之处，丰富了《史记》的内容和表现力度。"瞋目视项王，头发上指，目眦尽裂"的樊哙形象来自于《必己》篇孟贲的描写；李广射虎的精彩描写借鉴了《精通》篇养由基射箭的形象；侯嬴的形象与《士节》篇中北郭子形象非常相像。清包世臣曾说："史公推勘事理，兴酣韵流，多近韩；序述话言，如闻如见，则入吕尤多。"②《史记》在叙述历史、表现人物的手法上常被称道的"互见法"也是学习自《吕氏春秋》。"互见法"可以避免叙述的重复，根据不同的叙述需要表现事件或人物的多方面特征，并将不同的章节贯通起来。这在《韩非子》、《吕氏春秋》中已初见端倪：《韩非子》是在一篇之内的议论、故事两部分中使用"互见法"，从而为说理服务；《吕氏春秋》的"互见法"扩展到了篇与篇之间，《有始》的每篇篇末都有"解在乎……"、"解在……"的文字，从而说明这一道理或事件还可以在某件事上得到印证。司马迁将这种方法由不成熟发展成为《史记》表现手法上的一个亮点，将历史和人物表现得有

---

①　历史上有观点认为，《史记》之本纪、世家、列传、表、书等五体的编排体例直接取法于《吕氏春秋》。刘勰《文心雕龙·史传》："子长继志，甄序帝绩勋。比尧称典，则位杂中贤；法孔提经，则文非元圣；故取式《吕览》，通号曰纪。纪纲之号，亦宏称也。"章学诚明确指出："吕氏之书，盖司马迁之所取法也。十二本纪仿其十二月纪，八书仿其八览，七十列传仿其六论，则亦微有所以折中之也。"（《校雠通义·汉志诸子第十四》）若仅仅从具体名称上认为两者之间有模仿、继承关系，确乎有牵强附会之嫌。《史记》继承《吕氏春秋》的绝不是具体的体例名称，而是对整部书的统筹安排和精心规划。

②　包世臣：《艺舟双楫》，商务印书馆1935年版，第34页。

声有色，使五种体例之间、篇章之间同条共贯、前后系连，成为一个不可分割的整体。

　　司马迁"究天人之际，通古今之变，成一家之言"的著述宗旨和理想也与《吕氏春秋》息息相关。《吕氏春秋》明确了"法天地"的天地观，以此建立起"上揆之天，中审于人，下验于地"的学术框架。司马迁置身于汉代神秘主义的学术氛围，承认天命的存在，相信天意、機祥度制等"天人感应"的思想。但在《伯夷列传》中，他又充分肯定人的作用，表达出对天命的怀疑和质问，显示了历史的进步性。《吕氏春秋》是一部阐发政治观点和治国方略之书，其可贵之处在于通过历史史实探索社会治乱兴衰之道，"世易时移，变法宜矣"，客观地看待历史人物，表达出先进的社会历史观念。《史记》纵向上有上下三千年的兴衰历史，横向上有各民族各阶层人物的粉墨登场，纵横交错，古今融合，"承敝通变，见盛观衰"，以史为鉴，警戒当世，通过记录中国历史发展的轨迹，揭示中华民族的历史走向。田凤台云："(《吕氏春秋》)立言之实诚有，立言之志未必。"[①]立言非吕不韦之初衷，但其书一成却收到了"成一家之言"的效果。《吕氏春秋》"总晚周诸子之精英，荟先秦百家之眇义"[②]，集诸子百家之精华于一书，"大出诸子之右"，成为"杂家"著作之第一。司马迁身陷囹圄，有志不得伸，只能通过立言的方式来名扬后世。身为一介史官，他具备极高的历史责任感和使命感：继承父愿，以记录历史、探究历史规律为己任，"网罗天下放佚旧闻"，"考之行事"，"稽其成败兴坏之理"，将上下三千年的历史、人物和错综复杂的事件加以囊括，脉络清晰，创造了新的史书范式，于百

---

① 田凤台：《吕氏春秋探微》，台湾学生书局1946年版，第51页。关于《吕氏春秋》的成书原因，历史上有"立言不朽"说。许宗鲁《吕氏春秋序》："不韦富贵威灵，恣心极志，靡不可为，乃显延招学士，纂著训言，以求长久其名称，若是则焉则固尚学也已。"凌毓枏《吕氏春秋跋》："吕氏一贾人子，而能出奇赢之绪业，与管、商诸人并踞千秋之席，非惟狡狯使然，抑其理与辞，信足观也！"贺万祚《吕氏春秋序》："余故谓阳翟吕不韦者，非直一贾人子也，贾以多金为富，未闻以绩学为富，如猗顿、卓王孙辈，仅以金帛为豪，即卜式、弘羊诸人，位致通显，均于先王之道无闻焉。独不韦集先秦宾客著书，以志不朽，不韦岂区区絣繲绹哉。"

② 许维遹：《吕氏春秋集释》，中华书局2009年版，第7页。

家之外努力营建他的史家之说，这就是他"成一家之言"的真正含义。白寿彝说："'成一家之言'，是在史学领域里第一次提出了'家'的概念。"① 司马迁创新史家学派、自立门派的精神与《吕氏春秋》是有共通之处的。

二、东汉末年的局势对《吕氏春秋》的召唤

从上文《吕氏春秋》对汉代学术思想的影响看，一方面说明《吕氏春秋》对汉代学者思想、学术著作影响颇深，另一方面又说明终汉一代，学人从未停止对《吕氏春秋》的热爱与研究，虽未形成多么显著的热潮，但对《吕氏春秋》的重视已经深入他们的学术生涯之中，对《吕氏春秋》的研读像一股暗流一直涌动于汉代的学术体系里。这也预示着《吕氏春秋》必定会再次浮出水面，引起人们的关注，汉末高诱为之作注恰恰印证了这一点。董治安评价道："汉末的高诱同时为《战国策》、《吕氏春秋》与《淮南子》三部古籍作注，值得注意。……在不少儒生继续埋头于经学钻研的同时，'纵横家言'和'杂家之说'却于一度寝息之后应时而重新获得了活跃的天地。"②

（一）汉末经学的衰微是高诱注书的学术思想背景

《博志》篇："全则必缺，极则必反。"这已经发展成为普遍适用、普遍认同的社会、自然法则，学术思想于此规则亦有所体现。东汉中后期，"官办经学刚刚达到了它的荣华和声誉的峰巅，就急剧地跌落下来，一蹶不振"③，经学的衰落，为子学、玄学、外来文化的发展带来了契机，《吕氏春秋注》的产生也就具备了学术上的可能性和必然性。

《后汉书·儒林传》：

> 及邓后称制，学者颇懈。时樊准、徐防并陈敦学之宜，又言儒职多非其人，于是制诏公卿妙简其选，三署郎能通经术者，皆得察举。自安帝览政，薄于艺文，博士倚席不讲，朋徒相视怠散，学舍颓敝，鞠为园

---

① 白寿彝：《说"成一家之言"》，《历史研究》1984 年第 1 期。
② 董治安：《两汉文献与两汉文学》，上海古籍出版社 2005 年版，第 27 页。
③ 金春峰：《汉代思想史》，中国社会科学出版社 1987 年版，第 559 页。

蔬，牧儿芁竖，至于薪刈其下。顺帝感翟酺之言，乃更修黉宇，凡所造构二百四十房，千八百五十室。试明经下第补弟子，增甲乙之科员各十人，除郡国耆儒皆补郎、舍人。本初元年，梁太后诏曰："大将军下至六百石，悉遣子就学，每岁辄于乡射月一飨会之，以此为常。"自是游学增盛，至三万余生。然章句渐疏，而多以浮华相尚，儒者之风盖衰矣。①

经学，不会因为安帝的轻视而衰落，当然也不会因为顺帝的极力挽救而再度兴旺，学校规模虽然扩大，儒生数量固然大增，"然章句渐疏，而多以浮华相尚，儒者之风盖衰矣"，这是一个不可争辩的事实，一个不可逆转的趋势。

经学在汉代具备两个方面的属性：政治属性和学术属性。作为学术本身的经学，在汉代，经过阴阳五行学说的改造而被认定为汉代统治思想的核心，从而具备了其政治属性。武帝"独尊儒术"之时，经学因为适应了封建大一统的需要而颇具活力，但神学化的经学逐渐被谶纬所代替，章句之学变得繁缛，儒生为了个人的利禄之途而"私行金货，定兰台漆书金字"，严重败坏了儒家学风，经学在学术上逐渐僵化、退化。自东汉和帝以降，历代皇帝或年幼无知，或昏庸无能，或好恶取向转变，经学已经越来越不被统治阶层所重视，而宦官、外戚与皇权的联系日益紧密。最终，经学逐渐失去了官方的政治支持。

儒学的独尊，为从事经学研究的经生、士人提供了通往行政利益的途径，"遗子黄金满籝，不如教子一经"，经学成了很多人赖以生存的依靠和飞黄腾达的手段。"儒家经学是汉代社会时代精神的载体，而经学知识分子群体则是儒家经学的载体。"②经学成为国家的意识形态主体的同时，经生儒士也就和封建国家、和皇权在基本利益上联系、统一在一起。当他们的利益与整个时代的利益、和皇权的利益一致的时候，能达到最大的共赢，这在经学上升阶段的西汉中后期至东汉前期表现得非常明显，东汉政权就是在代表知识分子利益的士族的支持下建立起来的。然而，作为一个独立的群体和阶层，他们毕竟有自己的

---

① 范晔：《后汉书》，中华书局 1965 年版，第 2546 页。

② 张立文：《中国学术通史》（秦汉卷），人民出版社 2004 年版，第 247 页。

利益要求和群体特征，并不能代表皇权的利益，两者的利益共赢是不可能长久的。士族和知识分子阶层希望通过读经作为个人的晋身之阶以实现干预现实的政治目的，但随着这一阶层人数的激增，出现了士人"结党"的现象，其势力对皇权等权势阶层产生了严重的威胁。皇权与士人的矛盾愈演愈烈，最终导致了"党锢之祸"的爆发。"党锢之祸"于汉桓帝延熹九年（166）和汉灵帝建宁二年（169）爆发了两次，表面上是宦官与士大夫之间的矛盾斗争，实则是皇权与知识分子之间的矛盾导致的，是皇权利用宦官来打击士人的政治行动。"党锢之祸"之后，皇权维护了自己的权势，士大夫阶层则遭受了沉重的打击，经学所赖以存在的社会群体遭到灭顶之灾。

没有了官方支持，没有了知识群体作依靠，汉末战乱的社会环境中，经学的存在基础逐渐崩溃，其衰落的命运也就成为历史的必然。经学一统天下的时代过去了，学术思想上的禁锢解除了，学术氛围逐渐宽松，为子学、玄学、外来文化的发展和进入提供了契机。

东汉末年，先秦诸子的著作又引起重视，出现了对儒家、道家、杂家著作研究的风尚。高诱注《淮南子》和《吕氏春秋》就是这个时期的产物。"杂家学说与经学却是名异而实有同，即它们都试图融合各派学说以建立适应时代要求的新官学，只是在形式上，杂家要在百家之外自成一家，而经学却采取了上古王官之学的形式。因此，经学独尊之后，同样有综合各家创立新官学意图的杂家学说就没有存在的必要了。"[1]同样，随着经学的衰落，杂家学说又逐渐浮出水面，也就在情理之中了。

有观点推测，高诱注解杂家两部著作，是因为"他对以儒家经学垄断学术界是不太满意的，而试图回归到秦汉学术大一统初期那种更久包容性的学术思潮中去"[2]。这种观点就是将高诱置于经学衰落的大背景下而得出的。不论高诱为杂家著作作注的初衷为何，其行动说明：学术限制的松懈，使学者可以在开

---

① 张立文：《中国学术通史》（秦汉卷），人民出版社 2004 年版，第 260 页。

② 张立文：《中国学术通史》（秦汉卷），人民出版社 2004 年版，第 261 页。

放的视野和宽松的环境中展开学术研究，从而开出丰硕多样的学术花朵。

（二）经学内部势力的消长为高诱注书提供了学术上的支持

汉代经学在学术上的最大特点是今古文经学的分立与斗争。汉初统治者着力抢救古籍，整理古书，派人到各地去寻访博闻强记的耆老，靠他们的记诵将一些亡佚于秦火的古书记录下来。汉代隶书已经成为通行文字，所以这些用隶书整理出来的古籍，即所谓的"今文经"。而用先秦古文字写成的书籍，则被称为"古文经"，被隶定成隶书，在用字、字形结构等方面与今文经存在差异。古文经的来源包括：访求古籍，如"成帝时，以书颇散亡，使谒者陈农求遗书于天下"①，河间献王刘德"所得书皆古文先秦旧书，《周官》、《尚书》、《礼》、《礼记》、《孟子》、《老子》之属"②；出土古籍，如鲁恭王于孔壁"得古文《尚书》及《礼记》、《论语》、《孝经》凡数十篇，皆古字也"③。今古文经实则是同源经学的不同分支而已。皮锡瑞对此作过精辟解释：

> 今文者，今所谓隶书。古文者，今所谓籀书。隶书，汉世通行，故当时谓之今文。籀书汉已不通行，故当时谓之古文。许慎谓孔子写定六经，皆用古文；然则，孔子与伏生所藏书，亦必是古文。汉初发藏以授生徒，必改为通行之今文，乃便学者诵习。故汉立博士十四，皆今文家。而当古文未兴之前，未尝别立今文之名。④

今古文经学之区别，不仅在字体的今古、用字的差异、篇章的多少，还在学术体系的不同，特别是当他们与政治挂钩以后，两者之间又有了利益之争。两汉期间的今古文经学之所以能引发争论，关键在于争夺政治地位。被官方利用之后，它们又成为政权争夺的工具，与统治者的政治需要密切相关。不论是今文经的通经致用，还是古文经的名物训诂，两者都与政治有着千丝万缕的联系。许慎云："文字者，经义之本，王政之始。"今古文经之争，不仅是学术之

---

① 班固：《汉书》，中华书局1962年版，第1701页。
② 班固：《汉书》，中华书局1962年版，第2410页。
③ 班固：《汉书》，中华书局1962年版，第1706页。
④ 皮锡瑞：《经学历史》，中华书局1959年版，第87页。

争，更是统治阶级内部政治斗争的反映。

汉初，最先兴起、繁荣的是今文经学。汉武帝所立之"五经"博士，皆为今文经学，经董仲舒改造后的今文经学是汉代的统治思想。经学本就是对经书的解释之学，今古文经不过是经学解释的不同着眼点而已，但"解释是需要有限度的"①。今文经在政治利益的驱使下，逐渐背离了"通经致用"的本旨，走上"破碎大道"。今文经学的代表形式章句之学，"微言大义"，随意发挥，"一经说至百余万言"②，"信口说而背传记，是末师而非往古"③。同样，今文经中的谶纬成分可以增强其信度和说服力，但若泛化和过度则成为迷信和神化，降低了其科学性，从而变得不可信。古文经对经文的解释则忠实于原典，随文释义，通训诂，举大义，鲜受师法家法的束缚。章太炎总结清代皖派治学风格："审名实，一也；重左证，二也；戒妄牵，三也；守凡例，四也；断情感，五也；汰华辞，六也。"④ 这六点基本上也反映了汉代古文经学的治学方法精髓。刘歆看到今文经学的弊端，写下《移让太常博士书》为古文经学的崛起摇旗呐喊。到了东汉中后期，经贾逵、马融、许慎、郑玄等学者的共同努力，古文经学以客观求实、简洁质朴的学风，修正今文经牵强附会、臃肿繁琐、迷信神化的弊端，逐渐取代了今文经的主导地位，实现了今古文经的融合。

高诱注《淮南子》、《吕氏春秋》等正是这一历史潮流的产物。高诱注"正音读，通训诂，考制度，辨名物"⑤，是典型的古文经学的治学风格。高诱对原书进行校勘，运用大量训释用语使注释科学规范化，对词语随文释义、简明扼要，对句子尽量作贴切对应的翻译、解说，注音方法多样、明晰，其注释中所体现出来的精审严谨的治学精神，既表明了他本人的学术修养，又代表了汉代古文经学的优良传统和学术的发展走向。

---

① 程志敏:《论两汉今古文之的解释学意义》,《石河子大学学报》(哲学社会科学版) 2003 年第 3 期。
② 班固:《汉书》,中华书局 1962 年版,第 3620 页。
③ 班固:《汉书》,中华书局 1962 年版,第 1970 页。
④ 章太炎:《太炎文录初编》,《章太炎全集》(四),上海人民出版社 1985 年版,第 119 页。
⑤ 朱熹:《语、孟集义序》,见朱杰人等编:《朱子全书》,上海古籍出版社 2010 年版,第 3631 页。

高诱作为一介经生，生活于汉代，其思想必定受到盛行于汉代的阴阳五行学说和谶纬的影响，所以，高注中经常会见到唯心论的影子。如：

> 《制乐》："对曰：'有三善言，必有三赏，荧惑必三徙舍。舍行七星，星一徙当一年，三七二十一，臣故曰：君延年二十一岁矣。'"高注：以德复星，徙三舍，固其理也。死生有命，不可益矣，而延二十一岁，诱无闻也。

这则注释体现了高诱兼有唯心与唯物思想。他认为人的道德行为与星辰位置相照应，是汉代谶纬学说的反映；同时，他主张人命有其自然法则，不会随意变更，王充《论衡》亦对文中说法加以否认①。

又如《情欲》注"万物揖摄阴阳以生。阴阳喻君，大贵君者，爱君之德以生者众也"，《君守》注"天覆生下民，王者助天举发，明之以仁义也"，就带有天人感应论的神学成分。

再如《有始》注"阴阳皆由天地，阴阳例万物也"、"人民禽兽，动作万物，皆由天地阴阳以生，各得其所乐"，则是典型的阴阳五行学说的宇宙观。

古文经学家兼采谶纬唯心论，在汉代并不鲜见。古文经大师贾逵，引谶纬诠释《左传》；郑玄笃信谶纬，引《易纬》、《书纬》、《礼纬》等以解经，并注纬书20余种。《四库全书总目提要》评价曰："玄于三礼之学本为专门，故所释特精。唯好纬书，是其一短。"②势所必然，非一人之非，当予以客观评价。

（三）汉末思想的多元化

汉武帝以后，独尊儒术，经学一统天下，阴阳五行思想盛行。东汉中后期，这种学术局面逐渐得到改变，经学的衰微为其他学术形态的发展带来了契机和条件，道教兴起，佛教引入，子学复兴，这些思想元素与改造中的经学，共同构成汉末多元化的思想格局。

---

① 《论衡·变虚》："案子韦《书录·序秦》亦言：'子韦曰："君出三善言，荧惑宜有动。"于是候之，果徙舍。'不言'三'。或时星当自去，子韦以为验，实动离舍，世增言'三'。既空增三舍之数，又虚生二十一年之寿也。"（见黄晖：《论衡校释》，中华书局1990年版，第211页。）

② 纪昀：《四库全书总目提要》第4册，商务印书馆1931年版，第75页。

社会不太平，饱受战争之苦的下层百姓希望摆脱现实苦难，这是宗教思想勃兴的最好的现实基础。汉初盛极一时的黄老道家思想在东汉后期儒家经学衰落的同时又重新抬头，并且有了固定的组织和经典教义。具有宗教意味的道教在东汉中后期产生、发展、壮大，成为汉末农民起义的指导大旗。一般认为，佛教传入中土在两汉之际即公元前后[1]。据裴松之引鱼豢《魏略·西戎传》"（汉哀帝元年即公元前2年）博士弟子景庐受大月氏王使伊存口授《浮屠经》"[2]，此事往往被看作佛教传入内地之始。佛教东渡，以佛入道，以佛入儒，加速了中国化的进程，扩大了传播范围和力度，对中国的本土思想产生了重大影响。

子学的复兴是汉末思想多元的又一体现。汉末诸子批判思潮兴起，以王符、仲长统、崔寔、荀悦等为代表的汉末知识分子秉着强烈的社会责任感和忧患意识，针对当时的政治腐败、社会弊端，掀起了揭露和批判的思想运动，强烈冲击了经学的壁垒，启蒙了玄学，成为东汉经学向魏晋玄学过渡的重要一环。任继愈认为此时子学的复兴是"从秦汉到魏晋的哲学发展史上的一个重要环节。如果抽掉这个环节，从经学到玄学的过渡就无法得到合乎规律的说明"[3]。

对诸子之学的研究，也是子学复兴的内容。汉初诸子上承先秦诸子的余绪，主要体现在儒家和道家的发展。汉末，经学衰微，为思想的争鸣创造了条件，诸子之学重又抬头，主要体现在儒家和杂家思想的研究上。儒家经典《孟子》曾在文帝时一度立于学官，然尚未列入经书之列，总体上于汉代非显学，东汉程曾、刘熙、高诱等相继为《孟子》作注，加快了孟学发展的步伐。"知命之际，婴戚于天，遭屯离蹇，诡姓遁身"的赵岐有感于孟子"直而不倨，曲而不屈"的人格魅力，倾心注《孟子》，推动了《孟子》地位的上升。汉末对杂家思想的研究则以高诱之注《淮南子》、《吕氏春秋》为代表。高诱《淮南子·叙目》提道"时人少为淮南者"，受政权巩固的需要、刘安的特殊经历以

---

① 任继愈：《中国佛教史》，中国社会科学出版社1995年版，第45页。

② 裴松之：《三国志注》，中华书局1959年版，第859页。

③ 任继愈：《中国哲学发展史》，人民出版社1982年版，第712页。

及汉代浓厚的经学气氛的影响，汉初思想巨著《淮南子》被束之高阁。高诱"惧遂凌迟"，故为之作注。注成之后曾被人借去传抄，显然欣赏《淮南子》之人不在少数。许慎为之作注，也应该是看重了其思想价值，于《五经异义》之外为之作解。《吕氏春秋注》的成书有着同样的原因，《吕氏春秋》因为历史原因而不被重视，"既有脱误，小儒又以私意改定，犹虑传义失其本真，少能详之"，遂作注。若不是汉末思想的松弛、经学的衰落，这样两部时人讳言的"杂家"著作很难进入被研究注释的书籍之列。

三、《吕氏春秋》应和了士风的发展趋向

《后汉书·党锢传》：

> 至王莽专伪，终于篡国，忠义之流，耻见缨绂，遂乃荣华丘壑，甘足枯槁。虽中兴在运，汉德重开，而保身怀方，弥相慕袭，去就之节，重于时矣。逮桓灵之间，主荒政缪，国命委于阉寺，士子羞与为伍，故匹夫抗愤，处士横议，遂乃激扬名声，互相题拂，品核公卿，裁量执政，婞直之风，于斯行矣。①

范晔的这段话大致概括了东汉士风的发展演变，以桓、灵为界将东汉士风分为两个阶段：去就之节到婞直之风。"去就之节"是以明哲保身为目的对朝廷的消极对抗，而"婞直之风"则是士大夫对宦官专权的主动反击。

东汉和帝以后，外戚、宦官交替专权，尸位素餐，贪赃枉法，各种政治丑态蔓延、泛滥于东汉中后期的官僚体制。桓帝时光禄勋陈蕃对时局发出这样的焦虑："况当今之世，有三空之厄哉！田野空，朝廷空，仓库空，是谓三空。加兵戎未戢，四方离散，是陛下焦心毁颜，坐以待旦之时也。"②诞生于春秋战国时期的"士"阶层，自始就带有匡世济民的入世情怀，在社会矛盾日益加重的东汉又逐渐展现出他积极参与社会拯救的姿态。鉴于"主荒政谬，国命

---

① 范晔：《后汉书》，中华书局 1965 年版，第 2185 页。

② 范晔：《后汉书》，中华书局 1965 年版，第 2162 页。

委于阉寺"的腐败局面,"士子羞与为伍,故匹夫抗愤,处士横议",形成了士人阶层清议的潮流,以此来干预朝政和社会。桓帝时期,针对宦官专权,太学生举行了多次规模较大的上书,"京师游士汝南范滂等非讦朝政,自公卿以下皆折节下之"①,显示出社会舆论的巨大影响力。不仅如此,在与宦官斗争的过程中,还形成了一定的以道义为衡量依据的道德品质和精神准则,"激扬名声,互相题拂",士人中间流行自我评价与互相评价的风气。

然而,事情并没有按照士人的理想状态方向发展,"婞直之风"没有带来政治的清明,反而给自己招来了"党锢之祸"。第一次党锢事件后,士人掀起了更大规模的声势运动,"海内希风之流,遂共相标榜,指天下名士,为之称号"②,甚至形成了所谓的"八俊八顾八及",公然叫板,分庭抗礼,最终发展为诉诸暴力的武装斗争。灵帝时又策划了第二次党锢之祸,目标就是彻底消灭以"八俊八顾八及"为代表的党人、士人势力。这次事件,"其死徙废禁者,六七百人"③,以太学生、士大夫为主体的清议运动,在以宦官为主的官僚势力的镇压下败下镇来,汉代经学的载体士人阶层也被摧残得奄奄一息。面对残酷的现实,"士大夫皆丧其气"④,痛苦、恐惧、绝望、怀疑等情绪萦绕在士大夫之间,信仰危机逐渐在士人之间蔓延。"婞直之风"大盛之时,就有一部分人预感"坑儒烧书之祸"将重演而远离士林,"隐身遁命,远浮海滨",明哲保身;曾经的党事运动的积极者,鉴于残酷现实,也转为消极处事,如身为士林领袖的郭泰"犹恐沧海横流,吾其鱼也。吾将岩栖归神,咀嚼元气,以修伯阳、彭祖之术,为优哉游哉,聊以卒岁者"⑤。他们或闭门谢客、远离政治,或收授生徒、讲学为业,或避祸山林、著书述志,一股自适任情、全身保命之风作为"婞直之风"的反动继之在汉末魏初盛行开来。马融早期以儒节自律,不应

---

① 范晔:《后汉书》,中华书局 1965 年版,第 1752 页。
② 范晔:《后汉书》,中华书局 1965 年版,第 2187 页。
③ 范晔:《后汉书》,中华书局 1965 年版,第 2188 页。
④ 范晔:《后汉书》,中华书局 1965 年版,第 2244 页。
⑤ 袁宏:《后汉纪》,中华书局 2002 年版,第 453 页。

邓骘之召，"客于凉州五都、汉阳界中"，然"会羌虏飚起，边方扰乱，米谷踊贵"①，最后耐不住饥困，以老庄"生贵于天下"为盾牌为自己的失节推脱；仲长统"性俶傥，敢直言，不矜小节"，以为"名不常存，人生易灭，优游偃仰，可以自娱，欲卜居清旷，以乐其志"，希望能够"不受当时之责，永保性命之期"②；易学大师荀爽自党锢之后，"隐于海上，又南遁汉滨，积十余年，以著述为事，遂称为硕儒"，著作《汉语》，"集汉事成败可为鉴戒者"③；京兆尹延笃桓帝时得罪大将军梁冀而回乡授学，在给李文德的信中叙述了自己"尝昧爽栉梳，坐于客堂。朝则诵义、文之《易》，虞、夏之《书》，历公旦之典礼，览仲尼之《春秋》。夕则消摇内阶，咏《诗》南轩"的经历，从而表达了"不知天之为盖，地之为舆；不知世之有人，己之有躯也"④的匡然超越之心境；郑玄党事之后，"隐修经业，杜门不出"，撰写了《公羊墨守》、《左氏膏肓》、《谷梁废疾》，又收徒讲学，"时年六十，弟子河内、赵商等自远方至者数千"⑤。高诱之师卢植屡次于赋闲期间收授生徒，传播学问。高诱处在汉末战乱的局势下，也以注书学问为业，孜孜以求，注书多部，以自己的勤奋被后人所颂扬。高诱选择《淮南子》、《吕氏春秋》作注，正是时代风气使然，而书中的道家思想成分又成为高诱乱世之中的精神家园。

《吕氏春秋》中有很多道家思想的成分，与汉末思想的转型和演变有诸多共通之处，这样一部诞生于周秦转折时期的著作在汉魏转型期得以重新活跃，有其历史必然性。

《吕氏春秋》中的"道"论应和了汉末混乱、凋敝状态下士人的绝望、恐惧的心态，以及用"道"来"全性葆真"的愿望。《吕氏春秋》秉承道家最高哲学范畴，以"道"为宇宙之本原，如：

---

① 范晔:《后汉书》，中华书局 1965 年版，第 1953 页。
② 范晔:《后汉书》，中华书局 1965 年版，第 1644 页。
③ 范晔:《后汉书》，中华书局 1965 年版，第 2057 页。
④ 范晔:《后汉书》，中华书局 1965 年版，第 2106 页。
⑤ 范晔:《后汉书》，中华书局 1965 年版，第 1208 页。

《大乐》："道也者，视之不见，听之不闻，不可为状。有知不见之见、不闻之闻、无状之状者，则几于知之矣。道也者，至精也，不可为形，不可为名，强为之谓之太一。"

《吕氏春秋》对"道"的推崇是为"君道"思想作铺垫的，希望当政者"得道"而实现"无为"之治，如：

《君守》："得道者必静，静者无知。知乃无知，可以言君道也。"

《知度》："有道之主，因而不为，责而不诏，去想去意，静虚以待，不伐之言，不夺之事，督名审实，官使自司，以不知为道，以奈何为实。"

《吕氏春秋》还在"贵己重生"方面对道家思想有所吸收，有专篇《本生》、《重己》、《贵生》、《情欲》等论述这个问题，如：

《重己》："今吾生之为我有，而利我亦大矣。论其贵贱，爵为天子，不足以比焉。论其轻重，富有天下，不可以易之。论其安危，一曙失之，终身不复得。此三者，有道者之所慎也。"

《贵生》："'全生为上，亏生次之，死次之，迫生为下'。所谓尊生者，全生之谓所谓全生者，六欲皆得其宜也。"

《本生》："故圣人之制万物也，以全其天也。天全则神和矣，目明矣，耳聪矣，鼻臭矣，口敏矣，三百六十节通利矣。若此人者，不言而信，不谋而当，不虑而得，精通乎天地，神覆乎宇宙；其于物无不受也，无不裹也，若天地然；上为天子而不骄，下为匹夫而不惛，此之谓全德之人。"

对欲望的克制和舍弃，对生命的尊重和保全，最终达到"全天"——人与天地同的人生最高境界。这些言论，顺应了汉末道家思想卷土重来、个人意识觉醒的大趋势，在高诱个人的内心也掀起波澜，寄寓着他对社会、君主的希望，以及对自我生命意识的关注。

在高诱看来，世间的贵贱皆无法与自身相比，"有天下之重，不可以易吾生之重也"（《重己》注），即使是贵为天子，也"不足以比己之所贱"（《重己》注）。个人之身体、性情可以与天齐，"天，身也"（《本生》注），"天，性也"（《贵生》注）。"全犹顺也"（《贵生》注），全天即顺天，顺天则无欲无为，人之性情、行为亦当无为，"不以身役物"，方能如天一样长久。"体道无欲象天，天予之福，故必寿长，终其性命"（《情欲》注），"无欲，故全其生。长生是行之上也"（《贵生》注），"于身无所亏，于义无所损"（《贵生》注），是人生的最高境界。若单纯为了苟全性命，而违背天性，是最不光彩的，"促欲得生，尸素宠禄，志不高洁，人之下也"（《贵生》注）。身为君主，统治过程中亦讲究顺天无为，"王者贵人所行，淫侈纵欲暴虐，反戾天常，不顺生道，日所施行，无不到逆其生"（《重己》注），在现实社会中是行不通的，必定遭到身败国亡的厄运。要顺天无为，还要懂得节情适欲的道理，不放纵情欲，适可而止，"和适其情性而已，不过制也"（《重己》注），否则，"不知持盈止足之道，以至破亡"（《本生》注）。高诱的这些观点虽然零碎一些，但已经传达出他对人个体生命价值的重视和珍惜，并以此劝诫世人和君主，要尊重人的本性，而不是泯灭天性，以达到全身全义全国全天下。

士人用老庄道家思想学说作为人生范式在现实中努力地加以实践，远离政治，独身自好，甚至归隐山林，一个以隐逸为主导风气的"逸民"阶层由此形成，《后汉书》中专辟《逸民传》，其兴盛规模可见一斑。这种保身全性的道家风气的复兴，是汉末社会动荡、朝政腐败的侧面反映，是有报国济世之志的知识分子阶层，在理想与现实的巨大反差下所做出的艰难求生选择，里面夹杂了太多的苦闷与无奈，也是汉末经学衰落、学术一统崩溃的结果，支撑汉代"大一统"政治统治制度的学术体系渐趋瓦解，新的学术支撑尚未建立，面临学术转型和重构的新选择，从历史发展来看，已经萌生了由汉代经学向魏晋玄学过渡的新迹象。

儒、道作为先秦百家中的显学，在中国几千年的传统文化中占据最重要的地位，在政治统治方面成为历代统治阶层交替使用的统治思想工具，在文学艺术领域又分别引领了现实主义与浪漫主义的风格传统。二者虽在具体主张和风格上差距明显，但并非水火不容。"以道德为标的，以无为为纲纪，以忠义为品式，以公方为检格。"儒道以融合的方式成为《吕氏春秋》中最主要的思想构成元素。然武帝以后，儒术独尊，经学一统天下，其他诸子之学被限制发展。汉末，经学衰微，以"无为而治"、"保身全性"为旨的道家思想，成为士人阶层纷纷追随的对象，以道家思想为主、以清议为形式的玄学悄悄盛行开来。这些经学之士看似抛弃了经学而转向道家玄学，其实，儒家和道家之间在基本原则和目标上的一致性是导致两者能互相渗透的根本原因。孔子"浴乎沂，风乎舞雩，咏而归"的旷达自如与庄子"得其美而游乎至乐"的精神范式的追求异曲而同工，儒家提倡的"达则兼济天下，穷则独善其身"的个人理想与道家"保身全性"的生命追求又有着相似之处。汉代经生之间竞相流传着"孔子问礼于老聃"的佳话，这一说法被作为历史事实写入《史记》。《老子韩非列传》曰：

> 孔子适周，将问礼于老子。老子曰："子所言者，其人与骨皆已朽矣，独其言在耳。且君子得其时则驾，不得其时则蓬累而行。吾闻之，良贾深藏若虚，君子盛德，容貌若愚。去子之骄气与多欲，态色与淫志，是皆无益于子之身。"①

《孔子世家》云：

> 老子送之曰："吾闻富贵者送人以财，仁人者送人以言。吾不能富贵，窃仁人之号，送子以言，曰：'聪明深察而近于死者，好议人者也。博辩广大危其身者，发人之恶者也。为人子者毋以有己，为人臣者毋以有己。'"②

老子对礼的认识和诠释正是儒家所倡导的。

儒道之间的相通性，使得儒生们在汉末社会一片混乱的环境下，由专注经学转而倾向黄老道家思想来寻求精神的解脱，"道家思想作为一种反拨与补充则起着越来越大的功用，而玄儒境界正是东汉文人通过寻找'道意'以体悟'儒心'的尝试"③。在儒家政教思想日益颓靡之下，文人士大夫"游心于六艺，

---

① 司马迁：《史记》，中华书局1963年版，第2140页。
② 司马迁：《史记》，中华书局1963年版，第1909页。
③ 许结：《从东汉后期文学看玄儒境界——兼论汉代经学向魏晋玄学嬗变的思想环节》，《文史哲》1991年第3期。

留情于五常"的同时，亦追求"空虚为本，清净为心"的精神修养，在政局昏浊重压下，士人群体人本意识逐渐觉醒。"这与其说是一些思想家的个人自觉，毋宁说是由社会倾向所自发形成的趋势。"① 这种文人心态和学术风气的变迁，是汉末昏暗社会中最闪亮的希望之光，顾炎武对此给予这样的赞誉："三代以下风俗之美，无尚于东京者。"②

四、高诱的学术追求

（一）拯救古籍的历史责任感

《淮南子·叙目》中提道："会遭兵灾，天下棋峙，亡失书传，废不寻修，二十余载。"所谓"兵灾"指汉末的黄巾起义、董卓移都、李傕和郭汜长安之乱等一系列政治及军事之乱。从这段论述，我们可以推测，汉末战乱给书籍带来了巨大的灾难。《后汉书·儒林传》如是说：

> 初，光武迁还洛阳，其经牒秘书载之二千余两，自此以后，参倍于前。及董卓移都之际，吏民扰乱，自辟雍、东观、兰台、石室、宣明、鸿都诸藏典策文章，竞共剖散，其缣帛图书，大则连为帷盖，小乃制为縢囊。及王允所收而西者，裁七十余乘，道路艰远，复弃其半矣。后长安之乱，一时焚荡，莫不泯尽焉。③

承平之时聚书而乱世毁书、散书，似乎已经成为书籍命运的规律。秦始皇焚书，"先王坟籍，扫地皆尽"，汉初开献书之路，拯救古籍，天下图书汇聚于中央，据刘向《七略》，大致可知图书数量三万三千零九十卷，以当时之能力，已相当可观；西汉末，王莽代汉，农民起义，绿林军攻入长安，"宫室图书，并从焚毁"，二百年来之汇集之功，又告散亡。东汉之初，忙于征书，历代诸帝皆爱好经术，重视经籍，"光武迁洛阳，其经牒秘书载之两千余两"，中央所藏之书渐富，董卓之乱前，竟"参倍于前"。汉末战乱，"符策典籍，略无所

---

① 金春峰:《汉代思想史》，中国社会科学出版社1987年版，第612页。
② 陈垣:《日知录校注》，安徽大学出版社2007年版，第718页。
③ 范晔:《后汉书》，中华书局1965年版，第2548页。

遗"①,"东汉诸帝之所藏,班固、崔寔之所校,凡缔聚于百年者,皆荡扫于一时矣"②。兵燹历来被看做书厄之重要原因之一。隋开皇三年(583年),鉴于隋朝新立、典籍散逸、国家藏书尚少,牛弘上《请开献书之路表》,数陈图书五厄,其中,始皇焚书、反莽之战、汉末大乱成为首三厄。

面对书籍惨遭破坏的局面,高诱备感痛心,出于对书籍的深厚感情,高诱以一介知识分子的良知和责任感对他所钟爱和欣赏的古籍进行整理和注释,《淮南子》、《吕氏春秋》、《战国策》就是在这种情况下才得以保全的。

高诱在《吕氏春秋·序》中提道:"家有此书,寻绎案省,大出诸子之右,既有脱误,小儒又以私意改定,犹虑传义失其本真,少能详之,故复依先师旧训,辄乃为之解焉,以述古儒之旨。"《吕氏春秋》经过战乱的破坏和人为的篡改,已经损失严重,如再不加以整理,就会面目全非,以致后人无法阅读,这样一部"大出诸子之右"的著作若不能流传后世,乃是大不幸。正是出于这样的考虑,高诱方才萌生出为《吕氏春秋》作注的意念。此时的高诱,正当注《淮南子》之后,对杂融百家的综合思想自是非常熟稔和欣赏,在看到《吕氏春秋》后,必感到其当为先秦诸子之总结和融合,并为《淮南子》之模范。《吕氏春秋》高诱注一出,无出其右者,成为近代以前唯一之注本。

(二)立言的学术追求

《左传·襄公二十四年》鲁国叔孙豹使晋,与范宣子论"死且不朽",以"三立"说驳范氏之"世禄"不朽,豹曰:"以豹所闻,此之谓世禄,非不朽也。鲁有先大夫曰臧文仲,既没,其言立。其是之谓乎?豹闻之:'大上有立德,其次有立功,其次有立言。'虽久不废,此之谓不朽。"③"三立"说分别从道德层面、功名层面、思想层面对春秋士人的人生价值提出了要求,后被定格为中国文人的终极价值目标。三者全面地表述了社会价值的三项标准,构成一个价值标准体系,反映的是不同个体的不同层面的人生价值追求。因为一个人很难

---

① 范晔:《后汉书》,中华书局1965年版,第2339页。

② 陈登原:《古今典籍聚散考》,上海书店1932年版,第163页。

③ 阮元校:《十三经注疏·春秋左传正义》,中华书局1980年版,第1979页。

同时满足三个层面的追求，虽然有"太上"、"其次"、"其次"之别，三者实则是并列关系。

立德、立功之人很容易被歌功颂德，显名于当世，而言辞则需要经过时间的检验。立言在古人看来是一件非常谨慎的事情，即所谓"谨言慎行"。然因为言辞之独特长久的教化、启迪功能，却很得古人之青睐。孔子云："有德者必有言，有言者不必有德。"突出了对"言"的重视。范晔有云："君子立言，非苟显其理，将以启天下之方悟者；立行，非独善其身，将以训天下之方动者。"① 着重强调了"立言"的积极功用。对于士人知识分子而言，立言既是人生价值的体现，又是干预社会、寄托情感的手段。王符曾讲："夫生于当世，贵能成大功，太上有立德，其下有立言。阘茸而不才，先器能当官，未尝服斯役，无所效其勋。中心时有感，援笔纪数文，字以缀愚情，财令不忽忘。"② 司马迁更是总结历史上不朽之作皆出于"意有所郁结而不得通其志"，遂提出"发愤著书"的主张，通过立言"述往事，思来者"，总结历史，指导未来。

东汉末年，由于外戚、宦官专权，任人唯亲，军阀割据，统治阶级内部矛盾斗争尖锐，以儒家经学为主体的统治思想趋于解体，文人士大夫无法凭借学问取得利禄，政治上穷途末路。仕途上的不得志，使得他们以传统的忧患意识和以天下为己任的"立德"、"立功"的人生追求和历史使命无从实现，继而转向"立言"，立足现实，著书立说，以文字为武器，抨击时政黑暗，阐发政治主张和理想，力图寻找治世良方，涌现出一批典型的时政批判家，并产生了一系列批判有力的政论文，如王符《潜夫论》、仲长统《昌言》、崔寔《政论》、荀悦《申鉴》等，掀起了汉末社会批判的思潮。

在社会批判思潮风行的同时，一批文人作家以文学创作的方式表达对汉末战乱局势的不满，诉说人间的流离失所，流露人生无常的感慨和彷徨，忧患意识在汉末文人的心里初露端倪。《古诗十九首》正反映了汉末文人伤时感怀哀

---

① 范晔：《后汉书》，中华书局 1965 年版，第 1268 页。
② 汪继培笺，彭铎校：《潜夫论笺校正》，《新编诸子集成》本，中华书局 1985 年版，第 465 页。

叹人生的心态："人生天地间，忽如远行客"，"人生寄一世，奄忽若飚尘"，"人生忽如寄，寿无金石固"，"生年不满百，常怀千岁忧"，等等。诗句中人生如寄的生命忧患意识，源自于离乱的现实不能满足生命价值的实现和对生命的威胁。

还有一部分文人以学者的身份隐遁于民间，远离政治，著书讲学，通过学术研究和传道授业，来保存自身性命，排遣社会压力，寄予个人情怀，彰显学术操守，实现自我超越，上文中提到的郑玄、卢植就是其中的代表，还有著《孟子章句》的赵岐。赵岐仕途坎坷，"立言"也就成了他实现人生价值的不二选择。他在《孟子题辞》中说："知命之际，婴戚于天，遭屯离蹇，诡姓遁身，经营八纮之内，十有余年，心剿形瘵，何勤如焉！尝息肩驰担于济岱之间，或有温故知新，雅德君子，矜我劬瘁，眷我皓首，访论稽古，慰以大道。余困吝之中，精神遐漂，靡所济集，聊欲系志于翰墨，得以乱思遗老也。"表面上看，赵岐是用《孟子章句》来排解忧思、寄托情怀、化解孤独。但当赵岐走进孟子"直而不倨，曲而不屈"的人格世界和"贫贱不能移，威武不能屈"的精神境地后，更多的是以孟子为标的，通过对《孟子》的解释，获得精神的不朽，寄托启迪后世的愿望。高诱作为一介儒生，有着深厚的传统儒学修养，又生活在经学盛行的东汉，此时经学虽然已经松动，然仍是社会的主流意识形态，在这样的环境下，"立德、立功、立言"的理念必定深深扎根于高诱的头脑之中，并指导其学术实践。从其简要的生平事迹可以推测，高诱身上有股自然的道者气息，这应该是来自于富足的生活环境，其于仕途也并不汲汲苟求，而是顺其自然，随性而已，故"立德、立功"对他来说似乎没有太大的吸引力，反而是"立言"、著书更能契合其秉性，并实现其"述古儒之志"的学术理想，体现自我人生价值。

胡适在讲到中国哲学思想沿革变迁的原因时，提到三个因素：（甲）个人才性不同，（乙）所处的时势不同，（丙）所受的思想学术不同①。这三个因素

---

① 胡适:《中国哲学史大纲》，东方出版社1996年版，第3页。

可以看做一般学术现象发展演变的通则。同样,《吕氏春秋注》在汉末产生也是有其主观、客观原因的。高诱身处汉末战乱之际,民心向和,与《吕氏春秋》产生的时代背景有着相似之处,高诱认为此书"大出诸子之右"与乱世的心里诉求不无关系。汉末经学的衰微为诸子的兴起打开了一条缝隙,《吕氏春秋》、《淮南子》等杂家著作被时人重新定义,丰富了汉末思想元素,也为即将到来的魏晋玄学做了铺垫。而高诱本人渊远的学术师承、勤勉的学术素养使《吕氏春秋注》的成书成为现实,为汉代古籍的保存、流传做出了贡献,成为研究《吕氏春秋》者所不能忽视的重要环节。

第 二 章

《吕氏春秋注》语言注释的思想与实践

汉代的古书注解，依据其解释风格和解释途径，可分为两种：以董仲舒为代表的今文经学的解释模式和以郑玄为代表的古文经学的解释模式。今文经学的解释模式以阐发经文的"微言大义"为主要形式，多主观臆断，轻名物训诂；古文经学的解释模式则以名物训诂为主要解释内容，重实事求是，探求经典的"元意"，轻义理的发挥。从高诱的师从情况和学术渊源看，他是尊奉古文经学的，其所注文献是古文经学解释模式的典型代表。

汉代的古文经学家有着求实的精神和客观的态度，这是他们历史主义的解释理念的表现。历史主义的解释理念，意味着要历史地看待问题，尊重历史，还原历史真实，并且遵照历史发展脉络，用发展的眼光解释问题。正是因为历史主义的理念，古文经学家秉着求真求实的原则，试图通过对经典的解释还原一个符合历史真实的经典的"元意"，以期服务政治、指导社会改革。

第一节　实事求是的注释态度——多闻阙疑，慎言其余

孔子曰："知之为知之，不知为不知，是知也。"或许正是这种求实精神，让孔子在整理古籍时，总是抱着谨慎的态度来处理问题。他告诫弟子要"多闻，择其善者而从之，多见而识之"，若无法辨识对错优劣，宁不作亦不要"不知

而作之"，要将"多闻阙疑，慎言其余"、"君子于其所不知，盖阙如"作为问学、处事的要求和原则，奉行不悖，体现了孔子的严谨态度和忠于事实的精神。孔子"阙疑"的治学精神和方法被后世学者所继承并发扬成为一种优秀的学术传统。班固著作《汉书》，认识到："古制，书必同文，不知则阙，问诸故老，至于衰世，是非无正，人用其私。故孔子曰：'吾犹及史之阙文也，今亡矣夫！'盖伤其寖不正。"① 明确表示对"阙疑"精神的认同和其重要性的认识。许慎《说文解字》中经常会出现一"阙"字，表示他对字词的分析不能把握，采取"阙疑"的方法处理，他说："其（孔安国）于所不知，盖阙如也。""阙疑"的治学方法，其实质归根结底是对历史事实的尊重、对文献的创作主体与接受主体的尊重。张舜徽曾赞郑玄云："郑氏注书，于所不知，辄云'未闻'，亦犹许氏解字，自记云'阙'耳。"②

高诱作为郑玄之后学，是一位严谨的学者，也具有"阙疑"的可贵品质，在注解《淮南子》、《吕氏春秋》、《战国策》时，遵守无征不信的实践原则，对于不能确知的词语或句子解释，往往采取"阙疑"的方式，反对臆说，不予妄加断语。他在《淮南子·叙目》中说："浅学寡见，未能备悉，其所不达，注以未闻。"对于因客观、主观因素造成的疑难问题而无法解决的，高诱皆以明确的态度表明，"未（之）闻"、"未闻"、"无闻"、"未达"、"不知出何书"等词语在注文中屡见不鲜。对于名物、制度等的异解异说，高诱也不妄加判断，罗列出来，由读者定夺。这些都充分体现了高诱校勘古籍的审慎态度和实事求是的学术做派。

一、阙疑

"阙疑"应该包括两方面：阙和疑。阙指因时代的局限、文献史料的不足、知识的局限等因素而无法做出解释，暂不书议；疑则指对难解问题悬疑不定。

---

① 班固:《汉书》，中华书局 1962 年版，第 1721 页。
② 张舜徽:《郑学丛著》，齐鲁书社 1984 年版，第 202 页。

《吕氏春秋注》"阙疑"例凡 17 见，以"未（之）闻"、"未闻"、"无闻"、"未达"、"不知出何书"等方式注明之。

（一）阙例

对于《吕氏春秋》正文中的观点或事物，若没有听说无法解释，高诱会直言"未闻"，并不强为之说。如：

《淫辞》："愿得有问于君：谓藏三牙甚难而实非也，谓藏两牙甚易而实是也。"高注：难易之说未闻。

《适威》："周鼎有窃，曲状甚长，上下皆曲，以见极之败也。"高注：未闻。

《吕氏春秋》中涉及很多的地理名称和生物名称，对于并不熟悉的名物，高诱也是实事求是，以"处则未闻"、"形则未闻"的方式交代。

《有始》："何谓九塞？大汾，冥阨，荆阮，方城，殽，井陉，令疵，句注，居庸。"高注：大汾，处未闻。令疵，处则未闻。

《本味》："獾獾之炙，隽觾之翠。"高注：獾獾，鸟名，其形未闻。（隽觾），鸟名也。翠，厥也。形则未闻也。

（二）疑例

对于《吕氏春秋》正文中的某些言辞，若与高诱的论点或所知相矛盾，或对此处有疑问，高诱会适当地做出解释，而对正文的观点则表示"不知出何书"、"未达"、"无闻"。如：

《召类》："禹攻曹魏、屈骜、有扈，以行其教。"高注：《春秋传》曰："启伐有扈。"言屈骜，不知出何书也。

《季春》："是月也，天子乃荐鞠衣于先帝。"高注：春王东方，色皆尚青，此云"荐菊衣"，诱未达也。

《制乐》："荧惑必三徙舍，舍行七星，星一徙当一年，三七二十一，臣故曰君延年二十一岁矣。"高注：死生有命，不可益矣，而延二十一岁，诱无闻也。

二、异解异说

根据前面对高诱著述的考辨，知卢植曾为高诱讲授过《吕氏春秋》，是否成书，未可知。高诱"复依先师旧训"，重对《吕氏春秋》作注。其间或有异于卢氏之见解，也未尝不可。《吕氏春秋注》中，高诱于己之注下，多次收录他人异解异说，孰优孰劣，孰对孰错，高诱并不多辩，权且将之并列于后，由读者来选择定夺。

高诱以"一说"、"一曰"、"或曰"、"或言"、"或云"的方式表明异解异说。

《功名》："善为君者，蛮夷反舌殊俗异习皆服之。"高注：戎狄言语与中国相反，因谓"反舌"。一说南方有反舌国，舌本在前，末倒向喉，故曰"反舌"。

《孟夏》："其祀灶，祭先肺。"高注：肺，金也。祭礼之先进肺，用其胜也。一曰："肺，火，自用其藏。"

《有始》："秦之阳华。"高注：阳华在凤翔，或曰在华阴西。

《贵因》："孔子道弥子瑕见釐夫人，因也。"高注：《论语》云："子见南子，子路不悦。夫子矢之曰：'予所不者，天厌之，天厌之。'"是也。此釐夫人，未之闻。或云为谥。《谥法》："小心畏忌曰釐。"若南子淫佚，与宋朝通。太子蒯瞆过宋野，野人歌之曰："既定尔娄猪，盍归我艾豭。"推此言之，不得谥为釐明矣。

第二节　尊重文本的历史真实性——校勘

钱谦益在《新刻十三经注疏序》中说："孟子曰：'我亦欲正人心，君子反经而已矣。'诚欲正人心，必自反经始；诚欲反经，必自正经学始。"[①] 所谓"反

---

① 钱谦益：《牧斋初学集》，上海古籍出版社 1985 年版，第 581 页。

经"，"就是恢复经典的本来面目，返回到经典文本未经篡改的最原始状态"①。在孟子看来，文本的最初状态未经后人篡改，是圣贤哲人思想的最真实最可靠的表达，而"人心"的虚妄、乖戾、扭曲正源自对经典的背叛，所以"欲正人心"，就要"反经"，重建经典的话语权威地位，树立社会的道德规范。所反之"经"应该是何种面貌呢？即"真书而非伪书，正文而非谬文，古本而非今本"②，简言之，就是整理古籍，校勘文本，去伪存真。

《说文解字·木部》："校，木囚也。从木交声。"本义是古代的刑具，名词，后引申出动词，纠正、改正之义，也就是校雠、校对之校。《说文解字·力部》："勘，校也。从力甚声。"此处的"校"已经是动词之"校"了。所以，"校勘"一词，是同义词连用，早期又作"校雠"。与"校勘"一词出现颇早相应的是文献的校勘工作也于很早就开始了。当文字这种语言的载体一遍遍地对作品进行复制之时，就难免出现错误或疑问，这就需要纠错、答疑，校勘也就应运而生。校勘是正确训释、理解典籍的前提。通过校勘，"归其真正，克复其旧"，求得文献的本真面目，"有功古人，津逮后学"，使文献在继承并发扬传统中发挥其应有之义。

我国有资料记载的最早的校勘之事，收录于《国语·鲁语下》"昔正考父校商之名《颂》12篇于周太师，以《那》为首"。此事发生于西周宣王时期，距今已约两千八百年的历史了。正考父本为商贵族之后裔，在宋国做官，但对商之礼乐依然念念不忘，充满敬仰。宋国虽为殷之后，然于殷礼，已"不足征也"。以《那》为首的"商之名《颂》12篇"却很能体现商礼之精髓，正考父正是要通过对《颂》的校正，来完成他"念往思来、超越小我的情怀"③。这一情怀在后世校勘学者身上，演绎为"不诬古人，不惑来者"、"于己甚劳、为人则甚忠"的精神。这一情怀，实质是对时空的历史性观照，体现了校勘者对历史的尊重和负责。孔子整理诗书古籍，"去其重"，就是对文献的整理校勘。

① 周裕锴:《中国古代阐释学研究》，上海人民出版社2003年版，第340页。
② 周裕锴:《中国古代阐释学研究》，上海人民出版社2003年版，第342页。
③ 孙培镜:《汉文字校雠的源流与传承》，《出版科学》2002年第1期。

孔子弟子子夏听到"晋师三豕涉河",立即纠正为"晋师己亥涉河",也是校勘。汉代刘向、刘歆父子的古籍校勘对后世的文献整理起到了关键性作用。《文选·魏都赋》李善注引《风俗通义》:"按刘向《别录》:'雠校,一人读书,校其上下得谬误,为校;一人持本,一人读书,若冤家相对。'"[①]介绍了"校雠"的命名之源和基本方法。《七略别录佚文》记载了一段刘向校勘《尚书》的情况,可以一窥刘向校勘之精专:"臣向以中古文校欧阳、大、小夏侯三家经文。《酒诰》脱简一,《召诰》脱简二,率简二十五者,脱亦二十五字,简二十二字者,脱亦二十二字。文字异者七百有余,脱字数十。"[②]

刘氏父子之后,在校勘方面贡献卓著的是东汉经学大师郑玄。《郑玄传赞》:"郑玄囊括大典,网罗众家,删裁繁诬,刊改漏失,自是学者略知所归。"[③]通过对文献典籍的校勘注释工作,充实了校勘内容,规范了校勘术语,完善了校勘方法,用自己的行动将校勘的历史向前推进了一大步。段玉裁将郑玄置于历史加以评价:"校书何放乎?放于孔子、子夏。自孔、卜而后,汉成帝时,刘向及任宏、尹咸、李柱国各显其能奏上。向卒,歆终其业。于时有雠有校,有竹有素,盖綦详焉。而千古之大业,未有盛于郑康成氏者也。"[④]其推崇之情可见一斑。

其后,对校勘倾注心血的学者代不乏人,可见他们对校勘工作的重视程度。清戴震《与某书》云:"经文有一字非其的解,则于所言之意必差,而道从此失。"[⑤]王鸣盛说:"欲读书必先精校书,校之未精而遽读,恐读亦多误矣。"[⑥]

高诱在注《吕氏春秋》时,继承了郑玄的校释成果,厘清文字正误,并创

---

① 李善注:《昭明文选》,上海古籍出版社1986年版,第287页。
② 姚振宗:《七略别录佚文》,上海古籍出版社2008年版,第24页。
③ 范晔:《后汉书》,中华书局1965年版,第1213页。
④ 藏林:《经义杂记》,《续修四库全书·经部·群经总义类》,上海古籍出版社2002年版,第289页。
⑤ 戴震:《戴东原集》第二册,《万有文库》,商务印书馆1929年版,第33页。
⑥ 王鸣盛:《十七史商榷》,中国书店1987年版,第2页。

立了新的校勘体例，为下一步的注释工作打好基础。高注校勘，有对因字形、字音等历史原因造成的文字错误的校对，还有在版本选择中因无法辨识而造成的异文的整理。

高氏对《吕氏春秋》的校勘，体现在两个方面：校讹和校异。

一、校讹

《吕氏春秋注》校讹例凡 13 见，以"当作"、"当为"、"当言"，或直接点明的方式表示。段玉裁《周礼汉读考》云："'当为'者，定为字之误、声之误而改其字也，为求正之词，形近而讹谓之字之误，声近而讹谓之声之误，字误、声误而正之，皆谓之'当为'。凡言'读为'者，不以为误；凡言'当为'者，直斥其误。"①考《吕氏春秋注》，校勘文字之讹例甚多，大致有三种致误的情况：

（一）因形近致误例

《古乐》："帝尧立，乃命质为乐。"高注："质"当为"夔"。"质"的古文作𧶠，与"夔"形近而讹。

《任地》："子能使吾士靖而甽浴士乎？"高注："士"当作"土"。"士"、"土"字形相近，极易相混。

（二）因声近致误例

《慎人》："宰予备矣。"高注："备"当作"惫"。惫，极也。"惫"、"备"皆并母职部，音同而讹。

（三）因史实致误例

《慎人》："百里奚之未遇时也，亡虢而虏晋。"高注："虢"当为"虞"。百里奚，虞臣也。《传》曰："伐虞，获其大夫井伯以媵秦缪姬。"孟子曰："百里奚，虞人也。晋人以垂棘之璧假道于虞以伐虢，宫之奇谏之。百里奚知

---

① 段玉裁：《周礼汉读考》，《续修四库全书·经部·礼类》，上海古籍出版社 2002 年版，第 261 页。

虞公之不可谏也而去之秦。"此云亡虢，误矣。

《慎小》："二子（孙林父、宁殖）不说，逐献公，立公子黚。"高注：《传》曰："卫人立公孙剽，孙林父、宁殖相之。"此云立公子黚，复误矣。案《卫世家》，公子黚乃灵公之子，太子蒯聩之弟也，是为悼公，于献公为曾孙也，焉得立之乎？

然而，细考高诱诸多校误文字，却发现其校勘有很多是错误的，有的是因为受时代局限，高诱未见到出土文献，故而校错；有的则是高诱自身的校释并不精审而致误。如：

《慎大》："桀迷惑于末嬉，好彼琬、琰。"高注："琬"当作"婉"，婉顺阿意之人。

《竹书纪年》注云："后桀十四年，命扁伐岷山，岷山女于桀二人，曰琬曰琰。"《竹书纪年》惨遭秦火，后于西晋太康二年（281）方被发现，故高诱未得见，遂有"婉顺阿意之人"。如毕沅所校，高诱所见本当已脱"琰"字，后校者于原文补"琰"，又于注文补"琬琰，美玉也"。这一例高诱校勘错误，是由于文本自身的脱误以及高诱所见资料未出而致。

《察微》："吴、楚以此大隆。"高注："隆"当作"格"。格，斗也。

高诱据上下文知道此处"隆"字当为"格斗、争斗"之义，是也。但校"隆"为"格"，则有失审慎。孙诒让云："'隆'读为'鬨'。大隆即大鬨也。隆与鬨古音相近，得相通借。"章炳麟亦云："隆、格形声具不近，未知高说何本？窃谓隆借为鬨。'隆'从降声，《禹贡》之'降水'，康成谓即'洪水'，是降、共声同。'鬨'从共声，故隆可借为鬨。《说文解字》：'鬨，斗也。'"马叙伦亦同此说。据此，"隆"本可借为"鬨"，即"斗"，则高氏训"斗"虽不误，然改字为"格"，非也。

二、校异

古籍由于版本的不同，文字上也会存在差异。这种差异有时很难辨别孰优孰劣、孰对孰错，甚至会出现两者皆通的情况，故校者常将异文一并收录《吕氏春秋注》校异例凡 15 见，以"或作"的方式注明之。

（一）存异文例

《本味》："钟子期死，伯牙破琴绝弦。"高注：伯，姓。牙，名，或作"雅"。

牙、雅音同，古常通用。《尚书·君牙》："穆王命君牙为周大司徒，作《君牙》。"孔颖达疏：穆王名满，君牙或作君雅。《礼记·缁衣》："《君雅》曰：'夏日暑雨，小民惟曰怨，资冬祁寒，小民亦惟曰怨。'"郑玄注：雅，《书序》作牙，假借字也。《君雅》周穆王司徒作，《尚书》篇名也。

《具备》："汤尝约于郼薄矣。"高注："薄"或作"亳"。

"亳"字段玉裁注："古亦借薄为之。如《礼记》'薄社北牖'。《礼记释文》'薄，本又作亳'。"①《左传·僖公二十一年》："十有二月癸丑，公会诸侯盟于薄。"《荀子·议兵》："古者汤以薄，武王以滴，皆百里之地也，天下为一。"此两处之"亳"皆假"薄"为之。

（二）异文两通例

《孟冬纪》："其祀行，祭先贤。"高注：行，门内地也，冬守在内，故祀之。"行"或作"井"，水给人，冬水王，故祀之也。

《淮南子·时则训》高注："井水给人，故祀也。'井'或作'行'。行，门内地，冬守在内，故祀。肾水自用其藏也。"陈立《白虎通疏证》："祀行即所以祀水，与祀井之义合也。两汉、魏、晋之立五祀，皆祀井，隋、唐参用《月令·祭法》，五祀则祭行。及李林甫之徒复修《月令》，冬又祀井，而不祀行。其实井、行一也。"②

《不侵》："秦昭王闻之，而欲丑之以辞，以观公孙弘。"高注："丑"或作"耻"。耻，辱也。

丑、耻同义，古常通用。《节丧》注："丑，耻。"《首时》："有不忘羑里之

---

① 阮元校：《十三经注疏·礼记正义》，中华书局 1980 年版，第 1449 页。
② 陈立：《白虎通疏证》，《新编诸子集成》本，中华书局 1994 年版，第 78 页。

丑。"高注："不忘其丑耻也。"《慎人》注："丑犹耻也。"又《战国策·燕策》"若先王之抱怨雪耻"，《新序·杂事》作"若先王之抱怨雪丑"。《贾子新书·俗激》"弃礼义，捐廉丑"，《汉书·贾谊传》作"弃礼义，捐廉耻"。以上均为丑、耻古通用之例。

高注之异文校勘有错误者，需加审慎。如：

《振乱》："所以薪有道行有义者，为其赏也。"高注：薪读祈。或作"勤"。

薪，群母微部；勤，群母文部。两字双声，阴阳对转。"勤"字于文义无涉，乃薪之读音，注于"薪"字旁，后误入注文。

《任地》："当时而薄之。"高注：薄，轻也，言不重时也。"薄"或作"怠"。

吴承仕校曰："逆、慕、薄、郄为韵。注云'薄或作怠'，怠则非韵矣。疑此是后人校语误入注文耳。"吴说是也。《说文解字·心部》："怠，慢也。"故有轻、轻慢之义，与薄同义，然与上下字不韵。疑后人注"怠"于"薄"字之旁，又误入注文。

高诱校勘《吕氏春秋》时，引用别本作对校，以"或作"的方式将异文一并收录，孰对孰错，不作断语。上面三例之异文于原文都能够讲通，无法断定原字为何，故存异文、通两义，创立了异文并存且两通之例，鲍廷博"义皆可通者，两存之"①、章学诚"其两说可通者，亦两存其说"②，指的就是这种体例。古书在流传、翻刻的过程中，难免产生异文，各种版本的异文有时是很难取舍的，段玉裁《与诸同志书论校书之难》云："校书之难，非照本改字不讹不漏之难也，定其是非之难。"③从郑玄开始就对异文采取谨慎的兼采态度，两者俱通，并存不废，为校勘者作了很好的示范，给后来的文献研究提供了客观详备的资料。当然也产生了一些弊端，例如，如此一来就为一些校勘者提供了偷懒

---

① 鲍廷博：《知不足斋丛书·凡例》，上海古书流通处影印 1921 年版。
② 章学诚：《文史通义》，上海书店 1988 年版，第 51 页。
③ 段玉裁：《经韵楼集》，《续修四库全书·集部·别集类》，上海古籍出版社 2002 年版，第 187 页。

之机，也给版本的辨识带来麻烦。"但从校勘说，这也是根据古籍错误的情况而创立的一种校勘类型，有实践功用。"①

在几百年的流传过程中，《吕氏春秋》经历了冷落、秦火、默认、起用等，虽未明确提倡和重用，但亦一直未被抛弃，后经高诱作注，成为流传至今的比较完整的文本。在以后的流传过程中，由于各种原因，《吕氏春秋》有很多存在争议的文字，但作为一部自产生之日起就饱受轻视和争议的先秦著作来说，版本面貌能相对完整已经是难能可贵的了。

第三节 注重语言的共时性和历时性——语言的地域与古今

历史主义的语言观，体现于两个方面：求实和发展，即如实地反映当时当地的语言面貌和用发展动态的眼光来观照语言的变迁。如果说前者主要是共时性的研究，后者则是探析语言的历时发展。

一、语言的地域色彩——方言

对语言共时的研究，最主要体现在方言的调查和研究上。两汉时代，国家统一，民族融合，为汉语注入了新鲜的元素，既加速了共同语的形成和流通，又突出了方言之间的差异。"从周秦到两汉间汉语发展的情况来看，我们不难看到有两种事实。一种是从春秋战国时代起在黄河流域一带已经有了区域较广的共同语，到汉代这种共同语逐渐发展为全民的语言。一种是在语言逐渐趋于一致的过程中方言的分歧仍然存在。"②汉代语言学家对方言极为重视，敏锐地体察到语言的地域差异，并且身体力行、实地勘察。扬雄历时 27 年实地调查，写出了我国方言史上第一部专著，意义非凡，其他如《尔雅》、《释名》、《说文

---

① 倪其心：《校勘学大纲》，北京大学出版社 1987 年版，第 19 页。
② 罗常培、周祖谟：《汉魏晋南北朝韵部演变研究》，科学出版社 1958 年版，第 70 页。

解字》等训诂专书也有丰富的方言词语的收录与记载。在汉代众多的文献注疏中，有数量可观的方言资料，如《公羊传注》、《孟子章句》等，特别是郑玄的《三礼注》，方言材料达 50 余条 [①]。扬雄《答刘歆书》曰："不劳戎马高车之使，坐知偏俗，令人君坐帷幕之中，知绝遐异俗之语。"纵观汉代的语言概貌，方言研究既有笺注中的零星记录，也有系统的专书研究，已经有了可观的研究规模和可喜的研究成果。

高诱《淮南子注》、《吕氏春秋注》、《战国策注》三部书的注文中，共有 60 条方言词汇的记录，为汉代方言的研究保留了重要资料。高诱的方言材料主要收录在《淮南子注》中，其中收录较多的楚淮方言词语在《吕氏春秋注》中竟没有一例。《吕氏春秋注》中的方言材料数量与分布与《淮南子注》有如此差异，与《吕氏春秋》的编写人员的籍贯及高诱的郡望有关。从《吕氏春秋》的编纂人员看，吕不韦祖籍卫国，活动范围在周秦、赵、卫等地，以北方地区为主。其具体参加编纂的门客，不能确知，然根据一些史料记载，如《史记·秦始皇本纪》"不韦死，窃葬。其舍人临者，晋人也，逐出之"等，大致可推测其门人以三晋人士为多。高诱乃涿郡人，隶属幽州，后为官也主要在今河南、山西一带。所以，《吕氏春秋》在高诱读来，语言的地域差异不太突出，方言注释相对较少。而《淮南子》的编纂者则集中在楚淮地区，其语言多楚语，从词汇到语音与北方方言都有很大距离，故高诱对其中的诸多方言词语加以注释，单"楚地"就出现了 29 次之多 [②]。

《吕氏春秋注》中的方言材料凡 16 例，从地域上看，主要涉及幽冀方言区、青兖方言区、周秦方言区等。据初步统计，幽冀方言区：幽州、幽冀、冀州、辽西各 1 次；青兖方言区：兖州 6 次，青州、青徐、齐各 1 次；周秦方言区：秦、关东各 2 次，周雒、秦渠、三辅、关西各 1 次；洛阳方言区：颍川 1 次。

方言的差异，体现在语义和语音两方面。语义方面的差异主要指名物称谓

---

① 李恕豪：《郑玄的方言研究》，《天府新论》1997 年第 3 期。

② 华学诚：《论高诱的方言研究》，《长沙电力学院学报》（社会科学版）2002 年第 8 期。

上的不同，《吕氏春秋注》中的方言词语，涉及名词 14 例，主要为动植物、器物、自然现象的名称和人物称谓；动词 2 例。如：

（一）动物名称

　　《仲春》："苍庚鸣，鹰化为鸠。"高注：苍庚，《尔雅》曰"商庚、鹂黄，楚雀"也。齐人谓之抟黍，秦人谓之黄离，幽冀谓之黄鸟。

　　《毛传》："黄鸟，抟黍也。"扬雄《方言》："鹂黄，自关而东谓之鸧鹒。自关而西谓之鹂黄，或谓之黄鸟，或谓之楚雀。"高诱对"黄鸟"之名的方言差异或许受到扬雄的影响，但显然较之又更加详细。陆玑"黄鸟"疏："黄鸟，黄鹂鹒也。或谓之黄栗留。幽州人谓之黄莺，或谓之黄鸟。一名仓庚，一名商庚，一名鸷黄，一名楚雀。齐人谓之抟黍，关西谓之黄鸟。当葚熟时，来在桑间，故里语曰：'黄栗留看我麦黄葚熟。'亦是应节趋时之鸟。或谓之黄袍。"①

　　《仲夏》："小暑至，螳螂生。"高注：螳螂，一曰天马，一曰齘疣，兖州谓之拒斧也。

螳螂有很多别名，如天马，是因其行走如马，故名；齘肬，因其能治人体之赘疣。兖豫等地名之为巨（拒）斧，则因螳蜋前有两足，高举如刀斧之形，故又名"刀螂"、"螳斧"、"斧虫"。明李时珍《本草纲目·虫一·螳螂桑螵蛸》云："螳螂……俗呼刀螂，兖人谓之'拒斧'，齐兖以东谓之'敷常'。"《淮南子》高注有同训，又曰："沇、豫谓之巨斧也。"沇，水名，又作"兖"，兖州因沇水得名。

（二）器物名称

　　《季春》："具栚曲籧筐。"高注：栚读曰朕。栚，持也，三辅谓之栚，关东谓之梼。曲，薄也，青、徐谓之曲。

栚，《说文解字·木部》："槌之横者也。关西谓之槤。"《方言》第五："槌，其横关西曰槤。宋魏陈楚江淮之间谓之樴。齐部谓之持。"段玉裁"栚"注：（《说文解字》）西当做东。《吕览》注曰："三辅谓之朕。"正与《方言》关西曰

_____

① 陆玑：《毛诗草木鸟兽虫鱼疏》，中华书局 1985 年版，第 82 页。

楲合。柞，《说文解字·木部》："槌也。"《淮南子注》："薄，持也。"《方言》："自关而西谓之槌，其横谓之楲，齐部谓之柞。"段玉裁"柞"注：高注"持"乃柞之误。"得"即柞之假借字也。曲、薄，蚕薄，养蚕之具。《方言》第五："薄，宋魏陈楚江淮之间谓之苗，或谓之麴；自关而西谓之薄，南楚谓之蓬薄。"《史记·绛侯周勃世家》："勃以织曲薄为生。"《索隐》引韦昭注："北方谓薄为曲。"

（三）人物称谓

《慎大》：亲郼如夏。高注：郼读如衣，今兖州人谓殷氏皆曰衣。言桀民亲殷如夏氏也。

《尚书·康诰》"殪戎殷"，《礼记·中庸》作"壹戎衣"，郑玄注："衣读如殷，声之误也。齐人言殷声如衣。虞、夏、商、周氏者多矣，今姓有衣者，殷之胄舆。'壹戎殷'者，壹用兵伐殷也。"[1] 郭沫若据卜辞考证："殷人自己自始至终都称为商而不自称为殷的。在周初的铜器铭文中才称之为殷，起先是用'衣'字，后来才定为殷。"[2] 郼，本作"韦"，即卫。《有始》篇："河、济之间为兖州，卫。"卫、郼（韦）、衣、殷皆同义，为殷商之名。据虞万里《山东古方音与古史研究》考证，"卜辞无'殷'字，其义由'衣'字司。……卜辞时代，殷人自称曰衣曰韦，西伯为商臣国，其称无异。至周初，殷、衣并用。周人及他方呼之曰殷，殷裔自呼则仍为衣，或字殷而音衣。成王封康叔于卫，字异而音同。"[3]

除了大部分的名物名称之外，还有动词词语的解释。

《安死》："夫死，其视万岁犹一瞚也。"高注：瞚者，颍川人相视曰瞚也。一曰，瞚者谓人卧始觉也。

《说文解字·目部》："瞚，开阖目数摇也。"后起俗字作"瞬"，《庄子·庚桑楚》"不瞚"陆德明《释文》："（瞚）字又作瞬，同；音舜，动也。"《慧琳音义》

① 阮元校：《十三经注疏·礼记正义》，中华书局1980年版，第1628页。
② 郭沫若：《奴隶制时代》，人民出版社1954年版，第19页。
③ 虞万里：《榆枋斋学术论集》，江苏古籍出版社2001年版，第69页。

卷四十九"瞬命":"(瞬)俗字也。正从寅作'瞚',《说文解字》'开合目而数摇也'。"卷二十二"不瞬":"(瞬)字正体作瞚,今并随俗作瞬也。"

方言之间的差异还表现在语音上,高诱注中这些语音差异的记载,是研究汉代方言区域差异的宝贵资料。如:

> 《季夏》:"腐草化为蚈。"高注:蚈,马蚿也。蚈读如蹊径之蹊,幽州谓之秦渠,一曰萤火。

蚈,又称马蚿、马陆、马蠸。《淮南子·兵略训》高注:"蚈,马蠸也。"杨树达《古音对转疏证》曰:"萤蚈或作蠲。《礼记·月令》云:'季夏之月,腐草为萤。'《吕氏春秋·季夏》、《淮南·时则》篇皆云:'腐草化为蚈。'《说文解字》十三篇"虫部"引《明堂月令》曰:'腐草为蠲。'"[1] 蚈,溪母元韵;蠲,见母支韵。两字旁纽,旁对转,故蚈或作蠲。《方言》卷十一:"马蚿,北燕谓之蛆蝶。"蛆蝶、秦渠音近,而北燕属幽州,故高注曰"幽州谓之秦渠"。

又如前面提到的"兖州人谓殷氏皆曰衣"。殷,影母文部;衣,影母微部。文微阴阳对转,可知在汉代,兖州地区"殷"字读音无鼻音尾 -n。正如虞万里所谓:"逮及秦汉,殷皆读为影纽文部之音,唯商裔聚集处如卫如齐鲁之地犹世世相承不变,故郑、高作注明其读音。"[2]

还如"瞚者颍川人相视曰瞚也"。瞚从寅得声,寅,古音喻母真部,瞚后作瞬,为书母文部,文真对转,故寅、瞚(瞬)音近。视,禅母脂部,禅书旁纽,文脂旁对转,"视"、"瞚"音近。《后汉书·郡国志》"颍川郡"刘昭注:"秦置,洛阳东南五百里。"颍川,隶属豫州刺史部,与兖州刺史部临界,故语音相近。

二、语言的古今变化——古今字、古今语、古今音

(一)古今字

对于汉语的历时研究,主要体现在古今字、古今语的解释上。"古今字"

---

① 杨树达:《积微居小学金石论丛》,商务印书馆 2011 年版,第 192 页。
② 虞万里:《榆枋斋学术论集》,江苏古籍出版社 2001 年版,第 69 页。

是从文字的角度探讨汉字的发展演变。段玉裁《说文解字注》曰："凡读经传者不可不知古今字。"从而见出"古今字"对传统训诂学的重要意义。从郑玄注"三礼"所引郑众关于"古今字"的记述，可知早在郑玄之前，汉代学者就已经注意到了文字的古今发展问题。

《周礼·弁师》："诸侯之繅斿九就，瑉玉三采。"郑注："郑司农云：'繅当为藻，繅古字也，藻今字也，同物同音。'"

《周礼·小宗伯》："小宗伯之职，掌建国之神位。"郑注："故书'位'作'立'。郑司农云：'立读为位，古者立、位同字。古文《春秋经》'公即位'为'公即立'。'"

郑玄在《礼记注》中第一次明确提出了"古今字"的概念，但却仅使用了一次。汉代以后，则频繁地出现于训诂专书和经传注疏中。

《礼记·曲礼下》："朝诸侯、分职、授政、任功，曰'予一人'。"郑注："《觐礼》曰：'伯父寔来，余一人嘉之。'余、予古今字。"

裴锡圭指出："用来注释某个词的古字的今字，通常就是这个词在当时的习用的书写形式。"①

《吕氏春秋注》中古今字凡 3 见。

《节丧》："涉血盩肝以求之。"高注：盩，古抽字。

于省吾谓："盩当即《说文》'盭'字。"于说非也。《说文解字·弦部》："盭，弼戾也。"古盭、戾常通用。《吕氏春秋·遇合》："陈有恶人焉……长肘而盭。"高注：盭，胝也。②而《说文解字·攴部》："盩，引击也。"《手部》："㩅，引也。抽，㩅或从由。"盩、抽音义均同，而与盭则音义俱别。且若此处盩即"盭"字，高诱不会于两处做两解。故盩当即"盩"字之讹。

《本味》："丹山之南，有凤之九。"高注：九，古卵字也。

此"九"即鸟卵之义。崔骃《七依》作"丹山凤卵"，刘劭《七华》作"煮

---

① 裴锡圭：《古文字概要》，商务印书馆 1996 年版，第 271 页。

② 毕沅校曰："盭即戾字，不当训胝。"陈奇猷则谓高注当作"盭，戾也"，戾、胝音近而讹。（见陈奇猷：《吕氏春秋新校释》，上海古籍出版社 2002 年版，第 832 页。）

丹穴之卵"。丸，匣母元部；卵，来母元部，二字叠韵。

《为欲》："务耕疾庸，樏为烦辱。"高注：樏，古耕字。

毕沅校曰："上云'既耕疾庸'，则樏必非耕字。"毕说是也。《广雅·释地》："糯、耦耕也。"王念孙《疏证》："糯字或作糯。《广韵》引《字统》云：'糯，耕也。'《齐民要术》：'绿豆、小豆、胡麻，皆五六月糯种。'注云：糯，漫稴也。"① 糯、糯同字也，声符不同耳，皆"耕也"。《广韵》："糯，耕也。"《龙龛手镜·末部》："耦，耕地也。或作糯。"《玉篇》："耦，耕麦地也。"樏乃糯之形近而讹。耕乃"糯"字旁之释义，后误入注文。王利器则以此注文为"旧校"，并言：浅人不识糯字，妄以为"'樏'古'耕'字"，此非高氏之言也，故今订为旧校。②

（二）古今语

所谓古今语，与文字范围的古今字概念不同，指的是对同一名物的古今不同的称呼，词语之间在字形、字音上没有联系，意义上指的同一事物，属于词汇的范畴。通过古今语的考察，可以厘清事物的发展情况，词义的延伸脉络，以及方言与通语之间的渗透，特别是一些地名、人名、族名，随着历史的发展，其名称会发生很大的变化，了解这些变化，有助于地舆沿革的研究。

王国维说："汉人注经，不独以汉制说古制，亦以今语释古语。"③ 在郑玄、高诱等人的注疏中，确实存在一些以今语释古语的情况④。不仅是注疏，训诂专书也有大量古今语的资料。从《尔雅》成书到扬雄《方言》，时间跨度较大，《方言》中有很多对《尔雅》古语以今语解释的记载，书中还明确提出了"古

---

① 王念孙：《广雅疏证及补证》，《续修四库全书·经部·小学类》，上海古籍出版社2002年版，第297页。
② 王利器：《吕氏春秋注疏》，巴蜀书社2002年版，第2380页。
③ 王国维：《观堂集林》，中华书局1961年版，第226页。
④ 郑玄：《三礼注》中"古今语"的情况，参见熊果：《〈三礼〉郑玄注中古今语考察》，《文学界》2011年第1期。

今语"的概念①。由于《吕氏春秋》成书于嬴政即将统一全国的前夕，距离汉代时间相对较短，所以，高注中对普通词语的古今语记载并不太多，如"菽，豆也"，更多的是名物如地名的古今释义。高注释古今语往往以"今"字表明其今语，凡19例。如：

> 《季春》："国人傩。"高注：命国人傩，索宫中区隅幽暗之处，击鼓大呼，驱逐不祥，如今之正岁逐除是也。

傩是我国古代的一种驱鬼迎神的仪式，现在在很多地方仍有保存，已经演化成具有悠久历史和强烈地方色彩的文化形态。关于傩的较早文献记载有《论语》、《周礼》、《礼记》、《吕氏春秋》等，主要目的是驱疫逐鬼，其基本形式大致如此："方相氏掌蒙熊皮，黄金四目，玄衣朱裳，执戈扬盾，帅百隶而时难，以索室驱疫。大丧，先柩。及墓，入圹，以戈击四隅，驱方良"，一年数次，大傩于季冬举行，并有除旧迎新之义。到了汉代，傩仪发展昌盛，名称也有所变化，除继续称"傩"外，还有"逐疫"、"逐除"等。《后汉书·礼仪志中》："先腊一日，大傩，谓之逐疫。"以其作用命名，更加晓畅易懂。又如《南史·曹景宗传》："为人嗜酒好乐，腊月于宅中使人邪呼逐除，徧往人家乞酒食。"

> 《适威》："（周厉王）故流于彘，祸及子孙。"高注：彘，地名，今河东永安是也。

正文所述，亦见于《国语·周语》和《史记·晋世家》。韦昭《国语注》："彘，晋地，汉为县，属河东，今曰永安。"《汉书·地理志上》颜师古注："彘，霍大山在东，冀州山，周厉王所奔，莽曰'黄城'。应劭曰：'顺帝改曰永安。'"《后汉书·郡国志一》："永安，故彘。《史记》曰：'周穆王封造父赵城。'徐广曰：

---

① 如《方言》卷一："敦、丰、厖、奔、幠、般、嘏、奕、戎、京、奘、将，大也。凡物之大貌曰丰。厖，深之大也。东齐海、岱之间曰奔，或曰幠。宋、鲁、陈、卫之间谓之嘏，或曰戎。秦、晋之间凡物壮大谓之嘏，或曰夏。秦、晋之间凡人之大谓之奘，或谓之壮。燕之北鄙，齐、楚之郊或曰京，或曰将。皆古今语也。初别国不相往来之言也，今或同。而旧书雅记，故俗语不失其方，而后人不知，故为之作释也。"

'在永安。'《博物记》曰:'有吕乡,吕甥邑也。'"西汉在此置彘县,东汉阳嘉三年(134)改名永安县,即高诱所谓"今河东永安是也"。后几经改制,为今霍州市。

《简选》:"尊天子于衡雍。"高注:衡雍践土,今之河阳。

衡雍,古地名,春秋时属郑地。《左传·僖公二十八年》:"甲午,至于衡雍,作王宫于践土。"杜预注:"衡雍,郑地。周恒王将此地与郑国,故为郑地。"《韩非子·外储说右上》:"(晋文公)罢宋围,还与荆人战城濮,大败荆人,返为践土之盟,遂成衡雍之义。"即今之孟州,秦为河雍,汉武帝元封五年(公元前106),设河阳县,新莽改称河亭县,东汉后改回,直至南北朝。唐始称孟州,延续至今,仍称孟州。杨伯峻以"衡雍"为"今河南省原阳县西,践土东北"①。然今之原阳乃汉时之原武县,非高注之河阳,杨说谬矣。

《审为》:"太王亶父居邠,狄人攻之。"高注:狄人,猃狁,今之匈奴也。

高诱此注来自于司马迁。《史记·匈奴列传》:"匈奴其先夏后氏之苗裔也,曰淳维,唐虞以上,有山戎、猃狁、荤粥,居于北蛮,随畜牧而转移。"此说影响了汉魏间学者乃至近代,应劭《风俗通》、赵岐《孟子章句》、郑玄《毛诗笺》以及服虔、韦昭等注疏皆从之。王国维集诸说之大成,总结为:"其见于商、周间者,曰鬼方、曰混夷、曰獯鬻。异在宗周之季,则曰猃狁。入春秋后则始谓之戎,继号曰狄。战国以降,又称之曰胡、曰匈奴。"②其后质疑亦不断。黄盛璋据考古资料等新的证据,认为,匈奴和"鬼方、荤粥、狝狁族别不同,地望也异,不能混为一谈"③。戎与狄也绝非前后相继之同族,"戎与狄是并见于史籍上的不同族,把戎与狝狁、狄混为一谈,是不妥当的"④。

---

① 杨伯峻:《春秋左传注》,中华书局1981年版,第462页。
② 王国维:《观堂林集》,中华书局1961年版,第583页。
③ 黄盛璋:《狝狁新考》,《社会科学战线》1983年第2期。
④ 杨建新:《中国西北少数民族史》,宁夏人民出版社1988年版,第4页。

（三）古今音

语言的历时性不仅体现在文字、词汇的古今嬗变上，更突出地体现在语音的转化整合上。由于古代没有记录语音的工具，所以我国对语音古今变化的研究起步较晚。汉唐时期有了对于单个语音或某地方言音的粗略、大概的记录和描写，直到明代末期，陈第在《毛诗古音考》自序中提出了"盖时有古今，地有南北，字有更革，音有转移，亦势所必至"的著名论断，批判了叶音说，对于古音的认识和研究才真正开始。汉代的古音研究主要体现在对于字词的注音和对方言音的记录方面。《释名》从语音的角度探讨词语的命名之源，间接地对语音有一定程度的保存，虽然无法全面反映整个汉代的语音面貌，但根据声训中声韵关系的分析、归纳，可以大致窥探出周秦至汉代语音发展的轨迹。许慎《说文解字》中也有对于语音的描写，主要是对生僻字和多音字的注音，术语"读若"大量使用，反映了当时对古今语音、方言音与读书音之间差异的认识。汉代的语音资料还保存于古籍笺注当中，郑玄明确表示："读先王典法，必正言其音，然后义全，故不可有所讳。"① 以此可见郑玄对注音、正音的重视。在郑玄的笺注中，有拟音，有辨音，有正音，且术语繁多，代表了当时语音研究工作的较高水准。

高诱继郑玄之后，解词释句不废注音，《吕氏春秋注》中有80例，《淮南子注》中达280例之多，术语、体例较郑玄注音也更加完备，保存了丰富的古音材料，为汉代语音系统的研究提供了宝贵资料。

从声母来看，高注中很多舌头音与正齿音混注的情况，如：

㷫，读曰亶。亶，厚也。（《重己》）

㷫，昌母元部；亶，端母元部。两字叠韵，旁纽。

蛰读如《诗》"文王之什"。（《孟春》）

蛰，定母缉部；什，禅母缉部。两字叠韵，准旁纽。

詹，读如澹然无为之澹。（《适音》）

---

① 阮元校：《十三经注疏·论语注疏》，中华书局1980年版，第2482页。

詹，章母谈部；澹，定母谈部。两字叠韵，准旁纽。

正如李新魁所说："中古时的韵书、音书，章与端两读的也甚多。……它们在上古读为同一发音部位是可以肯定的。"①

高注所反映的声母情况，与同时代的语音材料是基本一致的。高注中有很多清浊音混注的情况，如：

浑，读如衮冕之衮。(《大乐》)

浑，匣母文部；衮，见母文部。两字叠韵，旁纽。

鹄，读如浩浩昊天之浩。(《下贤》)

鹄，见母觉部；浩，匣母幽部。两字旁纽，阴入对转，音近。

燀，读曰亶。亶，厚也。(《重己》)

燀，昌母元部；亶，端母元部。两字叠韵，旁纽。

稄，读曰车笭之笭。(《去私》)

稄，透母文部；笭，定母文部。两字叠韵，旁纽。

苴，音鲊。(《贵生》)

苴，精母鱼部；鲊，崇母铎部。两字准旁纽，阴入对转，音近。

浑／衮、浩／鹄为见匣母混注，燀／亶为昌端母混注，稄／笭为透定母混注，苴／鲊为精崇母混注，这种清浊混注的情况在郑玄注中亦有所反映。胡先泽指出："见端知帮精等清声母，郑本有读本部之全浊音者……相反，群匣定从床等浊声字，郑音有读为本部或邻部之清声者。"②清浊混注的情况在刘熙《释名》中亦大量存在，以至于张清常推测："或许是刘熙的方音里，定澄匣母已由全浊变为清声母了吧。"③

再看韵部，高诱音注与同时期的语音情况非常相似。支／脂两部有相训的情况，如徙／玺：玺，读曰移徙之徙。(《孟冬》)玺，心母脂部；徙，心母支

---

①　李新魁：《汉语音韵学》，北京出版社1986年版，第383页。

②　胡先泽：《诗经东汉齐音考》，《西南师范学院学报》(人文社会科学版)1985年第2期。

③　张清常：《〈释名〉声训所反映的古声母现象》，陆宗达：《训诂研究》第一辑，北京师范大学出版社1981年版，第235页。

部，两字双声，旁转。但同时亦不乏支部字内部对转的情况，如髊/渍：髊，读水渍物之渍。（《孟春》）髊，从母支部；渍，从母锡部，两字双声，阴入对转。祝敏彻据《释名》中支/脂相训从而推测："先秦支部字与先秦脂部字汉代读音已经没有差异，已经合并为一个韵部了。"[1] 但同时《释名》中更多的是支部字互训的情况，所以在汉代，这两部仍然是独立的，但已经有了合并的迹象。

关于真/文两部通用的现象，前人已有所发现："这两部的分别在《诗经》里是比较严格的……但是在《楚辞》和晚周诸子里这两部通用的例子就多起来了……到了汉代时期这两部就变得完全合用了"[2]。高注中也有两部互训的例子，如忍/仁："忍读曰仁。"（《去私》）忍，日母真部；仁，日母文部，两字双声，真文旁转；莘/侁："侁，读曰莘。"（《本味》）侁，生母文部；莘，生母真部，两字双声，旁转。

再如宵/幽两部之互训在两汉比较常见，如窅/窈：窅，音窈。（《论威》）窅，影母宵部；窈，影母幽部，两字双声。王力认为，在汉代，"宵部范围扩大"，先秦部分幽部字转入宵部[3]。

第四节　体现语言注释的客观性与灵活性——"随文释义"

高诱及略早的赵岐、郑玄等古文经学者在为古籍做注之时，无一不是秉着"随文释义"的原则和宗旨，立足于文本自身，来看待语句之义的，并使"随文释义"的原则和方法不断地在理论和实践中得以发展完备，以"随文释义"为特点的传注训诂和以《尔雅》、《说文解字》为代表的专书训诂成为我国古代传统语言学的两种基本释义模式。

---

[1]　祝敏彻：《释名声训与汉代音系》，《湖北大学学报》（社会科学版）1988年第1期。
[2]　罗常培、周祖谟：《汉魏晋南北朝韵部演变研究》，科学出版社1958年版，第36页。
[3]　王力：《汉语语音史》，中国社会科学出版社1985年版，第84页。

一、随文释义的客观基础——语境

（一）现代语境理论

"随文释义"是长期以来指导传注训诂实践的一个基本原则，而这一原则所得以存在的现实依据和客观基础则是——语境。

语境，即"语言环境"的简称，是现代语义学、社会语言学、语用学上的术语，已经成为语言学界讨论的重要问题。

"语境"理论最早是由国外的人类学家、社会语言学家关注并提出的，他们认为社会、历史、文化、地域等宏观因素对语境有着客观的影响，如波兰籍人类学家马林诺夫斯基把语境分为情景的上下文（context of situation）和文化的上下文（context of culture）两大类①；伦敦学派的创始人弗斯继承并发扬了马林诺夫斯基的观点，进一步提出语言既有"语言的上下文"，又有"情景的上下文"，这两者共同构成语境②；在弗斯之后，韩礼德又发展了弗斯的学说，认为语言环境包括三个方面：一是社会行为（social act），二是角色结构（role structure），三是符合组织（symbolic organization），并提出了"语域"的理论，对后来语境理论研究影响深远。

在国内，对语境问题的最早关注起始于修辞学界。陈望道在《修辞学发凡》中提出"题旨情景说"——"修辞以适应题旨情景为第一要义"③。只有适合当时的"题旨"、符合"六何"的"情景"标准，才是好的修辞。张弓在《现代汉语修辞学》中对"语境"的定义也是着眼于修辞，认为语境包括社会情景、自然环境和上下文三部分④。王德春也是在讨论修辞时讨论语境问题的，他把语境从"主观"和"客观"两方面来考察⑤。王希杰认为语境包括非语言的即

---

① B.Malinowski，*The Problem of Meaning in Primitive Language*，1923，p.307.
② J.R.Firth，*Paqers in Linguistics*，1934—1951，p.226.
③ 陈望道：《修辞学发凡》，上海人民出版社 1976 年版，第 11 页。
④ 张弓：《现代汉语修辞学》，天津人民出版社 1963 年版，第 3 页。
⑤ 王德春：《修辞学探索》，北京出版社 1983 年版，第 62 页。

社会环境和自然环境及语言的即上下文两种①，交际活动是语言的世界、物理的世界、文化的世界、心里的世界四个世界的统一②。关于语境的分类还有很多，如语言语境和非语言语境（常敬宇、朱晓农），广义语境和狭义语境（王维贤、李先焜、陈宗明），言辞语境和言辞外语境（王建平），言内语境、言伴语境和言外语境（王建华）等。这些关于语境的定义和分类分别是从不角度着眼的，标准、方法也因之而异。

（二）我国传统语境思想

中国传统语言学中没有像近现代语言学这样提出明确的语境理论，但在长期的传注训诂的实践中也不乏语境思想的体会与呈现。"随文释义"就是我国传统语言学对于语境对语言的制约和解释功能的一种感性表述。中国学者在语言解释时，不仅意识到语境对语言的制约和解释功能，还能自觉地对这一功能进行积极的探索和运用。

"随文释义"是我国传统的传注训诂在实践中发展总结出的一条基本原则和基本方法，即对于训释对象要根据它在不同上下文中的具体使用情况而做出相应的合理解释。这种释义的思路于先秦时期就已萌芽，在汉唐发展成为成熟的"注疏体"，毛亨《毛诗故训传》、郑玄《毛诗笺》和《三礼注》、赵岐《孟子章句》、王逸《楚辞章句》、高诱《吕氏春秋注》和《淮南子注》、孔颖达《五经正义》等，这些优秀的注释成果是"注疏体"的典型代表作品。这些作品虽没有明确的"随文释义"之类的言辞表述，但"随文释义"的注释理念已经明确地存在于其注释思想中并指导了他们的注释实践。

西晋杜预在给《春秋左传集解》作序时说："春秋虽以一字为褒贬，然皆需数字以成言。"孔颖达注："褒贬虽在一字，不可单书一字以见褒贬。……经之字也，一字异不得成为一义，故经必须数字以成言，义则待传而后晓。"③"数字以成言"，将一字置于数字之间，方可见其褒贬。这或许是"随文

---

① 王希杰：《汉语修辞学》，北京出版社 1984 年版，第 43 页。
② 王希杰：《修辞学导论》，浙江教育出版社 2000 年版，第 47 页。
③ 阮元校：《十三经注疏·春秋左传正义》，中华书局 1980 年版，第 1707 页。

释义"观念的最早表述。东晋郭璞在注《方言》、《尔雅》时，首次明确提出了"随事为义"的概念。如《方言》卷一："延、永，长也。凡施于年者谓之延，施于众长谓之永。"郭注："各随事为义。"① 又如《尔雅》："济，度也；济，成也；济，益也。"郭注：所以广义训，各随事为义。②

唐代，孔颖达又相继提出了"各随文势"和"随义而释"③ 的注释要求，并就"文势"对词义的制约功能做了初步探讨。如《诗经·兔罝》"肃肃兔罝"疏：

> "肃肃，敬也"，《释训》文。此美其贤人众多，故为敬。《小星》云"肃肃宵征"，故《传》曰："肃肃，疾貌。"《鸨羽》、《鸿雁》说鸟飞，文连其羽，故《传》曰："肃肃，羽声也。"《黍苗》说宫室，笺云："肃肃，严正之貌。"各随文势也。

通过"肃肃"在不同文本中的不同解释，来说明"文势"即语境对词义的规约。

之后，杨士勋提出"随事则释"④。朱熹要求"随文解义"，并告诫后人："凡读书，须看上下文意是如何，不可泥著一字。"⑤ 到了训诂复兴的清代，学者们对语境功能和作用的认识与研究，又较之前有了进一步的提升和深化。清段玉裁注《说文解字》，先后提出了"依文为义"、"依文立义"、"随文解之"和"隐括"的说法，主张"凡说字必用其本义，凡说经必因文求义"，并强调要防止"望文立训"的发生⑥。又有阮元的"依文立解"⑦，王念孙、王引之父子的"上下文"⑧观点，等等。特别是王氏父子，秉着"揆之本文而协，验之他卷而通"⑨ 的宗旨，近则上下文、段落篇章的分析和整书的通则，远及作者的行文习惯和时代

---

① 钱绎：《方言笺疏》，上海古籍出版社 1983 年版，第 31 页。
② 阮元校：《十三经注疏·尔雅注疏》，中华书局 1980 年版，第 2585 页。
③ 阮元校：《十三经注疏·毛诗正义》，中华书局 1980 年版，第 281—308 页。
④ 阮元校：《十三经注疏·春秋谷梁传注疏》，中华书局 1980 年版，第 2358 页。
⑤ 梨靖德：《朱子语类》，中华书局 1986 年版，第 192—193 页。
⑥ 段玉裁：《说文解字注》，上海古籍出版社 1988 年版，第 121—142 页。
⑦ 阮元校：《十三经注疏·毛诗正义》，中华书局 1980 年版，第 266 页。
⑧ 王念孙：《读书杂志》，江苏古籍出版社 2000 年版，第 280 页。
⑨ 王引之：《经传释词》，江苏古籍出版社 1985 年版，第 2 页。

断限，并在其探究范围，对"辞例"、"文义"、"文理"的探讨孜孜以求。

二、随文释义的语言基础——词义"圆"与"专"的辩证关系

词汇总是具体上下文中的词汇，在具体的语境中，词汇的意义是固定的、具象的、临时的，我们也正是在具体的语句中去理解词汇含义，赋予词汇具体的语境意义的。黄侃曾说："小学家之训诂与经学家之训诂不同。盖小学家之说字，往往将一切包括无遗；而经学家之解文，则只能取字义之一部分。"又曰："小学家之训诂贵圆，而经学家之训诂贵专。"①"这里的'圆'指的就是圆通、完备、全面、系统；这里的'专'指的就是专门、集中、具体、个别。"②用现代语言学的观点来看就是词汇的语言义和言语义的关系问题。在词汇系统中，词汇的语言义代表词语的概念，是概括的、抽象的，处于储备状态，即所谓的"圆"；而在言语活动中，词汇的言语义是词语在具体的上下文、具体的语境中的含义，与现实的事物或概念相联系，是具体的、灵活的，处于应用状态，即所谓的"专"。"每一个语词的应用都是一个一般概念的一个特殊体现。"③

陆宗达指出，早在《荀子·正名》中就已经注意到了词义的概括性和具体性，并说："作为社会交际工具——语言的建筑材料的词，它的意义首先是概括的，为社会所公认的，以此是客观的。但是，当它在具体语言环境中出现、被按照语法规律组织进句子以后，意义就明确、具体、生动了。说话人可以从客观的概括的词义里选取某一个方面来表达自己具体的思想和主观的感情。前者是词义的概括性、客观性，后者是词义的具体性、灵活性。"④以词义解释为主要任务的我国传统训诂学，对词义的"圆"与"专"给予了充分重视，并一直致力于两者辩证关系的正确处理。训诂专书和传注训诂虽对词义的"圆"

---

① 黄侃、黄焯：《文字声韵训诂笔记》，上海古籍出版社 1983 年版，第 192 页。

② 曹孙聪：《词典释义的规范化进程》，上海辞书出版社 2001 年版，第 100 页。

③ ［波兰］维托尔德·多罗采夫斯基：《波兰辞典编辑法中的几个问题》，转引自［波兰］沙夫：《语义学引论》，罗兰、周易合译，商务印书馆 1979 年版，第 11 页。

④ 陆宗达：《训诂简论》，北京出版社 1980 年版，第 16 页。

与"专"各有侧重，但其依存性和统一性也是显然的。故而章太炎《与刘光汉书》中说："治经者既贵其通，亦贵其别。"① 齐佩瑢也强调："讲字义一方面贵在'通'，一方面又贵在'别'，不可混淆而泥于一端。"②

黄侃所谓的"圆"与"专"的关系还可理解为词义的"静态"与"动态"的关系。静态词义是指"存在于语言符号系统中，为实现交际行为、完成交际目的而提供可能和基础的意义"；动态词义是"在言语交际中具体体现了交际功能，实现了交际作用，传递了交际信息，达到了交际目的的意义"。可见，动态词义是静态词义在具体环境中的应用，是在交际过程中所体现的意义，"只有动态词义才是真正的交际信息的承担者"③。静态词义由贮存的、静态的、概括的状态，经由一定的语境而被激活为使用的、动态的、具体的动态词义，它可能是多义词的某一个义项，亦有可能是由具体语境赋予的临时意义。

古籍注释中的随文释义，其语言基础就是词义"圆"与"专"的辩证关系。任何所释之"义"，其最初的状态都是"圆"，即词语的概括义，当进入一定的"文"后，要根据具体的"文"来对词语释义，其表现出来的"义"就是"专"，即词语的具体义。

三、随文释义的表现形式——语境对词义的制约

随文释义是根据其所处的语境下的使用情况做出的相应解释，其实质是语境对词义的制约。

语境对词语的制约功能，最明显地体现在对多义词的制约上。汉语不是严格的形态语言，没有词性的形态变化，不是通过形态来区别意义，故存在大量的一词多义现象，其变化途径既有词义的引申，也有词语的假借，每一个词都有着复杂的发展演变过程。对于汉语的词义、词性的判断，必须依据上下文，这就增加了汉语词汇对语境的依赖性。在具体的语境中，由于搭配关系、语义

---

① 《章太炎文录初编》卷二《章太炎全集》四，上海人民出版社 1985 年版，第 147 页。
② 齐佩瑢：《训诂学概论》，中华书局 1984 年版，第 94 页。
③ 葛本仪：《汉语词汇论》，山东大学出版社 1997 年版，第 120—121 页。

内容、语法组合等限制因素的原因，此情此境，词语的含义是单一的、具体的，其词性也是固定的，甚至词语会带上此种语境所赋予的特定的感情色彩。

王力云："一词多义，是指它的词典中的价值说的，到了一定的上下文里，一个词只有一个独一无二的意义。"① 王力所谓"一词多义"，还可以称为"同词异训"，在一部传注体的训诂著作中，是一个词在不同的上下文，注释者会给予不同的解释，但每个解释都是单纯地对应某个特定的上下文，所以形式上是一词多义，具体到每个解释则是独一的、有针对性的。下面从几个方面来讨论语境对于词义的制约。

（一）语境对词义引申的制约

古代汉语以单音词为主，一个词语必定要承担多个义项。引申是词义发展最主要的方式和途径，由本义通过各种关联引申出多个意义，本义和引申义之间就构成了该词语的词义系统，他们之间有着或近或远的联系，但置于具体的语境当中，其意义则只有一个。汉语的特点和古代汉语的特殊性，决定了汉语词汇对语境有着很强的依赖性。如：

1.分

（1）《仲春》："是月也，日夜分，雷乃发声。"高注：分，等，昼夜钧也。

（2）《贵生》："所谓亏生者，六欲分得其宜也。"高注：分，半也。

（3）《功名》："贤不肖不可以不相分。"高注：分，犹与也。

（4）《首时》："故有道之士未遇时，隐匿分窜，勤以待时。"高注：分，大。

（5）《察传》："是非之经，不可不分。"高注：分，明也。

（6）《辨土》："生于地者，五分之以地。"高注：分，别也。

《说文解字·八部》："分，别也，从八从刀，刀以分别物也。"以此本义为出发点，进入各自特定的语境，其义从而自现。例（1）"分"的主语为"日"、"夜"，日夜将一日划为相等的两部分，即"昼夜钧"，故训"等"。例（2）"亏生"与"全生"、"死"、"迫生"并列为生存的四种境界，"全生者六欲皆得其宜"，"亏

---

① 王力:《龙虫并雕斋文集》，中华书局 1980 年版，第 328 页。

生者六欲分得其宜"，则"分"与"皆"对文，"皆"乃全，"分"则为半，故训"半"。例（3）据下文所云，"贤"和"不肖"是不可以随便给予的，"若命之不可易，若美恶之不可移"，且篇末"名固不可以相分"就是明证，则原文"不相分"之"不"乃衍文。高注"与"正与文义合，则高诱所见本不误。而毕沅改"与"为"异"，谬矣。例（4）毕沅以"大"乃川之讹，即"别"字。然川，乃小篆之"兆"字，《说文解字·八部》："兆，分也。"然《辨土》高注："分，别也。"故此处即使训为"别"亦不会作川。例（5）明白了是非之理，方可辨别语言中的是非，故训"明"。将事物区分开，各自的特征放开显明，"分"有"明"义。例（6）据王利器考证，"五分之以地"即根据地质情况对土地进行辨别，分成五种类型的土地，因地制宜，故训"别"。

2. 行

（1）《适音》："将以教民平好恶、行理义也。"高注：行犹通也。

（2）《季夏》："乃命虞人入山行木，无或斩伐。"高注：行，察也。

（3）《士节》："晏子行。"高注：行，去也。

（4）《贵因》："膠鬲行。"高注：行犹还也。

（5）《恃君》："故废其非君，而立其行君道者。"高注：行，奉也。

（6）《行论》："使者行至齐。"高注：行，还也。

（7）《爱类》："故仁人之于民也，可以便之，无不行也。"高注：行，为也。

（8）《辨土》："正其行，通其风。"高注：行，行列也。

《说文解字·行部》："行，人之步趋也。"段玉裁注："步，行也；趋，走也。二者一徐一疾，皆谓之行，统言之也。"然"行"之甲骨文字形作行，像一个十字路口，此乃"行"的本义，行走乃后来之引申义。"行"在行文中的诸多用法都是从本义引申发展而来。例（1）不同的断句，"行"字可有不同的理解。陈奇猷将"教民"、"平好恶"、"行理义"并列，共同作为制礼乐的功用，则行为的主动者为先王，故"行"训为推行、履行[①]。若将"平好恶"、"行理义"

---

① 陈奇猷：《吕氏春秋新校释》，上海古籍出版社2002年版，第287页。

并列作为"教民"的宾语，则行为的主动者为民，高诱训为"通"，即民众通晓理义，可通。若训为"实行"，即民众按照理义行动做事，亦佳。例（2）季夏之际，树木正值茂盛之时，需加以保护，严禁砍伐，则命官员上山巡察、巡视，故训为"察"。例（3）晏子见疑于齐君，出奔，辞过北郭骚，上车离开，故训"去"。例（4）膠鬲得知武王伐殷之期，返回殷，告知殷王，故训"还"。例（5）废除不合格的君主，推立奉行君道的人作君主，故训"奉"。"行"由行走之义引申为行动，而行动需遵守一定原则即奉行，故"行"有"奉"义。例（6）燕王命使者使齐，使者以最短的时间抵达齐国，故此处"还"通旋，疾行之义。段玉裁注已明示，"行"有疾行之义。例（7）仁人对于百姓，只要于民有便利，无不作为，故训"为"。"行"表行走，而行走的目的都是到某地去做事，故"作为、做"是"行"的最常见用法。例（8）行走往往有一定的队列，故有"行列"之义。此句"行"与"风"对文，应为名词，又出自《辨土》，讲稼穑，"正其行"即让庄稼成行，故训"行列"，音 háng。

以上两例可见，语境不仅能对多义词的词义进行限制，而且还会对其词性、读音都起到规约的作用。通过这种限制功能，我们不仅可以确定词义、词性和读音，还可以辨析一些通假现象，有时甚至能对校勘文字起到一定的辅助作用。

（二）语境对词义范围的制约

语境对词义的制约，有时表现为对词义范围广狭的限制，即词语的内涵基本保持不变，而在外延上则会随着语境的具体情况而发生相应的变化。

1. 特指义

（1）《音初》："周昭王亲将征荆，辛余靡长且多力，为王右。"高注：右，兵车之右也。

（2）《孟冬》："坿城郭，戒门闾。"高注：门闾，里门。

（3）《审己》："此公玉丹之所以过也。"高注：过谓不忠也。

以上三例为词语的特指义，即词语在具体语境下之所指义较其概念意义范围有所缩小。例（1）"右"本泛指右边、右侧，此处特指车右，即战车上保护昭王之人。例（2）"门闾"本义是城门和里门，此处偏义复指，仅指里门，因上句言"城郭"，已指城门，故下句仅"闾"字有义。例（3）"过"指过失、过错，范围宽泛，据上文知，"滑王愚惑，（公玉丹）阿顺而说之"，则公玉丹"不忠"也，故以"过"特指"不忠"。

2. 泛指义

（4）《重己》："昔先圣王之为苑囿园池也。"高注：畜禽兽所，大曰苑，小曰囿。

（5）《重己》："其为宫室台榭也。"高注：宫，庙也。室，寝也。《尔雅》曰："宫谓之室，室谓之宫。"

（6）《功名》："善为君者，蛮夷反舌殊俗异习皆服之。"高注：东方曰夷，南方曰蛮，其在四表皆为夷也。

以上三例为词语的泛指义，即词语在具体语境下之所指义较其概念意义而言范围有所扩大。例（4），虽然高注分析了"苑"、"囿"两字的区别，但在文中用的却是泛指义，均为"畜禽兽所"。例（5）高注一方面表明了"宫"、"室"的差异，另一方面引用《尔雅》，则为说明两字可通用，文中用的即是其泛指义——宫廷建筑。例（6）"蛮"、"夷"之间有区别，但此处泛指四方少数民族，无别也，故高注又补充道"其在四表皆为夷也"。

3. 复指义

（7）《情欲》："此三者，贵贱愚智贤不肖欲之若一。"高注：三谓耳、目、口也。

（8）《贵生》："所用重，所要轻也。"高注：重，谓随侯珠也。轻，谓雀也。

（9）《赞能》："鲍叔曰：'吾君欲霸王，则管夷吾在彼。'"高注：彼，鲁也。

以上三例为词语的复指义，即该词语所代表的意义在上文皆已出现，此处复指，使行文简练。

（三）语境对临时意义的制约

为了表达的需要，语境会赋予词义一定的临时意义，收到生动、形象的表达效果。而当语境消失，这种临时意义也会随之消失，从而表现出词义对语境的依赖性。

1. 比喻义

（1）《本生》："惑者多以性养物，则不知轻重也。"高注：轻，喻物。重，喻身。

（2）《介立》："有龙于飞，周遍天下。五蛇从之，为之丞辅。"高注：龙，君也，以喻文公。五蛇，以喻赵衰、狐偃、贾他、魏犨、介子推也。

（3）《处方》："故凡乱也者，必始乎近而后及远，必始乎本而后及末。"高注：近，喻小，远，喻大也。为乱之君，先小后大也。

例（1）以"轻"喻物，以"重"喻身，意在说明今世之人不知物与身孰轻孰重，而多重物轻身。例（2）乃介子推所赋之诗，以"龙"喻晋文公，以"蛇"喻辅佐文公的五位大臣。例（3）以"远近"喻大小，旨在说明为治要谨小慎微，否则会因小失大。

2. 借代义

（4）《执一》："耳不失其听而闻清浊之声。"高注：清，商。浊，宫。

（5）《行论》："人主之行与布衣异。"高注：布衣，匹夫。

例（4）以"清"指商，以"浊"指宫，用声音的特点来指代该事物。商音清静肃穆，宫音雄伟、宽宏，《尔雅·释乐》："宫谓之重。"孙叔然注："宫音浊而迟，故曰重也。"例（5）以"布衣"代指平民百姓，用事物的特点来指代该事物。

3. 语法义

（6）《贵生》："耳目鼻口不得擅行，必有所制。"高注：制，制于心也。

（7）《举难》："然而名号显荣者，三士羽翼之也。"高注：翼羽，佐之。①

例（6）用"于"字结构表明正文的"制"为被动用法。例（7）"羽"字后有宾语"之"，则"羽"当为动词，高注用"佐之"注释，从而表明了"羽"

---

① 毕沅于"羽"下增"翼"字，改注文"翼羽"为"羽翼"，蒋维乔等同之。然陈奇猷则以为正文不必增"翼"字，注文"翼"字当系后人旁注所羼入。"羽"字可独用，义与"羽翼"同。是也。（见陈奇猷：《吕氏春秋新校释》，上海古籍出版社2002年版，第1326页。）

的动词词性。

4. 思想义

（8）《慎大》："汤谓伊尹曰：'若告我旷夏尽如诗。'"高注：诗，志也。

按俞正燮和陈奇猷之说，高注误释，正文之"诗"当指上文之诗句或歌谣。然此注却传达出高诱及其时代的诗学观念。高注来自于许慎，《说文解字·言部》："诗，志也。"而许慎关于"诗"的解释，代表了自先秦以来对于诗歌功能的基本看法。《毛诗序》开宗明义："诗者，志之所之也，在心为志，发言为诗。"此言着眼于诗歌的文体功能，确立了诗歌的本体特征和地位，被朱自清认为是历代论诗的"开山的纲领"①，具有开拓意义。《尚书·舜典》："诗言志，歌永言，声依永，律和声。八音克谐，无相夺，神人以和。"蔡沈《书经集传》："心之所之谓之志。心有所之，必形于言，故曰诗言志。"②诗可以抒发怀抱，而"志"不仅指自己个人的小情怀，更包括对社会的关注，志还可以反映社会，这一说法影响了整个汉代学坛的诗学观念。《汉志》就指出诗有"观风俗，知得失，自考正"的教化作用。即使训诂辞书，也不例外，《释名》"诗，之也，志之所之也"，是继承了《毛诗序》对诗歌的认识而下的定义。

（9）《孟夏》："乃命乐师习合礼乐。"高注：礼所以经国家，定社稷，利人民；乐所以移风易俗，荡人之邪，存人之正性，故命乐师使习合之。

高诱对于"礼"、"乐"的定义，既继承了儒家礼乐文化的精髓，又代表了汉代关于礼乐的基本观点。自孔子始，儒家将仁、情、德等概念引入礼乐文化，使原本只停留在风俗礼仪和文学艺术层面的礼乐上升到德的层面，具备了现实的教化功能。荀子的观点很有代表性，他曾著"礼论"、"乐论"，对二者及其关系加以深入探讨。在荀子看来，"礼"与"乐"是政治的两个方面，"乐也者，和之不可变者也；礼也者，理之不可易者也。乐合同，礼别异。礼乐之统，管乎人心矣"③。《孝经·广要道章》："移风易俗，莫善于乐。安上治民，

---

① 朱自清：《诗言志辨》，华东师范大学出版社 1997 年版，第 4 页。
② 蔡沈：《书经集传》，上海古籍出版社 1987 年版，第 10 页。
③ 王先谦：《荀子集解》，中华书局 1988 年版，第 382 页。

莫善于礼。"高诱对"礼乐"的定义直接来源于此。汉代礼乐成为主要的社会统治手段和处理社会关系的思想原则。贾谊论"礼"曰:"礼者,所以固国家,定社稷,使君无失其民者也。"① 董仲舒曰:"王者功成作乐,乐其德也。乐者,所以变民风,化民俗也。"② 可见,高诱关于"礼乐"的认识并非《孝经》的翻版,而是汉代对"礼乐"的共同理解。

注者作注,解释词语,难免主观意志的参与,"六经注我"和"我注六经"的辩证关系存在于每一部传注文献当中,即使是以风格朴素、学风严谨著称的汉代"小学"也不可避免有注释者个人对原书的主观理解,有时甚至造成解释的偏离。但是通过这些带有主观成分的解释,可以考察注者的思想意识和学术观念,是研究学者个人思想及时代精神的重要线索。

今古文经学之间的最根本区别在于:今文经学认为"五经"乃孔子所作,他们阐发"五经"微言大义即代孔子言;古文经学则认为"五经"乃上古之书,孔子整理之,"述而不作",信而好古,故重事实,偏训诂。正是对孔子的定位不同,才造成了今古文经在学术、政治主张和治学风格上的分别。古文经学从史的角度来看待孔子,看待"五经",尊重历史,尊重文本的真实性,按历史顺序来排列"五经"——《易》、《书》、《诗》、《礼》、《春秋》。这也成为自刘歆《七略》、班固《汉志》及以后书志"经部"排列顺序的总的原则。古文经学对待经书的态度,直接决定了学派的学术品格和追求:秉着历史主义理念,以名物训诂为注,实事求是,崇古朴实,被后世称为"朴学"。

---

① 贾谊著,阎振益、钟夏校注:《新书校注》,《新编诸子集成》本,中华书局 2000 年版,第 214 页。
② 班固:《汉书》,中华书局 1962 年版,第 2499 页。

第 三 章

《吕氏春秋注》之语言注释的表现形式

王鸣盛说:"正文字,辨音读,释训诂,通传注,则义理自现,而道在其中矣。"①《吕氏春秋》首先是一部注书,高诱对其所做的工作主要的就是通训诂以明大义,所以语言的注释是这本注书的主要内容。从《吕氏春秋注》的具体情况来看,高诱主要是对文本的词语和句子做了解释分析,而对篇章段落大义则没有涉及。高诱注释的词语范围很广,从基本词汇到方言词语、人名地名、动植物名称、官职制度等,无所不包,体现了高诱广博的学识和见闻。高诱注释词语和文句,简洁明了,紧贴原文,很少妄自阐发,展现了古文经学精于训诂文字的扎实功底和忠于文本的朴实学风。本章主要是对《吕氏春秋注》中的语言注释的表现形式作尽可能科学的分析探讨,找到注释双方在语义上的各种联系,为汉语词汇发展和语句翻译的研究储备语料参考;揭示注释用语在解释科学性上的重要性,对古籍注释工作的理论建设提供帮助。

第一节　释词方式

随文释义的古书词语注释,讲求的是对词语的言语意义的解释,言语意义相对于语言意义而言,是词语在特定、具体语境下的意义,是词语的概括意义

---

① 　王鸣盛:《十七史商榷》,中国书店 1987 年版,第 2 页。

在实际语言交际中使用的意义，具有具体性、单一性的特点。其词语的解释方式也就相应地具有了临时性和灵活性。汉语词汇以单音词为主要形式，《吕氏春秋注》中的词语训释，也主要是针对单音词，所以下面分析考察的主要是单音词的释义方式。双音词在注文中只占极少的分量，其释义方式也不外乎以下诸种方式。

一、以单释单式释义

以单释单式释义，即用一个单音词去训释另一个单音词。很多训诂著作对此都有论述，只不过提法略有差异而已，如直训①、单词释义②、用单音词训单音词③、单字释义④、单字同义训释⑤等。兹命名为"以单释单式"，既能明确显示释义双方的单音词的性质，又避免了有些提法的含混或片面。

以单释单的释义方式，在古代训诂专书和古籍注疏中运用广泛，可以说是使用最多的一种释义方式。以《说文解字》为例，《说文解字》中以单释单者3068余字，约占总字数9353的三分之一⑥。而对于以随文释义为主要训释特点的古籍注疏，以单释单更是普遍。

以单释单的释义方式，其表现形式基本是：A（者），B（也）。有时会在被释词和释词之间出现标志性的表示词语解释的用语，如犹、谓、谓之、曰、亦、貌、属等，因为被释词和释词亦均为单音词，这些用语只表明训释双方在意义上的相通性，所以仍归入此类。在以单释单的释义结构中，释义双方的语义关系大致有以下几类：

（一）探源式释义

所谓"探源式释义"，就是通过探求词语的命名之源来达到获取词语含义

---

① 王宁：《训诂学原理》，中国国际广播出版社 1996 年版，第 61 页。
② 张联荣：《古汉语词义论》，北京大学出版社 2000 年版，第 196 页。
③ 张觉：《一种便宜的训诂法——词训法》，《广西大学学报》（哲学社会科学版）1990 年第 5 期。
④ 朱城：《〈汉语大字典〉单字释义小议》，《语文研究》2004 年第 4 期。
⑤ 徐小波：《〈说文〉单字同义训释与同义并列双音词的产生》，《上饶师范学院学报》2006 年第 1 期。
⑥ 吴先文：《东汉单字为训研究》，安徽大学 2007 年博士学位论文，第 21 页。

的释义方式。如：

《孟春》："其味酸，其臭膻。"高注：酸者钻也。万物应阳，钻地而出。

《淮南子·时则训》注同。高注所谓"酸者，钻也"乃阴阳五行之义。五行中，木配酸。《尚书·洪范》："水曰润下，火曰炎上，木曰曲直，金曰从革，土爰稼穑。润下作咸，炎上作苦，曲直作酸，从革作辛，稼穑作甘。"孔安国传："木实之性。"孔颖达疏："木生子实，其味多酸。"《白虎通·五行》之解释更得五行之本旨："木味所以酸何？东方万物之生也，酸以达生也，犹五味得酸乃达也。"酸，心母元部；钻，精母元部。两字声近韵同。又《说文解字·木部》："木，冒也。冒地而生，东方之行。"以钻释酸，犹以冒释木，皆为探释词语命名之源。

《孟春》："天子居青阳左个。"高注：个犹隔也。

"个"通"介"，经传多见，"个"字段玉裁注："《月令》'左介、右介'，是其义也。""介"、"个"义隔而通，《汉书·翼奉传》："前乡崧高，后介大河。"颜师古注："介，隔也。"引申指两者之间，《左传·襄公九年》："天祸郑国，使介居二大国之间。"杜预注："介犹间也。"房屋之间也可称"介"，即"个"，故"隔"为"个"的命名之源。

这种方式就是训诂著作中经常讲到的"声训"的作用之一——探求命名之源。历来颇多观点对传统"声训"的释义性质存在质疑，认为声训的性质应该是探求语源，和释义没有关系①。探求语源和解释意义两者并不矛盾，对于很多名物、制度等词语进行解释往往要追究其命名之源，将命名之源解释清楚，

---

① 关于声训的性质大致有三种观点：一是探求语源，二是释义，三是"因声求义"。其中"探求语源"说占主要优势。朱宗莱曰："音训者，字属恒言，义亦共晓，心知其意，不烦祥说，因推求其命名之由，而以声类通之。盖古者未有文字，先有语言，事物名称，往往定于造字之先，诚明其语原，斯字义亦著。音训之法，盖自此起。"（朱宗莱：《文字学形义篇·训诂举要》）90年代以来，这种分歧依然存在。如孙雍长《论声训的性质》、严奉强《试论声训的目的和范围》、陈建初《〈释名〉考论》、黎千驹《论汉代声训的功用与性质》等仍然主张声训的性质是探源，并非词语意义的解释。朱惠仙《对声训的重新认识》则在考察实践的基础上得出声训兼有词语训释和探求语源的两种作用。

词义也就自现。探源是途径，释义才是目的。所以声训是一种通过探求事物命名之源来获得词语含义的训诂方法。声训在很大程度上确实是通过声音的线索来寻找词语的命名之源，如"韭，久也"、"冢，肿也"。然这些训释在探求语源的同时，却已经包含了词语意义的成分，或者说这些命名之源是词语意义的义素之一。如，"韭，久也。"《说文解字·韭部》："菜名。一种而久者，故谓之韭。"韭，用王宁义素分析法可分析为：韭 =/ 一种而久 /+/ 菜名 /，"久"乃"韭"之义素。

（二）系源式释义

所谓系源式释义，就是利用有相同语源的同源词释义。

1. 少、小、削

《知士》："静郭君之于寡人一至此乎？寡人少，殊不知此。"高注：少，小。

《长利》："是故地日削，子孙弥杀。"高注：削，小也。

小，心母宵部；少，书母宵部；削，心母药部。小、少叠韵，小、削双声，韵转。从语义上看，小，《说文解字·小部》："物之微也。"少，《说文解字·小部》："不多也。从小丿声。"段玉裁注："不多则小。故古少小互训通用。"削，《说文解字·刀部》："鞞也。一曰析也。从刀肖声。"段玉裁注："凡侵削、削弱皆其引申之义也。"少，从小，有小义。削，本义为剑套，引申为消弱之义，从刀，用刀使之变小。三个字都有小义，故为一组同源字。

2. 无、微、勿

《适威》："微召公虎而绝无后嗣。"高注：微，无也。

《自知》："文侯微翟黄，则几失忠臣矣。"高注：微，无也。

《精谕》："精言之而不明，勿言之而不成。"高注：勿，无。

语音上，无、勿并明母鱼韵；微，明母微韵。三字双声，旁转。从语义上看，无、勿两字在表示没有和作副词表示禁止上，语义相当。表没有，如《诗经·豳风·东山》："制彼裳衣，勿士行枚。"郑玄笺：士，事也。勿，犹无也……亦初无行陈衔枚之事。表禁止，如《诗·大雅·行苇》："敦彼行苇，牛羊勿践履。"《尚书·益稷》:"无若丹朱傲,惟慢遊是好。"微,《说文解字·彳部》:"隐行也。"故微引申出无义。《论语·宪问》:"微管仲,吾其被发左衽矣。"《国语·周语中》:"微我,晋不战矣!"韦昭注:微,无也。三字都音近义同,为一组同源字。

（三）同字为训

同字为训,又"本字为训",就是用同一个字对被释词解释,形式上注释双方是同一个字形,但意义或读音会有差异。如:

《慎小》:"贤主谨小物以论好恶。"高注:好,善也。恶,恶也。

陈奇猷校:上"恶"字读去声,下"恶"字读本音。[1]据高注,正文"好"、"恶"皆破读,上"恶"读如字,去声,动词。下"恶"读本字,形容词。

《适威》:"先王之使其民,若御良马,轻任新节。"高注:节,节也。

此例看似亦为同字为训,实则注解有误。《淮南子·主术训》:"执节于掌握之间。"高注:"节,策也。""节"之繁体作節,与策字形相近而讹。《方言》:"木细枝谓之梢……燕之北鄙、朝鲜、洌水之间谓之策。"按金其源所校,所谓"新策"即以初生弱枝为策,以示爱马之情[2]。则此注非同字为训。

"同字为训"是古代字典辞书和古籍注释中常见的一种注释现象,如《易·序卦》:"蒙者,蒙也。""比者,比也。""剥者,剥也。"《诗·大序》:"风,风也。"《释名·释言语》:"乐,乐也,使人好乐之也。"这种注释方法利用了同一汉字的不同含义在声调和词性上的差异来训释词语,反映了词汇的多义性和发展性,在词汇尚不丰富的汉语发展初期,是允许的。但"同字为训"存在着不能充分释义的弊端,即违背了以已知释未然、以具体释多义的注释原则,虽释实则未释。

---

① 陈奇猷:《吕氏春秋新校释》,上海古籍出版社 2002 年版,第 1692 页。
② 陈奇猷:《吕氏春秋新校释》,上海古籍出版社 2002 年版,第 1291 页。

关于"同字为训",很多训诂学著作和相关文章均有涉及①,对其认识不尽相同。然如"恶,恶也"例,结构双方存在语音上的差异,是公认的。类似的例子,《释名》中还有不少,如:

《释天》:"宿,宿也,星各止宿其处也。"上"宿",息救切,音 xiù;下"宿"息逐切,音 sù。

《释宫室》:"传,传也,上所止息去而后人复来,转转相传无常主也。"上"传"直恋切,音 zhuàn;下"传"直挛切,音 chuán。

《释宫室》:"观,观也,于上观望也。"上"观"古玩切,音 guàn;下"观"古丸切,音 guān。

这些例子中,训释双方字形相同,字音存异,字义有别,被释词是从该字的本音、本义发展引申而来,若给该后起之音义另造新字或替代以双音词,就不会存在同字为训了。"同字为训"主要存在于先秦两汉的词语注释中,汉唐以后随着单音词双音化的发展,表现力更为强大的双音词成为汉语词汇的主流,同字为训的注释方法也就逐渐减少并消失。"同字为训"现象是汉语词汇阶段性发展的产物。

（四）通假义释义

这种释义,实则是指出被释字的通假义。

《高义》:"比于宾萌,未敢求仕。"高注:萌,民也。

"萌"通"氓",百姓,黎民。杨树达《读〈吕氏春秋〉札记·高义》:"氓、萌古音同,故假萌为氓耳。"②《墨子·非攻中》:"（夫差）于是退不能赏孤,施舍群萌,自恃其力,伐其功。"《管子·山国轨》:"谓高田之萌曰:'吾所寄币于子者若干。'"刘绩注:"萌,民也。"《史记·三王世家》:"奸巧边萌。"

---

① 齐佩瑢《训诂学概论》、黄建中《训诂学教程》等训诂学著作将之视为"声训"的一种情况,又有杨利安《说同字为训》、谢金良、何山等文章同样以同字异义作为"同字为训"的实质。然胡朴安《中国训诂学史》、许嘉璐《传统与延续辞典》、许征《〈释名〉中的"同字为训"》、程光耀《〈释名〉中的同字为训现象研究》等将"同字为训"的范围加以扩大,不仅有同字异义,而且还包括同字异形的古今字、方言词等现象。

② 杨树达:《积微居读书记》,中华书局 1962 年版,第 273 页。

《不屈》："施而治农夫者也。"高注：而，能也。

《士容论》："士不偏不党，柔而坚，虚而实。"高注：而，能也。

"而"通"能"，能够。《尚书·吕刑》："狱成而孚，输而孚。"孙星衍疏："上'而'犹能也，下'而'犹汝也。"《墨子·尚同中》："故古者圣王，唯而审以尚同。"毕沅校注："而读与'能'同。"《楚辞·九章·思美人》："不逢汤武与恒缪兮，世孰云而知之？"

《审时》："得时者忍饥。"高注：忍犹能也，能，耐也。

"能"通"耐"，受得住。《汉书·晁错传》："夫胡貉之地，积阴之处也，木皮三寸，冰厚六尺，食肉而饮酪，其人密理，鸟兽毳毛，其性能寒；杨粤之地，少阴多阳，其人疏理，鸟兽希毛，其性能暑。"颜师古注："能，读曰耐。"此下"能暑"亦同。

（五）同义词释义

同义词释义历来是词语解释的主要释义方法。古代汉语以单音字为主，一字即为一词，所以也就出现大量同义的两个或多个单音词互相训释的情况，很多训释双方的单音词后来合并成双音词，从而使汉语词汇中存在大量同义复合词，这也是汉语词汇由单音词向双音词发展的重要途径。

1. 共时共域同义词释义 ①

词汇系统中，完全相同的两个词原则上是不存在的。所谓的同义词、近义词也只是两个词在某些义项上存在义同、义近的关系，可以用来互相解释，字典辞书或古籍注释中用同义词进行训释大多是这种情况。这些同义词训释的双方，在当下情景下是可以互换的，即将解释词语替换成被解释词语，语义是讲得通的。

若从义位层次上来看，同义词释义时训释双方有这样几种对应关系：

① 本义——本义

措，置也。（《孟春》）

---

① 王宁：《训诂学原理》，中国国际广播出版社1996年版，第95页。

措，《说文解字·手部》："置也。"段玉裁注："置者，赦也。立之为置。舍之亦为置。措之义亦如是。"置，《说文解字·网部》："赦也。"段玉裁注："置之本义为赦遗，转之为建立，所谓变则通也。"赦，《说文解字·攴部》："置也。"据段玉裁注，措、置意义相同，故以置训措。

> 忒，差也。（《先己》）

忒，《说文解字·心部》："更也。"段玉裁注："按人部代，更也。弋声。忒与貣音义同。《尸鸠》传曰：'忒，疑也。'《瞻卬》传曰：'忒，差也。'皆一义之区别也"。差，《说文解字·左部》："貳也，不相值也。"又《尔雅·释言》："爽，差也，忒也。"则忒、差本义相同，可构成训释。

②引申义——本义

> 信，从也。（《劝学》）

信，《说文解字·言部》："诚也。"因诚信而随从、听从。从，《说文解字·从部》："相听也。"听从为本义。"信"之引申义与"从"之本义相同，故以"从"训"信"。

> 伏，藏也。（《孟夏》）

伏，《说文解字·人部》："司也。"段玉裁注：引伸之为俯伏。又引伸之为隐伏。藏，《说文解字·艸部》："匿也。""伏"的引申义与"藏"的本义相同，故构成训释。

③引申义——引申义

> 比，方也。（《贵公》）

比，《说文解字·比部》："密也。二人为从，反从为比。"段玉裁注："其本义谓相亲密也。余义俌也，及也，次也，校也，例也，类也，频也，择善而从之也，阿党也，皆其所引伸。"比又可引申出比方义，如《诗·邶风·谷风》："既生既育，比予于毒。"方，《说文解字·方部》："并船也。象两舟省、总头形。"段玉裁注："并船为本义。编木为引伸之义。又引伸之为比方。"比、方引申义相同，故相训释。

> 年，齿也。（《下贤》）

年,《说文解字·禾部》:"谷熟也。"引申为年岁,又引申为人的年龄。齿,《说文解字·齿部》:"口齗骨也。"由牙齿引申指牲畜和人的年龄,如《孟子·公孙丑下》:"天下有达尊三:爵一、齿一,德一……乡党莫如齿。"年、齿的引申义皆指年龄,组成同义复合词"年齿",如《庄子·徐无鬼》:"舜举乎童土之地,年齿长矣,聪明衰矣,而不得休归。"韩愈《举张正甫自代状》:"年齿虽高,气力逾励。"

若从语义关系上看,训释双方还可以有这样一些关系:

① 以具体释宽泛

> 影,晷也。(《功名》)

晷,《说文解字·日部》:"日景也。"即日影。古人利用日影的原理发明了确定时刻的仪器日晷,根据晷仪上立表即晷针的投影就能知道时间,晷还指立表的投影。《功名》:"犹表之与影,若呼之与响。"据正文知,此"晷"当为立表之投影。

② 性状相似,所指不同

> 骄,泰也。(《贵生》)

骄,《说文解字·马部》:"马高六尺为骄。从马乔声。《诗》曰:'我马唯骄。'一曰野马。"段玉裁注于"一曰野马"下曰:"凡骄恣之义当是由此引伸。"泰,《说文解字·水部》:"滑也。"引申指骄纵,《论语·子罕》:"拜下,礼也;今拜乎上,泰也。"何晏《集解》引王肃曰:"时臣骄泰,故于上拜。"两字引申均指骄纵,组成同义复合词"骄泰"。两字在骄纵上意义相同,一从马的飞驰得义,一从水大得义。

> 加,益也。(《慎人》)

加,《说文解字·力部》:"语相增加也。"益,《说文解字·皿部》:"饶也。"两字皆指增加,一为言语,一为水。

③ 以结果对动作

这种释义,以动作结果来释动作本身,其效果是释词比被释词更能清楚、准确地表达文义。

宣，通。(《古乐》)

《左传·昭公元年》:"台骀能业其官，宣汾洮，障大泽，处大原。"杜预注:"宣，犹通也。"《古乐》篇正文指用舞蹈来疏通自然与民众的瘀滞之气，《左传》之文指疏通汾洮。"宣"是具体动作，"通"乃"宣"之结果。宣、通结合为复合词，表疏通、畅通之义。曾巩《齐州北水门记》:"扃皆用木，视水之高下而闭纵之，于是外内之水，禁障宣通，皆得其节。"《医宗金鉴·正骨心法要旨·器具总论》:"再以振梃轻轻拍击足心，令五脏之气上下宣通，瘀血开散。"

扰，浑也。(《音初》)

原文作"水烦则鱼鳖不大"，毕沅校"烦"字乃后人据《乐记》改之，依注文，正文本作"扰"。陈奇猷曰:"水扰之则浑，故高训为浑也。"[1]陈校说的明白，"水扰之则浑"，"浑"乃"扰"之结果。

有些训释双方不仅意义相关，而且声音也相同、相近，"在意义相通的基础上也注意到了声、韵相谐"[2]。汉字"声符"有表义的特点，利用词语之间在声音和意义上的联系可以进行意义训释。若从语音关系上看，训释双方有如下情况:

①音同

云，运也。(《圜道》)云、运并音匣母文部。

夬，决也。(《辩土》)夬、决并音见母月部。

帅，率也。(《辩土》)帅、率并音生母物部。

训释双方若声韵全同，往往存在字形上的联系。云、运;夬、决等就是利用了形声字中声符表义的特点来构成解释。

②双声

祈，求也。(《孟春》)

祈，群母微部;求，群母幽部。

---

① 陈奇猷:《吕氏春秋新校释》，上海古籍出版社2002年版，第348页。

② 李开:《〈尔雅〉释义方法浅析》，《扬州师范学院学报》(社会科学版)1986年第2期。

　　之，至也。(《重己》)

之，章母之部；至，章母质部。

　　境，界也。(《赞能》)

境，见母阳部；界，见母月部。

③ 叠韵

　　登，升也。(《异实》)

登，端母蒸部；升，书母蒸部。

　　伉，当。(《士节》)

伉，溪母阳部；当，端母阳部。

　　薄，迫也。(《明理》)

薄，并母铎部；迫，帮母铎部。

④ 声近韵近

　　同，等。(《审己》)

同，定母东部；等，端母蒸部。两字旁纽，旁转，音近。

　　竞，进也。(《分职》)

竞，见母阳部；进，精母真部。两字准双声，旁转，音近。

很多声音相通的同义词，在词汇的发展中逐渐合并成复音词，如祈求、境界、同等，又如命、令；通、达；丰、盛；更、革；休、息；辨、别；尊、重；灾、害；动、荡；言、语；正、直等，这些在高注中出现的声音相通的同义词存在训释关系，后发展成为复音词。

古人行文讲究简练，忌讳重复，在选词用字时，会尽量避免使用相同的字词。上文使用的词语，下文会选择同义或近义词进行表述，特别是在对仗等形式整齐的结构中，相同的位置更不会出现相同用字。利用行文规则就可以对一些词语进行训释，这种情况往往会用术语"亦"来表示。

① 利用上文出现的词语对被释词进行解释。

　　《贵公》："仲父之病矣，渍甚。国人弗讳。"高注：渍亦病矣。

　　《禁塞》："亦可以痛心矣，亦可以悲哀矣。"高注：哀亦痛也。

② 所谓变文，就是为了避免行文用词的重复，特别是在上下句对举的情况下，在同样的位置用词往往会词义相当、词性相同。

《贵公》："甘露时雨不私一物，万民之主不阿一人。"高注：私犹异也。阿亦私也。

《论人》："适耳目，节嗜欲；释智谋，去巧故。"高注：释亦去也。

《异用》："仁人之得饴，以养疾侍老也。"高注：侍亦养也。

2.异域关系的同义词释义

即方言词语的训释。

《季春》："田鼠化为鴽。"高注：鴽，鹑，青州谓之鴾鴾，周、洛谓之鴽，幽州谓之鹬也。

《季春》："具栚曲筐。"高注：曲，薄也，青徐谓之曲。

薄，通"箔"，蚕薄。《宋书·礼志一》："蚕桑前一日，蚕宫生蚕著薄上。"青徐地区称之为"曲"。

3.异时关系的同义词释义

即古今词语的训释。

菽，豆也。（《孟夏》）

菽，本字作"尗"，《说文解字·尗部》："豆也。"段玉裁注："尗、豆古今语，亦古今字。此以汉时语释古语也。……《史记》'豆'作'菽'。"因"尗"、"叔"字形相近，古人常把两字通用。《睡虎地秦墓竹简·法律答问》："禀叔、麦，当出未出，即出禾以当叔。"《汉书·昭帝纪》："得以叔粟当赋。"颜师古注："叔，豆也。"《玉篇》："叔，同尗，豆也。"因"叔"假借表兄弟之排行，为区别起见，将表示"豆"的"叔"另加艸，成为"菽"。徐灏《说文注笺》曰："古盖作尗，象形……尗又作叔，从又者，采撷之意。因为叔伯字所专，故别作菽。古食肉器谓之豆，无以尗为豆者，自战国以后乃有此称。"①

---

① 徐灏：《说文解字注笺》，《续修四库全书·经部·小学类》，上海古籍出版社2002年版，第61页。

豆，《说文解字·豆部》："古食肉器也。"后"豆"作为盛器逐渐淡出人们的生活，其本义也就慢慢消失。豆、菽古音相近，豆，定母侯部；菽，书母觉部，侯、觉两部可通转。豆也就逐渐代替了"菽"，成为豆科植物的总称①。《战国策·韩策一》："韩地险恶山居，五谷所生，非麦而豆，民之所食，大抵豆饭藿羹。"汉杨恽《报孙会宗书》："田彼南山，芜秽不治，种一顷豆，落而为萁。"

"2""3"两种情况下训释双方是不能互换的，若互换了就起不到训释的作用了。

（六）种属关系释义

所谓种属关系释义，即用被释词的上位词来训释，表示两者之间的种属关系。

春，时。(《孟春》)

《公羊传·隐公元年》："春者何？岁之始也。"岁亦时也，故有"岁时"一词表示时间。杜甫《遭田父泥饮美严中丞》诗："名在飞骑籍，长番岁时久。"韩愈《赠族侄》诗："岁时易迁次，身命多厄穷。""时"表一般意义的时间概念，"春"表具体的季节，则"时"乃上位词，是属概念，"春"乃下位词，是种概念，"春"隶属于"时"。

辂，车也。(《孟春》)

辂，《说文解字·车部》："车軨前横木也。从车各声。"后代指车，《释名》："天子所乘曰玉辂。谓之辂者，言行于道路也。"《玉篇》："大车也。""辂"多指帝王所乘的车子。《尚书·顾命》："大辂在宾阶面，缀辂在阼阶面，先辂在左塾之前，次辂在右塾之前。"《文选·张衡〈东京赋〉》："龙辂充庭，云旗拂霓。"薛综注："辂，天子之车也，故曰龙辂。""辂"乃下位词，"车"乃上位词，"辂"隶属于"车"。

---

① 于省吾：《商代的谷类作物》(《东北人民大学人文科学学报》1957 年第 1 期) 一文，考证：菽与豆的初文为𡔯，从米𡨄声的形声字。"借豆为菽，犹之乎借菽为𡔯"，"商人称作𡔯，周人称作菽，秦汉以来称作豆。"

又有"黿，水属也"（《孟冬》）、"鳞，鱼属也，龙为之长"（《孟春》）等用"属"字来表示两者之间的种属关系。虽然这种种属关系的表述未必如现在对其定义的那么科学，但可以反映出当时人们对于这些事物的理解和认识。

（七）性状法释义

这种释义方式，一般用来解释动词、形容词等的性状，往往有"貌"字出现，表示"……的样子"。

惊，乱貌。（《慎大》）

惊有纷乱貌。南朝谢庄《宋孝武宣贵妃诔》："庭树惊兮中帷响，金釭暖兮玉座寒。"唐元稹《善歌如贯珠赋》："度雕梁而暗绕，误风缀之频惊。"

嘻，怒貌。（《行论》）

嘻，叹词，表示惊怒或不满。《战国策·赵策三》："鲁仲连曰：'然吾将使秦王烹醢梁王。'辛垣衍怏然不悦曰：'嘻！亦太甚矣先生之言也。先生又恶能使秦王烹醢梁王？'"《史记·蔺相如传》："秦王与群臣相视而嘻。"《索隐》："嘻，惊而怒之辞也。"又《史记·魏其武安侯传》："夫怒，因嘻笑曰：'将军，贵人也。'"

（八）语法、修辞法释义

通过揭示被释词的语法或修辞意义来注释词语含义。

烛，照也。（《士容》）

烛，《说文解字·火部》："庭燎，火烛也。"名词引申为动词，表示照、照亮。又如，《庄子·天运》："吾又奏之以阴阳之和，烛之以日月之明。"《史记·孙子吴起列传》："庞涓果夜至斫木下，见白书，乃钻火烛之。"其中的"烛"后皆有宾语"之"，烛作动词。《玉篇》："照也。"高注用"照"来释"烛"，不仅表明了词义，而且表明了该词在句子中的词性。

下犹陨也。（《功名》）

下，本为方位名词，此以"陨"释之，则表明了下的动词词性，表示降下、陨落。

咨，嗟，叹辞。（《行论》）

嗟，叹辞也。（《知化》）

咨，《尔雅·释诂》："嗟咨，蹉也。"《尚书·尧典》："帝曰：'咨汝羲暨和。'"《传》："咨，嗟也。"《论语·尧曰》："尧曰：'咨，尔舜！天之历数在尔躬。允执其中。'"朱熹《集注》："咨，嗟叹声。"嗟，《玉篇》："嗟叹也。"《广韵》："咨也。"高诱指出两字皆为感叹词，这是《吕氏春秋》高注中仅有的两条关于虚词的注释。

> 轻喻物，重喻身。（《本生》）

> 近喻小，远喻大。（《处方》）

这两例高注指出了被释词的比喻义。

> 清，商。浊，宫。（《执一》）

《淮南子·修务训》注同。《主术训》高注又有"商音清，宫音浊"。商音清静肃穆，宫音雄伟宽宏，《尔雅·释乐》："宫谓之重。"孙叔然注："宫音浊而迟，故曰重也。"[1] 正文以"清"指"商"，以"浊"指"宫"，用声音的特点来指代该事物，高注正指出了被释词的所指义。

二、以多释单式

（一）以同义复合词释义

训释双方是同义关系，释词是一个同义双音节复合词，即用双音词对单音词释义。

> 败，灭亡也。（《情欲》）

败，《说文解字·攴部》："毁也。"灭，《说文解字·水部》："尽也。"又引申出消失义。亡，《说文解字·乚部》："逃也。"又引申出灭亡、败亡义。"灭"、"亡"的引申义同义，组合成动词词组"灭亡"表示消失、消灭。《尚书·五子之歌》："惟彼陶唐，有此冀方。今失厥道，乱其纪纲，乃厎灭亡。"《公羊传·僖公元年》："上无天子，下无方伯，天下诸侯有相灭亡者。"《汉书·张耳

---

[1] 邢昺《尔雅注疏》云："孙氏虽有此说，更无经据，故不取也。"（见阮元校：《十三经注疏·尔雅注疏》，中华书局 1980 年版，第 2601 页。）

陈馀传赞》:"及据国争权,卒相灭亡,何乡者慕用之诚,后相背之盭也!"

> 阴,犹润泽。(《任地》)

阴,《说文解字·阜部》:"闇也。水之南,山之北也。"引申指阴湿。泽,《说文解字·水部》:"光润也。""润"、"泽"同义,组成并列的形容词词组,表示湿润、不干枯。贾思勰《齐民要术·栽树》:"时时灌溉,常令润泽。"

> 级,阶陛。(《任地》)

级,台阶,《礼记·曲礼上》:"主人先登,客从之。拾级聚足,连步以上。"阶,《说文解字·阜部》:"陛也。"陛,《说文解字·阜部》:"升高阶也。""阶"、"陛"两字同义,组成并列关系名词词组,指宫殿的台阶。《史记·刺客列传》:"王僚使兵陈自宫至光之家,门户阶陛左右,皆王僚之亲戚也。"此"阶陛"与"门户"相对,仍为名词词组。郦道元《水经注·泗水》:"城内有汉高祖庙,庙前有三碑,后汉立庙基,以青石为之,阶陛尚存。"此"阶陛"已然成为一个并列双音词。

（二）对举式释义

所谓对举式释义就是用否定词加反义词来解释被释词语。

> 偏,私,不正也。(《贵公》)

偏,《说文解字·亻部》:"颇也。"偏、颇同义,与正相反,为偏私、不公正之义。《尚书·洪范》:"无偏无陂,遵王之义。"孔传:"偏,不平。陂,不正。言当循先王之正义以治民。"同篇又有"无偏无党,王道荡荡;无党无偏,王道平平。"《后汉书·霍谞传》:"不偏不党,其若是乎?"其中的"偏"、"党"皆为偏私、不正之义。

> 窒,不通。(《尽数》)

窒,《说文解字·穴部》、《尔雅·释言》并释作"塞也"。窒、塞同义,与通相反。又《季秋》:"季秋行夏令,则其国大水,冬藏殃败,民多鼽窒。"高注:"鼽窒,鼻不通也。"

> 盲,无见。秃,无发。(《明理》)

盲,《说文解字·目部》:"目无牟子。"《释名》:"盲,茫也,茫茫无所见也。"《淮南子·泰族训》："盲者，目形存，而无能见也。"秃，《说文解字·秃部》："无发也。"

（三）义界法释义

义界法就是用简要的语言对被释词的意义进行限定或描写，以显示该词区别于他词的特有属性或本质属性。依据王宁的义素分析法，义界法释义可以用如下的公式来表示：

义值差＋主训词

高注中的义界法释义，举例见表3—1：

表3—1 《吕氏春秋注》义界法释义举例

义界法释义	义 值 差	主 训 词
酎，春酿也。（孟夏纪）	春（非其他季节）	酿
堇，毒药也。（劝学）	毒（非良药）	药
翣，棺饰也。（节丧）	棺（非其他物品的饰物）	饰（通"饰"）
邑外曰郊。（制乐）	外（非邑之其他方位）	邑
理，狱官也。（孟秋纪）	狱（非其他部门之官）	官
觯，酒器也。（义赏）	酒（非盛他物之器皿）	器
蹙，不能行也。（尽数）	不能（非能够行走）	行
秕，不成粟也。（辩土）	不成（非饱满的谷粒）	粟
弁，鹿皮冠。（上农）	鹿皮（非其他动物皮）	冠

这种释义方法，是先找到一个被释词的上位词或同位词作主训词，然后以该词区别于同类概念的本质特征作义值差，两者结合成为该词的义界或定义。这种方法是词语训释中最为科学的，克服了同义词训释中的模糊不清，能从内含到外延对词语含义作准确详尽的解释，是一种理性的释义方法。在《吕氏春秋注》中，义界法释义大约有170例。

义界法释义，解释部分大多为偏正结构的词组，如果这一词组的两部分经常组合在一起，会逐渐成为独立的偏正结构的双音词出现在语言交际中，如"毒药"、"狱官"、"酒器"、"情欲"、"阴雨"、"明日"、"腹疾"、"细葛"等就是使用中常用的双音词。

《吕氏春秋注》中往往将一组同义词放在一起解释，更能突出各自词语的区别性特征。

麋子曰夭，鹿子曰麛。（《孟春》）

天神曰神，人神曰鬼。（《顺民》）

国有先君宗庙曰都，无曰邑。（《仲秋》）

心不则德义之经为顽，求无厌足为贪。（《慎大》）

魂，人之阳精也。阳精为魂，阴精为魄。（《禁塞》）

有时甚至主训词不出现，只出现义值差，但主训词是可以补充出来的。

青与赤谓之文，赤与白谓之章。（《季夏》）

主训词为"颜色"。

在足曰桎，在手曰梏。（《仲春》）

主训词为"枷锁"。

曲底曰蒙，方底曰筐。（《季春》）

主训词为"蚕簿"。

义界法释义也有其局限性。限于时代的发展，人们对某些事物的认识未必清楚，所做出的定义也就难免不精确。如"彘，水畜，夏所宜食也"（《孟夏》），先秦古籍中，最初猪是用"豕"来表示，如《易经》、《尚书》、《诗经》、《论语》等，既表野猪，也表家猪。"彘"最晚在《孟子》时已经使用，主要表家猪。彘，甲骨文字形作🐗，像是一只中了箭的猪。猪中箭被捕，从而家养，由野猪变为家猪。《尔雅·释兽》："豕子，猪。"《释畜》："彘五尺为豵。"从《尔雅》的分类来看，猪为兽，彘为畜。高注将"彘"归为"畜"大概即来源于此。但"彘"表野猪也不乏其证，首先，字形既为中箭之猪，则捕射的当为野猪，《尔雅·释器》中有"彘罟谓之羉"，"彘"指野猪无疑。《韩非子·外储说右下》："王子于期齐辔策而进之，彘突出于沟中，马惊驾败。"其中"彘"指野猪。"彘"为水畜，却是没有根据的。《礼记·月令》："孟夏之月，天子乃以彘尝麦。"郑玄注："彘，水畜。"《月令》与《十二纪》乃同一来源，此注与高注同，不足为奇。又《史记·货殖传》："泽中千足彘。"然此并不足以证明彘为水畜。所以

"鼍，水畜"的结论是有待商榷的。

（四）描述性状释义

所谓描述性状释义，即通过对被训词的形态、性质、状貌、作用等方面的描述或比拟来解释词义。

鼍，皮可作鼓。（《季夏》）

鼋，可作羹。（《谕大》）

在《诗经》和《左传》中分别有关于"鼍"和"鼋"功用的记载，高注解释"鼍"、"鼋"主要是从其作用着眼，而舍弃了两者在其他方面的特性。

绝，若三代之末祚数尽也。（《振乱》）

《说文解字·斤部》："断，绝也。"然此注高氏未言"绝，断也"，却用比况的方式来释"绝"。据毕沅校："赵（敬夫）云：'天子既绝，谓周已亡而秦未称帝之时也。'""三代之末祚数尽"即"周已亡而秦未称帝之时"，赵说或正本高注。此注亦可作为《吕氏春秋》成书时间的证明之一。

弇，深，象冬闭藏也。（《孟冬》）

弇，谓口小腹大之器物。《周礼·春官·典同》："侈声筰，弇声郁。"郑玄注：弇，谓中央宽也，弇则声郁勃不出也。于省吾校曰："《尔雅·释器》'圜弇上谓之鼒'，注：'鼎敛上而小口。'徐灏《说文笺》：'凡口狭而中宽者谓之弇。'然则'其器宏以弇'，谓其器宏大而敛口也，正与冬季闭藏之义相符。"[1]《十二纪》讲求的是天时、物事、人事相照应的思维模式和运行原则，高注以"冬闭藏"释"弇"，不是简单的比况手法，而正是深得《吕氏春秋》之旨，方才做出这样的解释。

齫，鼎好貌。（《应言》）

据陈奇猷校，"齫"当为"蜗"。孙诒让曰："蜗当与询同。《方言》云：'询，貌治也。吴越饰貌为询。'《说文解字·立部》云：'询，健也，读若齫。'与高读正同。《淮南子·人间训》说高阳魁为室云：'其始成，询然善也。'许注云'高

---

① 于省吾：《双剑誃诸子新证》，中华书局2009年版，第756页。

壮貌'。此云'蜎焉美'犹《淮南》云'蚑然善'矣。"①

（五）增字足意

古代汉语以单音字为主，虽行文简练，但其弊端之一就是一个词所承载的意义太多，难免出现意思表达不清的情况，在表达时通过增加词语来帮助表达也就成为情理之中的事。荀子就曾说过："单足以喻则单，单不足以喻则兼。"②同样，在词语注释中，在被释词的基础上增加词语来辅助解释，从而达到词义明确的目的，即"增字为训"，也就成为字典辞书和古籍注释中常见的注释方法。《说文解字》中就有大量的"增字为训"现象，即正篆下面本字又重复出现的现象，如《木部》："梧，梧桐木。""桔，桔梗，药名。"《鸟部》："鸿，鸿鹄也。"《玉部》："珊，珊瑚。"

注释词语本是以已知释未知、以简单释繁难，若被释本字重又出现在训释中则违背了注释的基本原则，向来受到学者的否定和诟病。如王引之"增字解经"条所言："经典之文，自有本训。得其本训，则文义适相符合，不烦言而已解。失其本训而强为之说，则扞格不安，乃于文句之间增字以足之，多方迁就而后得申其说，此强经以就我，而究非经之本义也。"③王力曾针对《说文解字》中的"注解中出现被注的字"作过如是评价："字典对于一个字，总该假定是读者所不认识的。若注解中有被注的字，就等于把读者所不认识的字作注，虽注等于不注。"他认为《说文解字》中如"墨，书墨也"、"就，就高也"之类的释义方式，《说文》这样，犹有可说"，但从释义的角度看终归是不理想，"毕竟不足为训"④。

若增字以后反而画蛇添足，这样的"增字"是不应当被接受的，如《说文解字·艸部》："苋，苋菜也。""茈，茈草也。"段玉裁《说文解字注》"苋"下

---

① 孙诒让：《札迻》，《续修四库全书·子部·杂家类》，上海古籍出版社 2002 年版，第 73 页。

② 王先谦：《荀子集解》，中华书局 1988 年版，第 418 页。

③ 王引之：《经义述闻》，《续修四库全书·经部·群经总义类》，上海古籍出版社 2002 年版，第 361 页。

④ 王力：《理想的字典》，载《龙虫并雕斋文集》第 1 册，中华书局 1980 年版，第 354 页。

曰："'菜'上'苋'字，乃复写隶字删之仅存者也。"在段氏看来，许慎原本于每个篆字之下复出本字然后作注，后经浅人删之，然删之不尽故有残存的复举之字。段氏之分析很难让人信服。《说文解字》向有以属概念释种概念的体例，故"苋"、"茈"实不该复举。又如《寸部》："导，导，引也。"《欠部》："軒，軒，干革也。"复出之字实为衍文。然若如黄侃先生所言"盖古人言辞质朴，有时非增字解之不足以宣言意"①，这样的"增字"则是注释中非常有效、合理的方法。兹取黄侃所谓"增字足意"，就《吕氏春秋注》的具体情况略作分析。

1. 显示义值差释义

这种释义方式是"将被训释词本身嵌入义界，占据主训词的位置，而只用义值差来显示词义的特点"②，形式表现为：义值差＋主训词。如：

　　韣，弓韣也。(《仲春》)

韣，除了指弓袋，还指弧、席等物的套子，注语加"弓"字以区别于弧韣、席韣等。

　　桐，梧桐也。(《季春》)

桐乃木名，有很多种，如梧桐、油桐、泡桐等，注语用"梧"来将"桐"确定下来。

　　师，瞽师。(《达郁》)

古代"师"指官职名称，如琴师、乐师、场师、画师、鱼师等或有某种技能之人，"瞽师"是古代的一种乐官，一般由盲人担任。

这种用义值差来表明词义的方式，实际上是在主训词范围宽泛、所指不确定的情况下，用义值差来加以限制，使范围缩小、所指具体化，明确词义。

2. 用含有该词的双音词释义

这种方式是被释词语直接嵌入义界占据主训词位置的同时，与另一词共同

---

① 黄侃、黄焯：《文字声韵训诂笔记》，上海古籍出版社 1983 年版，第 216 页。

② 王宁：《训诂学原理》，中国国际广播出版社 1996 年版，第 98 页。

构成一个双音节词语。如：

> 止，禁止也。(《知士》)

"禁止"一词，在先秦就已经使用，汉代以后使用渐多，如《墨子·节葬下》："欲以禁止大国之攻小国也。"《史记·秦始皇本纪》："诸侯更相诛伐，周天子弗能禁止。"晋干宝《搜神记》卷十九："父母慈怜，终不听去，寄自潜行，不可禁止。"

> 理，道理。(《察传》)

"理"指情理，在汉代已经有被"道理"所代替的例子，如《汉书·邹阳传》："窃闻长君弟得幸后宫，天下无有，而长君行迹多不循道理者。"

> 行，行列也。(《辩土》)

在汉代，用"行列"来指纵横排列已不鲜见，如《礼记·乐记》："行其缀兆，要其节奏，行列得正焉，进退得齐焉。"《汉书·宣帝纪》："乃者凤皇集新蔡，群鸟四面行列，皆向凤皇立，以万数。"

这种情况实质是汉语词汇双音化的表现。到了汉代，单音词已经难以满足语言表达的需要，双音词数量较先秦有了更大的增加，单音词被双音词所替代成为势所必然。

第二节 释句方式

高注释词之外，就是对句子的解释。通过疏通文句，揭示文本所要表达的含义和思想，帮助读者理解原书。高诱对文句的解释主要体现为两种方式：翻译和解说。

一、翻译

就是以忠实原句为目的，将文本由先秦语言转换成汉代通行易懂的语言。根据对原文的忠实程度，可分成直译和意译两种。

（一）直译

直译，也叫对译，是对原句的一对一的翻译。这种办法基本保持了原句的语法结构和语序，力图让每个词都有着落。如：

《忠廉》："杀身出生以徇其君。"高注：去生就死，以徇从其君。

《本味》："说汤以至味。"高注：为汤说美味。

《首时》："见之而恶其貌，不听其说而辞之。"高注：光恶子胥之颜貌，不受其言，辞谢之也。

《乐成》："非徒不能也，虽罪施，于民可也。"高注：言非但不能有为也，虽施二人罪罚，于民意亦可。

《知度》："因而不为。"高注：因循旧法，不改为。

直译时，还要将正文中省略的成分补充出来，如：

《长攻》："有功于此而无其失，虽王可也。"高注：此三君有功名，假令无其阙失，虽为王可也。

补充出主语"此三君"。

《节丧》："犹不能止。"高注：不能止其发掘。

补充出宾语"其发掘"。

《士节》："于利不苟取。"高注：于不义之利，不苟且而取也。

补充出"利"的定语"不义"。

为翻译得顺畅，以更符合汉代的语言习惯，有时则需要对正文的语序作一调整，如：

《正名》："说淫则可不可而然不然，是不是而非不非。"高注：不可者而可之也，不然者而然之也，不是者而是之也，不非者而非之也，故曰"淫说也"。

《正名》："贤不肖、善邪辟、可悖逆。"高注：不肖者贤之，邪辟者善之，悖逆者可之也。

《执一》："命也夫事君。"高注：言事君由天命。

这三例皆是将后面的语言成分提前，从而使正文过于简洁的语句更易于理解。

《顺民》:"残吴二年而霸,此先顺民心也。"高注:(越王)先说民心,二年故能灭吴立霸功也。

这是一个因果关系的复句。正文在最后揭示灭吴称霸的原因,翻译时则将原因提前,使因果关系更加明朗清晰。

《忠廉》:"廉故不以贵富而忘其辱。"高注:不忘其妻子烧死之辱,以取吴国之贵富也。

既补充了定语"其妻子烧死",又将前后语序加以调换,由转折关系的句子成为一个递进关系的复句。

《离俗》:"苟可得已,则必不之赖。"高注:不之赖,不赖之也。

正文为宾语前置,译文为正常语序,说明到了东汉末期,否定句中宾语若为代词已经不需要再前置了。

《侈乐》:"制乎嗜欲。"高注:为嗜欲所制。

前后词语的对调,显示了"为……所"这一被动格式,从而说明了正文"乎"的表被动的用法。

《应言》:"公甚贱于公之主。"高注:公之主甚贱公。

正文"于"表被动,译文将正文的被动句式改为主动句式。

《论威》:"何敌之有?"高注:言无有感敌者。

译文将正文的反问句改成否定性的陈述句译出。

(二)意译

意译就是翻译出原文的大致含义,保持正文的基本意思不变,译文与正文非一对一的翻译。因为这种方式不拘泥于原文的句式和句法,所以是《吕氏春秋》高注中使用非常广泛的释句方式,也是传统训诂学很常见的释句方法。意译大致有两种表现形式:概况和阐发。

1. **概括**

对正文用简洁的语句加以提炼,总括其句意。如:

《孟春》:"无覆巢,无杀孩虫胎夭飞鸟,无麛无卵。"高注:蕃庶物也。

《尽数》："大甘、大酸、大苦、大辛、大咸，五者充形则生害矣。大喜、大怒、大忧、大恐、大衰，五者接神则生害矣。大寒、大热、大燥、大湿、大风、大霖、大雾，七者动精则生害矣。"高注：诸言大者，皆过制也。

《本味》："故久而不弊，熟而不烂，甘而不哝，酸而不酷，咸而不减，辛而不烈，澹而不薄，肥而不腴。"高注：言皆得其中适。

《知度》："若何而治青北、化九阳、奇怪之所际。"高注：皆四夷之远国。这四例对正文的内容作简练的概况。

《节丧》："所重所爱，死而弃之沟壑，人之情不忍为也，故有葬死之义。"高注：言情不忍弃之沟壑，故有葬送之义。

《异实》："孙叔敖之知，知不以利为利矣，知以人之所恶为己之所喜，此有道者之所以异乎俗也。"高注：众人利利，孙叔敖病利，故曰"所以异于俗也"。

这两例对正文的前半部分提炼了主要意思，从而得出后半部分的结论。

2. 阐发

对正文意义加以推衍、发挥和详细的解释。如：

《孟冬》："物勒工名，以考其诚。"高注：勒铭工姓名著于器，使不得诈巧，故曰"以考其诚"。

《本味》："若射御之微。"高注：射者望毫毛之近，而中艺于远也；御者执辔于手，调马口之和，而致万里，故曰"若射御之微也"。

《君守》："不出者，所以出之也。不为者，所以为之也。"高注：不出户庭而知天下，与出无异，故曰所以出之。不为而有所成，与为无异，故曰"所以为之"。

以上三例不仅有对正文的翻译，而且对正文所述结论之原因也进行了分析。

《听言》："不徙之，所以致远追急也，所以除害禁暴也。"高注：专学大豆、甘蝇之法而不徙之，故御、射得。御可以致远追急，射而发中，可以除害禁暴也。

《首时》:"固有近之而远,远之而近者。"高注:留秦三年不得见惠王,近之而远也。从楚来,至而得见,远之而近也。

以上两例,分别对正文详加解释。

《孟冬》:"祷于公社及门闾。"高注:祷于公社,国社后土也。生为上公,死祀为贵神也。先祷公社,乃及门闾先祖,先公后私之义也。

不仅将公、社的具体所指解释清楚,而且揭示了祭祀先后顺序所蕴含的深刻社会意义。

《任数》:"无骨者不可令知冰。"高注:亡国之主,不知去贪暴,施仁惠,若无骨之虫,春生秋死,不知冬寒之有冰雪。

不仅详细解释了"无骨者不可令知冰"的具体含义,而且指明了其本体"亡国之主",极利于读者的理解。

对于行文中的省略成分,意译时也需要将其补充出来。为了表达的方便和通顺,也需要对原文的语序、语调作适当的调整,但要保证其意思的不变。如:

《不侵》:"何暇从以难之?"高注:言不能成从以难秦也。

《应言》:"卬虽贤,固能乎?"高注:言不能也。

这两例皆是将正文的反问句意译成陈述句。

《应同》:"祸福之所自来,众人以为命,安知其所。"高注:凡人以为天命,不知其所由也。

译文将正文中"安知其所"的疑问句式变换成陈述句式"不知其所由"。

《士容》:"富贵弗就而贫贱弗竭。"高注:轻富贵,甘贫贱。

此例将正文中的否定句用肯定的语气译出。

二、解说

解说不同于翻译,解说的文字在字面上与正文没有太大的联系,而是对正文的句子、某些关键性词语的解释、说明,是帮助读者更好地理解正文的说明性、提示性、补充性的文字。解说式释句大致有如下一些表现形式:

（一）说明因由

高注在释句时，经常使用"故曰"、"故"。其基本格式是：解说文字，"故（曰）"＋正文的文字（或正文稍作变动）。解说文字用以说明正文如此表达的原因，整个结构是一个因果关系，因是解说文字，果是正文内容。根据解说部分的具体情况，有如下一些类型：

1. 解字以明句

很多时候句中有些关键性的词语是理解文义的钥匙，解释了这些词语也就在很大程度上解释了句子。如：

《本生》："此之谓全德之人。"高注：其德行升降，无所亏缺，故曰全。

《论威》："凡兵，天下之凶器也；勇，天下之凶德也。"高注：兵者战斗有负败，勇者凌傲有死亡，故皆谓之凶。

《至忠》："夫忠于治世易，忠于浊世难。"高注：贤君赏忠臣，故曰易也。乱主杀之，故曰难也。

2. 引文作因

高注引用了大量的典籍文献来作为正文解说的原因或证据，让解说更有说服力，这些引文往往是从道义的高度对正文加以论证，并非正文所言之具体内容。汉代经学发达，经学成为整个汉代社会统治的主导思想，以经文大义去解释、附会社会现象成为汉代政治的基本特征，高诱用经义去解释典籍、理解历史是合乎时代潮流的。如：

《当务》："舜有不孝之行。"高注：《诗》云："娶妻如之何？必告父母。"尧妻舜，舜遂不告而娶，故曰"有不孝之行"也。

《审分》："人主不可以不审名分也。"高注：《传》曰"唯器与名，不可以假人"，君之所慎也，故曰不可不审。

3. 史实作因

高注用与正文相关的史实来说明正文。如：

《当务》："尧有不慈之名。"高注：不以天下与胤子丹朱，而反禅舜，故曰"有不慈之名"也。

《首时》:"成甲子之事。"高注:甲子之日克纣牧野,故曰"成甲子之事"。

《义赏》:"赵襄子出围。"高注:智伯求地于襄子,襄子不与,智伯率韩、魏之君围赵襄子于晋阳三月,张孟谈私与韩、魏构谋,韩、魏反智伯军,使赵襄子杀之,故曰"出围"。

4. 举例作因

注文中所举例子不是正文所言,只是可以作为例证帮助说明文义。如:

《本味》:"臭恶犹美,皆有所以。"高注:臭恶犹美,若蜀人之作羊腊,以臭为美,各有所用也。

《首时》:"圣人之于事,似缓而急,似迟而速,以待时。"高注:谓若武王会于孟津,八百诸侯皆曰"纣可伐矣"。武王曰:"汝未知天命也。"还归二年,似迟也。甲子之日,克纣于牧野,故曰"待时"。

《慎势》:"民之穷苦弥甚,王者之弥易。"高注:苦纣之民,纣之乱,与武王陈兵牧野,倒矢而射,横戈而战,武王由是弥易①。

5. 修辞作因

注文指出正文所用之修辞手法。

《审分》:"幽、厉之臣不独辟。"高注:厉王,周宣王之父;幽王,周宣王之子。言先幽、厉,偶文耳。

本当先厉后幽,然上文"尧舜"、"汤禹"、"桀纣",音调上皆为先平后仄,为求对偶,故先幽后厉。

(二)补充内容

注文中解说文字只对正文起补充作用,不是说明或解释性文字。

1. 补充文中代词所指或未明言之内容,如:

《本味》:"非独琴若此也,贤者亦然。"高注:世无贤者,亦无所从受

---

① 按谭戒甫、吴承仕等校,注文"苦"当在"民"下,见陈奇猷:《吕氏春秋新校释》,上海古籍出版社 2002 年版,第 1126 页。

礼义法则与共治国也。

　　《长攻》："辱未至于此。"高注：至于此，灭亡也。

分别补充出了正文中代词"然"、"此"所指代的内容。

　　《诚廉》："其于人也，忠信尽治而无求焉。"高注：无所求于民也。

　　《审己》："鲁君请于柳下季。"高注：欲令柳下季证之为岑鼎。

分别补充出了正文中未明言的补语"于民"和宾语"证之为岑鼎"。

2. 补充行为或现象的原因、目的或结果，如：

　　《孟夏》："无起土功，无发大众，无伐大树。"高注：所以顺阳气。

　　《仲夏》："令民无刈蓝以染。"高注：为蓝青未成也。

　　《古乐》："水道壅塞，不行其原。"高注：故有洪水之灾。

　　《异实》："楚、越之间有寝之丘者，此其地不利。"高注：人不利之。

　　《慎势》："吞舟之鱼，陆处则不胜蝼蚁。"高注：蝼蚁食也。

注文不再解释说明正文文字，而是顺势说明正文的原因、目的及结果。

3. 补充相关背景知识，如：

　　《孟夏》："无大田猎。"高注：为天物也。

　　《节丧》："积石积炭以还其外。"高注：石以其坚，炭以御湿。

　　《介立》："今晋文公出亡。"高注：文公名重耳，晋献公之太子申生异母弟也。遭丽姬之乱，太子申生见杀，重耳避难奔翟十二年，自翟经于诸国也。

　　《诚廉》："昔周之将兴也，有士二人，处于孤竹，曰伯夷、叔齐。"高注：孤竹国在辽西，殷诸侯国也。

　　《有始》："两河之间为冀州，晋也。"高注：东至清河，西至西河。

注文对正文的名物、事件或地名作补充性质的介绍，以便帮助读者理解正文。

（三）引书证义

高注引用了很多典籍中的文字来与正文相印证，如《诗经》、《孟子》、《尚书》、《左传》、《老子》、《周礼》等先秦文献以及《淮南子》等当代文献。表现为两种情况：

1. **引用古书中与正文所言之同一事件或同一事理，用以说明正文与引文所指相同**。如：

《忠廉》："翟人攻卫，其民曰：'君之所予位禄者鹤也，所贵富者宫人也。君使宫人与鹤战，余焉能战？'"高注：鲁闵二年《传》曰："狄人伐卫，卫懿公好鹤，鹤有乘轩者。将战，国人受甲者皆曰：'使鹤，鹤有禄位，余焉能战？'"此之谓也。

《不侵》："立千乘之义而不可凌，可谓士矣。"高注：孔子曰："使于四方，不辱君命，可谓士矣。"此之谓也。

这种情况，往往会出现"此之谓也"的表述，指的是注文所要表达的事情或道理正是正文所言。

2. **引用典籍中的文字，或史料或经义，为正文提供事实或道义上的证据**。如：

《慎人》："子贡曰：'如此者，可谓穷矣。'孔子曰：'是何言也？君子达于道之谓达，穷于道之谓穷。'"高注：《论语》曰："君子亦有穷乎？子曰：'君子固穷，小人穷斯滥矣。'"

《君守》："奚仲作车。"高注：《传》曰："为夏车正，封于薛。"

《君守》："皋陶作刑。"高注：《虞书》曰："皋陶，蛮夷、猾夏，寇贼奸宄，女作士师，五刑有服。"

（四）揭示言外之意

所谓"言外之意"，就是正文文字表面未言之深层含义，注释句子需要将这层深层含义揭示出来，让读者更好地理解作者的写作意图。如：

《乐成》："使田有封洫，都鄙有服。"高注：君子小人各有制。

《审分》："若此则百官恫扰，少长相越，万邪并起，权威分移。"高注：政在家门。

《慎势》："先王之法，立天子不使诸侯疑焉，立诸侯不使大夫疑焉，立适子不使庶孽疑焉。"高注：尊卑皆有别。

《审应》："今蔺、离石入秦而王缟素布总，东攻齐得城而王加膳置酒。"高注：言王不兼爱也。

有时文章的言外之意是通过一些修辞手法达到的，如比喻，注文需将比喻之本体揭示出来，从而方便读者理解句子的深层含义。如：

《慎人》："大寒既至，霜雪既降，吾是以知松柏之茂也。"高注：众木遇霜雪皆凋，喻小人遭乱世无以自免，松柏喻君子而能茂盛也。

《精谕》："若以石投水奚若？"高注：喻微言若石沉没水中，人不知。

三、综合使用

高注很多情况是为了注释得更加充分，常常将多种释句方式综合起来使用，如：

《精谕》："至为无为。"高注：至德之人，为乃无为。无为因天无为，天无为而万物成，乃有为也，故至德之人能体之也。

这一注文前面为直译，后面为阐发式的意译。

《审为》："詹子曰：'不能自胜则纵之，神无恶乎？'"高注：言人不能自胜其情欲则放之，放之神无所憎恶，言当宁神以保性也。

这一注文上一"言"为直译，后一"言"为揭示言外之意。

《举难》："魏文侯名过桓公，而功不及五伯，何也？"高注：孟尝君，齐公子田婴之子田文也。白圭，周人。问文侯功何以不及五伯也。

这一注文首先补充背景资料，对人物加以介绍，后对文义进行意译。

《知分》："死不足以禁之，则害曷足以禁之矣？"高注：死重害轻也。言为义者，虽死为之，故曰"不足以禁之"。死且犹弗禁，何况害也，何足以禁之也？

这一注文首先揭示言外之意，然后作阐发式的意译。

《召类》："名实不得，国虽强大，则无为攻矣。"高注：无名实之国虽强大，则无为往攻之矣。《传》曰："取乱侮亡。"此是也。

这一注文首先是对文义直译，然后引书证义。

《慎人》："大寒既至，霜雪既降，吾是以知松柏之茂也。"高注：众木遇霜雪皆凋，喻小人遭乱世无以自免，松柏喻君子而能茂盛也。《论语》曰："岁寒然后知松柏之后凋。"此之谓也。

这一注文先解释文章的比喻义，又引《论语》为证。

《悔过》："言之不信，师之不反也从此生。"高注：蹇叔言信，不可不信也。师之不反，败殽也。《穀梁传》曰"匹马支轮无反者"，从蹇叔言信生也。

这一注文先补充了与正文相关的背景资料，又引书加以证实。

《勿躬》："被箑日用而不藏于箧。"高注：被箑，贱物也，日用扫除，故不藏于箧。喻人君好治人臣之职，与被箑何异。

这一注文先对正文加以直译，又指出其比喻义。

《季冬》："数将几终，岁将更始。"高注：夏以十三月为正。夏数得天，言天时者皆从夏正也，故于是月十二月之数近终，岁将更始于正月也。

这一注文先是补充介绍了夏历的相关背景知识，又对正文加以翻译。

第三节　注音方式

《吕氏春秋注》中注音（方言注音不计算在内）共 75 例，与《淮南子》高注中 276 例的注音相比，数量显然少了很多。前面的章节已经讲到，高诱与《吕氏春秋》的编定者在语言上的差异不是非常突出，所以注音在《吕氏春秋注》中并不占主要部分。而《淮南子》则不同，楚地方言在语音上与高诱的幽州方言差异格外大，所以《淮南子注》中注音占了相当大的比重。

在《吕氏春秋注》中，高诱的注音体例有两种方式：同字注音和音同音近字注音。

一、同字注音

《吕氏春秋注》中，同字注音共 8 例。具体的表现形式为：

1. 引文献之文

> 傩读《论语》"乡人傩"同。(《季春》)

> 夐读如《诗》云"于嗟夐兮"。(《尽数》)

2. 利用词语注音

> 居读曰居处之居，居犹壅闭也。(《圜道》)

居是个多音字，高诱用"居处"来给正文"居"注音，就表明此处"居"的读音当是读本音，见母鱼部，居处之居本字当为"凥"，段玉裁注："今字用蹲居字为凥处字。而凥字废矣。"《说文解字·尸部》："凥，处也。"由本义引申为停留、停止，进一步引申出壅闭。

> 去犹释也，去读去就之去。(《审分》)

去有多个读音，去就之去当读本音，溪母鱼部。《说文解字·去部》："去，人相违也。"本义为离开，引申为放弃、舍弃，即释。

用词语注音，还有一种情况就是利用该字组成的双音词语来注音，既表明音读，也兼释义。

> 《先己》："《诗》曰：'执辔如组。'"高注：组读组织之组。

此例"读"所表示的意义与其说是注音不如说是释义。组，除表示邑名，音疽，其他意思皆同音，为精母鱼部。高注用"组织"一词注音的同时，表明了"执辔如组"之"组"的含义，一举两得。

> 《审为》："不能自胜而强不纵者，此之谓重伤。"高注：重读复重之重。

重为多音字，高注此处以"复重"一词来为"重"注音，既表明了"重"读为定母东韵平声，又解释了其意义为反复、重复。

二、音同音近字注音

全书音注中，用音同音近字注音共 67 例，具体表现形式如下：

1. 引文献之文或篇名

> 蛰读如《诗》"文王之什"。(《孟春》)

蛰,定母缉部;什,禅母缉部。两字叠韵,准旁纽。

> 酏读如《诗》"虵虵不言"之虵。(《重己》)

酏,喻母歌部;虵,船母歌部。两字叠韵,旁纽。

> 鹄读如浩浩昊天之浩。(《下贤》)

鹄,见母觉部;浩,匣母幽部。两字旁纽,阴入对转,音近。

2. 单字注音

> 苴音鲊。(《贵生》)

苴,精母鱼部;鲊,崇母铎部。两字准旁纽,阴入对转,音近。

> 楪读曰朕。(《季春》)

楪、朕并音定母侵部。

> 侁读曰莘。(《本味》)

侁,生母文部;莘,生母真部。两字双声,旁转。

以上 3 例用单字单纯注音,被注字与注字只是音同或音近,没有意义上的联系。

> 饬读作敕。敕督田事,准定其功。(《孟春》)

敕、饬,透母职部,两字音同。

> 勯读曰单。单,尽也。(《重己》)

勯、单并音端母元部。

> 燀读曰亶。亶,厚也。(《重己》)

燀,昌母元部;亶,端母元部。两字叠韵,旁纽。

> 鞔读曰懑。不胜食气为懑病也。(《重己》)

懑、鞔并音明母元部。

以上 4 例,已经不仅仅是简单的注音了,而是同时指明了通假字。

3. 熟语或词语注音

借助熟语或词语注音,又可有下面两种情况:

（1）单纯注音

> 髊读水渍物之渍。（《孟春》）

髊，从母支部；渍，从母锡部。两字双声，阴入对转。

> 浑读如衮冕之衮。（《大乐》）

浑，匣母文部；衮，见母文部。两字叠韵，旁纽。

> 渔读若相语之语。（《季夏》）

渔、语并音疑母鱼部。

> 跖读如"挶摅"之摅。（《用众》）

跖、摅并音章母铎部。

> 玺读曰移徙之徙。（《孟冬》）

玺，心母脂部；徙，心母支部。两字双声，旁转。

> 詤读诬妄之诬。（《知接》）

詤，晓母阳部；诬，明母鱼部。两字阴阳对转，晓明谐音，音近。

以上6例用汉人熟悉的常用语来注音，注音双方只是在语音上相同或相近。

（2）注音兼释义

> 《本生》："下为匹夫而不惛。"高注：惛读忧闷之闷，义亦然也。

惛，晓母文部；闷，明母文部。两字文部叠韵，晓明谐音。惛，即"惛"，为"惛"的通假字。《后汉书·张衡传》："不见是而不惛，居下位而不忧，允上德之常服焉。"李贤注："惛犹闷也。《易》曰：'不见是而无闷。'"

> 《古乐》："民气郁阏而滞著。"高注：阏读曰过止之遏。

阏、遏并音影母月部。《列子·杨朱》："晏平仲问养生于管夷吾，管夷吾曰：'肆之而已，勿壅勿阏。'"殷敬顺释文："阏，安葛切，与遏同。"

> 《音初》："还反，涉汉，梁败，王及蔡公抎于汉中。"高注：抎，坠，音曰颠陨之陨。

抎、陨并音匣母文部。《说文解字·手部》"抎"字下引《春秋传》："抎子，辱矣。"段玉裁注："成公二年《左传》石稷谓孙良夫曰：'子，国卿也。陨子，辱矣。'"许慎所据本作"抎"，可谓失矣。

以上 3 例高诱选择了与被注字在读音和意义都有联系的汉字，达到了注音释义的双重效果。

第四节　注释用语的完备

文本注释中，使注释形式更加规整的因素是注释用语的使用。我国历史悠久的注释之学在长期的发展完善的过程中，逐渐形成了自己的研究对象、体例、方法、术语等学科内容，从而保证了注释之学的独立性、科学性和实用性，保证了注释之学的长盛不衰。秦汉之际，伴随着经学的日益昌盛，经学等古籍的解释工作也日益繁多，注疏之学从先秦的萌芽阶段走向它的第一个兴盛时期。注疏的兴盛，除表现在成果数量的丰硕、研究范围的扩大和研究人员的积极参与等方面，还表现在注释的科学性也逐渐被关注，而注释用语的形成并运用，就是其科学性的重要表现。它能使注释所要表达的含义更加明确，形式更加整齐规范，从而促进该学科的成熟发展。

高诱在《吕氏春秋注》中所使用的注释用语包括校勘用语、释义用语、注音用语、语法用语、修辞用语等，数量丰富，分工明确，体现了高诱注释之学的精审、严谨和创新。

一、校勘用语

（一）当作、当为、当言

这一组为校勘文字讹误的用语，其含义为"某字讹误、应当是某字"。其中，"当作" 7 见，"当为" 2 见，"当言" 1 见。段玉裁《周礼汉读考》云："'当为'者，定为字之误、声之误而改其字也，为求正之词。形近而讹谓之字之误，声近而讹谓之声之误，字误、声误而正之，皆谓之'当为'。"[①] 细考《吕氏春秋注》

---

① 段玉裁：《周礼汉读考》,《续修四库全书·经部·礼类》，上海古籍出版社 2002 年版，第 261 页。

中校讹例，除了段氏所谓"字之误"、"声之误"外，尚有因史实不清而致误者。

《过理》："宋王筑为蘗帝。"高注："蘗"当作"辚"，"帝"当作"臺"。

蘗与辚其音同，帝与臺字相似，因作"蘗帝"耳。《诗》云："庶姜辚辚。"高长貌也，言康五筑为台。

今《诗》作"庶姜蘗蘗"，作"辚"盖本《韩诗》为说。《释文》云："蘗蘗，盛饰也。《韩诗》作'辚'，长貌。"《说文解字·车部》："辚，载高貌。"《广雅·释诂》："辚辚，高也。"张衡《西京赋》："飞檐辚辚。"薛综注："辚辚，高貌。""蘗"字于《过理》无义，当为"辚"。蘗，疑母月部；辚，疑母薛部。两字音近而讹。"帝"与"臺"则因字形相近而讹。

《精谕》："晋襄公使人于周曰："……卜以守龟曰：'三涂为祟。'"……苌弘谓刘康公曰："……""高注：按《春秋经》，襄公以鲁僖三十三年即位，至鲁文公公六年卒，无卜三涂为祟之言也。……按《传》，晋倾公也。此云襄公，复妄言也。晋襄公，周襄王时也。苌弘乃景王、敬王之大夫，春秋之末也。以世推之，当为晋顷公，其不得为襄公明矣。

上文注曰："按《春秋经》，襄公以鲁僖公三十三年即位，至鲁文公六年卒。"而卜三涂之事发生于鲁昭公十七年，当晋顷公元年。又苌弘乃春秋末年之臣，与襄公不同时，当为顷公也。此乃因史实不清致误。

（二）"或作"

这一用语是用来说明古籍因版本不同而文字有异。《吕氏春秋注》中，"或作"15见。"或作"之"或"是无定代词，其含义是"有的版本作"。这些异文，往往是读音相同或相近、义同而通的词，才会导致不同的版本使用了不同的文字。

舆謣，或作邪謣。（《淫辞》）

舆，喻母鱼部；邪，疑母鱼部。两字音近而通。

苍领，或作青令。（《离俗》）

苍，即青。领、令并音来母耕部。《庄子》、《淮南子》作"清泠"。青、清并音清母耕部，令、泠并音来母耕部。故"苍领"、"青令"、"清泠"三者实为一词。

> 厹繇，国之近晋者也，或作仇酋。（《权勋》）

旧本"厹"作"夙"，毕沅改之。是也。厹，《说文解字》"内"字，小篆作夙，字形因与"夙"字形相似而讹。厹繇，《淮南子·精神训》作"仇由"，高注曰："仇由，近晋之狄国。仇读仇余之仇。"《战国策》作"厹由"，高注曰："厹由或作仇首。""首"乃"酋"字之误。《史记·樗里子传》作"仇犹"。"厹"与"旮"同，《说文解字·口部》"旮"："临淮有旮犹县。"《说文系传·口部》"旮"下云："《吕氏春秋》有'旮犹国智伯欲伐'者也。"[1] 仇、厹并群母幽部，可通。犹、由并音余母幽部；繇余母宵部，酋从母幽部，宵幽旁转，四字音近而通。故厹繇、仇酋、仇由、仇犹、旮犹，字形虽异，实为一词。

二、释义用语

（一）未（之）闻、未达、无闻、不知出于何书

这一组用语用来表明注释过程中，注者对原文不解、不明或有疑问而置之"阙疑"，表现了注者对注释的严谨态度和实事求是的精神。其中，"未（之）闻"14 见，"无闻"1 见，"未达"1 见，"不知出何书"3 见。

> 擘者，踏也，形则未闻。（《本味》）
>
> 浸渊，深渊也，处则未闻。（《本味》）

这两例皆是由于事物、地理太过生僻，且没有文献可征，高诱于此二者"阙如"也。

> 此鳌夫人，未之闻。（《贵因》）
>
> 死生有命，不可益矣，而延年二十一岁，诱无闻也。（《制乐》）

上两例高诱对于原文的说法，虽然表达上是"没有听说"，实则是表示怀疑。一则是对"鳌夫人"的称呼表示不解，一则是对人之寿夭的变化表示质疑和否定。

---

[1] 徐锴:《说文解字系传》，中华书局 1987 年版，第 28 页。

（二）一说、一曰、或曰、或言、或云

这组用语用于保存、收录对同一解释对象的不同解说，"义有两歧，一并存在"①。其中，"一说" 6 见、"一曰" 15 见、"或曰" 3 见、"或言" 1 见、"或云" 1 见。

魏阙，心下巨阙也。心下巨阙，言神内守也。一说：魏阙，象魏也。悬教象之法，浃日而收之，魏魏高大，故曰魏阙。（《审为》）

祭祀之肉先进心。心，火也，用所胜也。一曰"心，土，自用其藏也"。（《季夏经》）

子阳，郑相，或曰郑君。（《首时》）

《周礼·媒氏》"以仲春之月合男女，于时也，奔则不禁。"因祭其神于郊，谓之郊禖。郊音与高相近，故或言"高禖"。（《仲春纪》）

此釐夫人，未之闻。或云为谥。《谥法》："小心畏忌曰釐。"若南子淫佚，与宋朝通，太子蒯聩过宋野，野人歌之曰："既定尔娄猪，盍归我艾豭。"推此言之，不得谥为釐明矣。（《贵因》）

（三）一曰、或曰、一名

这组用语是为说明所释名物的别名、异名。其中，"一曰" 11 见，"或曰" 1 见，"一名" 15 见。

螳螂，一曰天马，一曰虼蚁，兖州谓之拒斧也。（《仲夏》）

木堇，朝荣暮落，是月荣华，可用作蒸，杂家谓之朝生，一名蕣，《诗》云"颜如蕣华"是也。（《仲夏》）

鞅，卫之公孙也，故曰公孙鞅，或曰卫鞅。（《长见》）

芡，鸡头也，一名雁头，生水中。（《恃君》）

（四）曰、为

这组用语用来解释词语含义，在使用时均放在被释词的后面，可以翻译成"叫"、"叫做"。其中，"曰" 150 见，"为" 77 见。两者的作用具体表现如下：

---

① 何仲英：《训诂学引论》，商务印书馆 1933 年版，第 19 页。

1. 解释词语含义，并突出其特点

不鸣钟鼓密声曰袭。（《悔过》）

邑外曰郊。（《行论》）

人反德为乱。（《孟春》）

饮酒合乐为酣。（《分职》）

2. 区别同义词、近义词之间的差异

广平曰原，下湿曰隰。（《孟春》）

在足曰柾，在手曰梏。（《仲春》）

铎，木铃也，金口木舌为木铎，金舌为金铎。（《仲春》）

魂，人之阳精也。阳精为魂，阴精为魄。（《禁塞》）

（五）谓之、之谓

"谓之"、"之谓"的用法不完全一致，但学者对此多做比较，故放在一起讨论。

"谓之"与"之谓"的意义和用法及两者的区别，学者多有关注和讨论。朱熹最早辨析二者的区别："'谓之'，名之也；'之谓'，直为也。"①"谓之"，是说明被释词的命名之由；"之谓"，是直接给被释词下定义。清代学者戴震更对此作了详细的解释：

> 古人言辞，"之谓"、"谓之"有异：凡曰"之谓"，以上所称解下，如《中庸》"天命之谓性"，率性之谓道，修道之谓教，此为性、道、教言之，若曰，性也者，天命之谓也；道也者，率性之谓也；教也者，修道之谓也。《易》"一阴一阳之谓道"，则为天道言之，若曰，道也者，一阴一阳之谓也。凡曰"谓之"者，以下所称之名辨上之实，如《中庸》"自诚明谓之性，自明诚谓之教"，此非为性、教言之，以性、教区别"自诚明"、"自明诚"二者耳。《易》"形而上者谓之道，形而下者谓之器"，本非为道器

---

① 黎靖德：《朱子语类》，中华书局 1986 年版，第 3280 页。

言之，以道器区别其形而上、形而下耳。①

何乐士专文讨论"谓之"、"之谓"，认为这个术语由于被释词和释词的位置不同而作用不同："A谓之B"是对A的品题和归类；"B之谓A"是对A的认同、释义、印证和举例②。后又有多篇文章对之进行讨论，意见不尽一致。大家对两者的探讨多着眼于文献正文中的"谓之"、"之谓"的用法，鲜有讨论二者在文献注释中的意义和作用，所以其结论对注释中的"谓之"、"之谓"不完全适用。今将《吕氏春秋注》中的"谓之"、"之谓"作一番比较研究。

何乐士认为，"谓之"句的句式应为"A谓之B"，B是对A的品题或归类。A是被释词，已见于上文，而B是释词，后出，不见于上文。这一点符合文献正文的实际情况，但于文献注释则不适用。

"谓之"在文献注释中是一个使用频率非常高的术语，其作用主要就是用于字词的解释，被释词一般置于"谓之"之后，格式为"B谓之A"，"之"在句中作兼语，既是"谓"的宾语，又是A的主语。《吕氏春秋注》中，"谓之"凡59例。

《禁塞》："暴骸骨无量数，为京丘若山陵。"高注：战斗杀人，合土筑之，以为京观，故谓之京丘，若山陵高大也。

《先识》："成公薨，殡，九月不得葬，周乃分为二。"高注：下棺置地中谓之殡。

"谓之"还用于区别同义词，如：

《孟春》："天子居青阳左个。"高注：各有左右房谓之个，个，犹隔也。东出谓之青阳，南出谓之明堂，西出谓之总章，北出谓之玄堂。

《季夏》："黼黻文章。"高注：白与黑谓之黼。黑与青谓之黻。青与赤谓之文。赤与白谓之章。

"谓之"还用于方言词语的解释，表示某地称呼被释词为某某。

---

① 戴震：《孟子字义疏证》，中华书局1961年版，第130页。

② 何乐士：《论"谓之"句和"之谓"句》，《古汉语研究论文集》，北京出版社1982年版，第124页。

《仲春》:"苍庚鸣,鹰化为鸠。"高注:苍庚,《尔雅》曰"商庚、黎黄、楚雀"也。齐人谓之抟黍,秦人谓之黄离,幽冀谓之黄鸟。

《季春》:"桐始华,田鼠化为𪇰。"高注:𪇰,鹑,青州谓之鸹母,周雒谓之𪇰,幽州谓之鹊也。

只有在解释方言词语的时候,"谓之"的作用方如何乐士所谓"A谓之B"的句式。

何乐士认为,"之谓"句的句式应为"B之谓A",B是对A的认同、释义、印证或举例。A的概念先出,往往已见于上文。这一说法基本符合文献注释中"之谓"的实际。

"之谓"作为一个常见的释义术语,不仅可以解释字词,亦可以解释句子,基本结构为"B之谓A","之"作结构助词,在结构中起连接作用。《吕氏春秋注》中,"之谓"凡99例。

《尊师》:"使其心可以知,不学,其知不若狂。"高注:暗行妄发之谓狂。

《过理》:"门外庭中闻之,莫敢不应,不适也。"高注:不僭不滥、动中礼义之谓适。

"之谓"更多地用于释句,句式为"B,此之谓(A)也"。由于对句子的解释较长,往往会用"此"来复指,被解释的句子有时出现在"之谓"之后,有时则省略。

《知分》:"达士者,达乎死生之分。"高注:死君亲之难者,则当视死如归,盖义重于身也,此之谓达于死生之分者也。

《重己》:"胃充则中大鞔。"高注:肥肉厚酒,烂肠之食,此之谓也。

很多时候,高诱会引用文献典籍之言来说明正文之道理或史实,其格式为"B,此之谓也",被释句A省略,"此"指代的是引文。

《当务》:"楚有直躬者,其父窃羊而谒之上。"高注:《语》曰:"叶公告孔子曰:'吾党有直躬者,其父攘羊而子证之。'"此之谓也。

《不侵》:"昭王,大王也。孟尝君,千乘也。立千乘之义而不可凌,可谓士矣。"高注:孔子曰:"使于四方,不辱君命,可谓士矣。"此之谓也。

高诱还会先以己言释正文，然后用引文进一步阐释、证明己言与引文意思一致。其格式可作"B1,B2，此之谓也"，被释句A省略，"此"仍然指代引言。

《谨听》："名不徒立，功不自成，国不虚存，必有贤者。"高注：惟贤者然后立名成功而存其国也。《传》曰："不有君子，其能国乎?"此之谓也。

《孝行》："人臣孝则事君忠。"高注：孝于亲，故能忠于君。《孝经》曰："以孝事君则忠。"此之谓也。

文献典籍中亦有此类句式，如：

《荀子·王制》："庶人安政，然后君子安位。《传》曰：'君者，舟也；庶人者，水也。水则载舟，水则覆舟。'此之谓也。"

但这与文献注释中"B1，B2，此之谓也"的格式并不一样。上例中，"庶人安政，然后君子安位"是被论证的对象，而引文则是论证的内容，即"A,B，此之谓也"的格式。

综上，当"谓之"、"之谓"单纯解释词语的时候，皆"B谓之/之谓A"式，两个术语的作用、意义相同，可通用。然而"谓之"区别同义词、解释方言词之用法，"之谓"则不具备。"之谓"可以释句，"谓之"则不能。

（六）谓、言

这一组术语都是由动词转化成的释义用语，既可用来释词，亦可用于解句，并串讲文意。使用时，被释词置于"谓"、"言"之前，表示"指的是"、"讲的是"的意思。《吕氏春秋注》中，"谓"凡128例，"言"凡185例。

"谓"、"言"用来释词，一般用于指明词语在特定语境中的含义，或其具体所指，或比喻义，或隐含的深层含义和言外之意，离开这个语境，词语的含义就会随之消失或改变。晋张湛《列子·说符》注曰："'谓'者，所以发言之趣旨。"就已经指出"谓"具有解释词语语境义的功能。如：

《贵生》："所用重，所要轻也。"高注：重，谓随侯珠也。轻，谓雀也。

《尊师》："得之无矜，失之无惭，必反其本。"高注：本谓本性也。

《本味》："浸渊之草，名曰士英。"高注："英，言其美善。"

用来解释比喻义时，"谓"常常是指出比喻的本体，而"言"则指明通过比喻所希望表达的更深层的含义。

《处方》："故凡乱也者，必始乎近而后及远，必始乎本而后及末。"高注：本，谓身；末，谓国也。

《贵卒》："鲍叔之智应射，而令公子白先僵也，其智若链矢也。"高注：链矢，言其捷疾也。

"谓"、"言"用于解释句子含义，有时也会串讲文意，概括句子大义或深层含义。

《大乐》："萌芽始震，凝寒以形。"高注：震，动也。谓动足以成形也。

《明理》："阴阳失次，寒暑易节。"高注：谓不得其所。

《安死》"舜葬于纪市，不变其肆。"高注：市肆如故，言不烦民也。

《离俗》："以理义断削，神农、黄帝犹有可非，微独舜、汤。"高注：舜有卑父之谤，汤有放弑之事，然以通义断削，神农、黄帝之行犹有可苛者，非独舜与汤也。言虽圣不能无阙，况贤者乎？

从《吕氏春秋注》使用"言"字情况来看，解句是其主要的功能，很多训诂著作将之作为释句的术语对待。"言"字在解句的时候，往往是揭示句子的深层含义或言外之意。如上面《安死》篇"舜葬于纪市，不变其肆"的解释，字面意思是"市肆如故"，言外之意则是"不烦民也"，即不干扰百姓的正常生活。

（七）属、别

这是一组表示名物类属关系的用语，被释词一般为名词。"属"、"别"用来说明名物的类属，但"属"强调被释词与释词之间的共同性，"别"则强调被释词与释词之间的差异性。段玉裁《说文解字注》"秔"字曰：

凡言"属"者，以"属"见"别"也；言"别"者，以"别"见"属"也。重其同则言"属"，"秔"为"稻属"是也。重其异则言"别"，"稗"为"禾别"是也。

使用这两个词语时，是要指出被释词的上位属概念，基本格式为：被释词，上位词＋属／别。"属"可译为"……的一类"，"别"可译为"……的别类"。

《吕氏春秋注》中，"属"11 见，"别"1 见。

> 虫，鳞属也，龙为之长。(《孟春》)

> 毛虫，虎狼之属也。羽虫，凤皇鸿鹄鹤鹭之属也；裸虫，麟麟麋鹿牛羊之属也。蹄角裸见，皆为裸虫。鳞虫，蛇鳞之属。(《观表》)

> 螭，龙之别也。(《举难》)

(八)犹

"犹"字作为训诂用语，在古书词语解释中出现频率颇高，特别是在古籍注释中，更是注释词语的重要途径，甚至成为随文释义的标志性用语。何休、郑玄、赵岐、高诱的注书中都有大量出现，后来杜预、韦昭、郭璞、李贤、徐锴等也不乏使用，即使是通释语义的训诂专书《说文解字》也有用"犹"来释义的情况，段玉裁在注《说文解字》时更是广泛运用。据统计，郑玄《三礼注》用"犹"释义共计 1323 例，其中《周礼注》311 例，《仪礼注》292 例，《礼记注》720 例 ①。高诱《淮南子注》用"犹"248 例 ②，《吕氏春秋注》275 例。《说文解字》"犹"做释义之用者共 9 例，《说文解字注》段氏自注文字用"犹"字释义共 187 例 ③。如此高的使用率，说明汉代以来训诂学家对"犹"字在词语注释中重要作用的认可，然而这种认可却一直停留在训诂实践中，对"犹"字的作用和意义却鲜有论述。直到清代段玉裁《说文解字注》首次对"犹"字做了总结，他在"雌，犹牂也"注中曰：

> 凡汉人作注云"犹"者，皆义隔而通之，如《公》、《谷》皆云"孙犹孙也"，谓此"子孙"字同孙遁之"孙"。《郑风》传"漂犹吹也"，谓"漂"本训浮，因吹而浮，故同首章之"吹"。凡郑君、高诱等每言"犹"者皆同此。许造《说文》不比注经传，故径说字义不言"犹"，惟"寎"字下云："'珏'犹齐也。"此因"珏"之本义极巧视之，于寎从珏义隔，故通之曰"犹齐"。此以"牂"释雌，甚明，不当曰"犹应"，盖浅人但知雌为怨，以为

① 刘英波：《郑玄〈三礼注〉中"犹"字用法探究》，《聊城大学学报》(社会科学版)2005 年第 4 期。
② 李秀华：《〈淮南子〉许高二注研究》，华东师范大学 2010 年博士学位论文。
③ 隗宁：《从〈文选注〉与〈说文段注〉看训诂术语"犹"的用法》，吉首大学 2012 年硕士学位论文。

不切，故加之耳。然则"尔"字下云："丽尔，犹靡丽也"，此"犹"亦可删与？曰：此则通古今之语示人，"丽尔"古语，"靡丽"今语，《魏风传》"纠纠犹缭缭，掺掺犹纤纤"之例也。

在段玉裁看来，汉代学者所用"犹"字，"皆义隔而通之"："犹"主要用于经传训诂当中；通释语义的训诂专书不用"犹"字训释；《说文解字》中偶有"犹"字，或为误解，或为特例，不应作为通例。

"义隔而通之"是段氏对"犹"字用法的总结，然何为"义隔而通之"？"义隔"显然训释双方意义不相等，不是同义或近义关系，在一般情况下双方不构成训释与被训释关系。然又"通之"，说明双方意义距离不远，在特定的语境下能够沟通，组成词语训释的结构。段玉裁之后，王力对"犹"是这样认识的：

> 犹，使用这个术语时，释者与被释者往往就是同义或近义的关系。例如《诗经·伐檀》"坎坎伐辐兮，置之河之侧兮"，毛传：侧犹厓也。《诗经·节南山》"赫赫师尹，不平谓何"，郑笺云：谓何，犹云何也。用"厓"释"侧"，用"云何"释"谓何"，因为"云"、"谓"义同，"侧"、"厓"义近，这种"犹"字略等于现代汉语的"等于说"。①

这里王力用"同义或近义的关系"来诠释"犹"字结构中的双方关系。其后的一些训诂学专著又对此提出了不同的看法和分类，如周大璞《训诂学要略》把"犹"字的用法分为四种：以意义相近的字来解释、以引申义释义、以本字释借字、以今语释古语②。

现对《吕氏春秋注》"犹"字结构进行全面分析，看一下"犹"字的作用到底为何。

1. 释词

"犹"用于释词，凡269例。在释词中，具体情况如下：

---

① 王力：《古代汉语》，中华书局1999年版，第617页。
② 周大璞：《训诂学要略》，湖北人民出版社1980年版，第129页。

（1）同义、近义词训释

经传训诂中的词语训释，并非都是临时语境所赋予的意义，很多解释是具有普遍性和通用性的，可以被字典专书所收录。从高诱《吕氏春秋注》看，"犹"字结构中的训释双方往往有相同的义项，可以构成同义、近义的关系，可以成为概括义被字典收录。在多数情况下可以互相训释，有的甚至在汉语词汇双音节化的过程中，合并成为一个双音节词。

很多释词由于具有与被释词相同的义项，而成为被释词的一个常用义项，且由辞书收录为概括义。

《重己》："故圣人必先适欲。"高注：适犹节也。

"适"有适度、适当的含义，"节"有节制、控制的含义，把程度控制在适当的范围内，就是节制，两者在这方面是相通的，故可以构成训释。"适"、"节"通用，古已有之，如《管子·禁藏》："故圣人之制事也，能节宫室、适车舆以实藏，则国必富、位必尊。""节"、"适"对举。《韩非子·扬权》："欲为其地，必适其赐。"俞樾注："必适其赐者，必节其赐也。"《史记·日者列传》："四时不和不能调，岁谷不孰不能适。"司马贞《索隐》："适，犹调也。"鉴于这种使用的普遍性，节制之义就可以作为"适"的一个义项收录于辞书中。

《适音》："凡音乐通乎政，而移风乎俗者也。"高注：风犹化。

"风"本指空气流动所形成的自然现象，风所到之处，万物皆受其影响，如若一种行为习惯或思想意识在某个地方普遍盛行，也就成为风俗、风气，段玉裁"风"字注曰："故凡无形而致者皆曰风。"风俗对百姓具有教育的作用，引申指教化，《尚书·说命下》："咸仰朕德，时乃风。"孔安国传："风，教也。"化，《说文解字·亻部》："教行也。""化"的本义即为教化。两字在教化义上是相同的，可以相训，教化之义也就可以成为"风"的一个义项。

《义赏》："武王得之矣，故一胜而王天下。"高注：得犹知。

得，《说文解字·彳部》："行有所得也。"由对具体事物的获得引申为思想意识等精神层面的收获，于是有了知晓、了解的意思，如《礼记·乐记》："礼得其报则乐，乐得其反则安。"郑玄注："得谓晓其义，知其吉凶之归。"《君守》

143

篇和《淮南子·说山训》篇注与此同。知晓义就可以成为"得"的一个义项。

很多训释双方的词语本义就相同、相近，引申义中也有相同的义项，这样的词语是更为紧密的同义关系，也更容易组成互相训释的结构。如：

《长攻》："凡治乱存亡安危强弱，必有其遇，然后可成。"高注：遇犹遭也。

《说文解字·辵部》："遭，遇也。""遇，逢也。""逢，遇也。"又《尔雅·释诂》："遘、逢，遇也。"郭璞注："谓相遭遇。"则三字义同，故相训。

《本生》："其于物无不受也，无不裹也。"高注：受犹承也。

受，《说文解字·受部》："相付也。"承，《说文解字·手部》："奉也，受也。"则两字本义相近，都是指具体的动作，后又一并引申为抽象的接受，故相训。《礼记·礼运》："是谓承天之祜。"孔颖达疏："言行上事得所，则承受天之祐福也。"

《孟春》："无变天之道，无绝地之理。"高注：绝犹断也。

绝，《说文解字·糸部》："断丝也。"此为本义，后引申为宽泛意义的决裂、断绝。《说文解字》虽没对"断"字作专门解释，然"断"字从斤，与斧头有关，本义当为劈开，后也引申指一般意义的断绝。段玉裁"绝"字注曰："断之则为二，是曰绝。"《礼记·儒行》："过言不再，流言不极，不断其威，不习其谋。"孔颖达疏："断，绝也。"两字有相同的义项，故相训。

《劝学》："不知义理，生于不学。"高注：生犹出也。

《大乐》："世之学者有非乐者矣，安由出哉？"高注：出犹生。

生，《说文解字·生部》："进也。象草木生出土上。"出，《说文解字·出部》："进也。象草木益滋，上出达也。"两字本义相同，又都由草木生发引申出产生之义，文中即用此义，可互训。

还有一部分同义词不仅意思相当，而且声音上也有联系，或声同，或韵同，使用这样的词语，既解释了意义，也兼顾到了声音的和谐。如：

① 双声

《重己》："有殊弗知慎者。"高注：殊犹甚也。

此处意思是指若"不能达乎性命之情"比"弗知慎者"后果更严重。殊，超过。《后汉书·梁竦传》："母氏年殊七十。"李贤注："殊，犹过也。"甚，《广韵》："剧过也。"两字在"过"之意义上相当，可以相训。殊，禅母侯韵；甚，禅母侵韵。两字双声。

《先识》："若使中山之王与齐王闻五尽而更之则必不亡矣。"高注：更犹革也。

更，《说文解字·支部》："改也。"革，《玉篇》："改也。"《尚书·尧典》："鸟兽希革。"孔安国传："革，改也。"《管子·山权数》："丁氏归，革筑室。"尹知章注："革，更也。"两字义同，故相训。又更，见母阳韵；革，见母职韵。两字双声。

② 叠韵

《知士》："王之不悦婴也甚。"高注：甚犹深也。

甚，程度副词，表示很、极、特别，《韵会》："尤也，深也。"与"深"义同，故相训。甚，禅母侵韵；深，书母侵韵。两字叠韵。

《权勋》："君悉患焉。"高注：患犹难也。

患，表示担心、担忧之义。患，《说文解字·心部》："忧也。"担忧乃"患"之本义。难，亦有担忧之义，《易·屯》："刚柔始交而难生。"陆德明《释文》："难，乃旦反……贾逵注《周语》云：'畏惮也。'"《左传·隐公六年》："宋卫实难，郑何能为？"王引之《经义述闻·春秋左传上》："实，是也；难，患也。"两字在担忧之义上相通，故相训。又患，匣母元韵；难，泥母元韵。两字叠韵。

以上所举例子中的双方词语，很多后来发展组合成为双音词而代替了原来的单义词成为汉语词汇的常用词语，如风化、得知、遭遇、承受、出生、断绝、更革等。有的仍保持两者所共同具备的义项，如断绝、承受等，有的则发生了变化，如"遭遇"，本来两字并为中性词，表不期而遇或际遇，合并后意义演化成遇到不好的事情，这个贬义的用法现在更为普遍，又如"出生"，两字现在的意思仅是指新生儿诞生，没有了产生之义。

在"犹"字的结构当中，因为训释双方的义项是对等的，可以构成同义、近义的关系，所以我们完全可以将"犹"字去掉，并不影响词语的解释效果，如风，化也；得，知也；遭，遇也；绝，断也；更，革也；患，难也。如此看来，依然是古代训诂中最典型的词语注释结构：A，B 也。"犹"字的此种用法，完全符合王力对"犹"字用法的结论，即"释者与被释者往往就是同义或近义的关系"。这种情况下，对词语的解释完全可以作为概况义被字典辞书收录为该词语的义项。

（2）临时语境义训释

犹，《广韵》："似也。"《诗经·召南》："寔命不犹。"毛亨传："犹，若也。""犹"字用于词语的解释结构中，连接训释双方，说明双方在意义上有联系，但联系并不直接，也不密切，意义并不对等。双方能够系联，根本原因在于上下文语境，离开这种特定环境，双方构不成解释与被解释的关系，很多学者称之为"辗转相训"。如《孟子·梁惠王上》："老吾老以及人之老，幼吾幼以及人之幼。"赵岐注："老犹敬也，幼犹爱也。"焦循疏："老无敬训，幼无爱训，故云'犹敬'、'犹爱'。"这个例子是典型的"辗转相训"，非常能说明"犹"字在这种情况下的作用。

① 因递训构成训释

两个词本身没有直接的意义联系，通过第三个词将两者系联起来，即 A，B；B，C，故 A，C。这是"犹"字表辗转相训最常见的方式。

《贵公》："阴阳之和，不长一类；甘露时雨，不私一物。"高注：私犹异也。

"私"表偏私、偏爱，又如《仪礼·燕礼》："对曰：'寡君，君之私也。'"郑玄注："私谓独有恩厚也。"《楚辞·离骚》："皇天无私阿兮。"王逸注："窃爱为私。""私"的反义是"公"，"公"与"同"义近，"同"的反义是"异"，故以"异"训"私"。

《诬徒》："事至则不能受。"高注：受犹成也。

此处"受"表得、得到之义，"得"有成功义，如《韩非子·外储说右下》："一曰：苏代为秦使燕，见无益子之，则必不得事而还，贡赐又不出，于是见燕王及誉齐王。"故以"成"训"受"。

②表方式、途径

《本生》:"天子之动也,以全天为故者也。"高注:全犹顺也。

"全天"按照正文意思,是保全性命之义。高氏训"全"为顺,即顺应天之自然规律,方能保全性命。所以"顺"乃达到"全"的方式和路径。

③表结果

《离俗》:"我羞之而自投于苍领之渊。"高注:投犹沉也。

"投"表动作,向下跳,"沉"表跳的结果,没入渊底。

《下贤》:"卑为布衣而不瘁摄。"高注:摄犹屈也。

"摄"通"慑",畏惧、威胁。《墨子·亲士》:"越王勾践遇吴王之醜,而尚摄中国之贤君。"孙诒让注:"摄,当与'慑'通……谓越王之威,足以慑中国贤君也。"《淮南子·泛论训》:"时屈时伸,弱柔如薄苇,非摄夺也。"杨树达:"'摄'当读为'慑',《荀子》作'慑',用本字。"《颜氏家训·治家》:"乃刑戮之所摄,非训导之所移也。"摄亦当为慑。"屈",因畏惧而屈服,乃"慑"之结果。

④表相似的程度、性状

《当染》:"故王天下,立为天子,功名蔽天地。"高注:蔽犹极也。

"蔽"没有到达极限之义,然正文"功名蔽天地","形容功名之大足以遮蔽天地"①,可见功名之大到了极致,故用"极"训"蔽",两字在程度上相当。

《大乐》:"阴阳变化,一上一下,合而成章。"高注:章犹形也。

"章"本身和"形"没有相同的义项,构不成训释关系。但"成章"有篇章、乐曲或事情完成之义,"成形"也表示事情已经完成了大概的程度、基本形成,所以两词在完成、形成的层面上有相通之处,故用"形"训"章"。

《诬徒》:"此六者得于学,则邪僻之道塞矣,理义之术胜矣。"高注:胜犹行也。

---

① 陈奇猷:《吕氏春秋新校释》,上海古籍出版社2002年版,第101页。

"胜"、"行"各自的义项没有任何联系，然"胜"表克服困难，使行为能够畅通无阻，从而取得优势，在畅通、通行之义上，两者意义有关联，故以"行"释"胜"。

⑤ 词义范围具体化

《孟春》："无变天之道，无绝地之理。"高注：变犹戾。

"变"表示变化，意义宽泛，只要与原来不同皆谓之"变"。戾，《说文解字·犬部》："曲也。"引申为乖张、违逆。《诗·小雅·节南山》："昊天不惠，降此大戾。"郑玄笺："戾，乖也。"《淮南子·览冥训》："举事戾苍天，发号逆四时。"高诱注："戾，反也。"乖张、违逆乃"变"之一种，高诱用"戾"来释"变"，明确了变化的方向性，使词义更为精确。

《禁塞》："古之道也，不可易。"高注：易犹违也。

此例与上例类似，"易"乃宽泛意义上的变化，高注以"违"释之，将"易"加以具体化，更加切合正文文义。

《下贤》："既受吾实，又责吾礼，无乃难乎?"高注：实犹爵禄也。

"实"与"名"相对，表"名"之所指、实在内容、事物本身，范围很宽泛，此处之"实"指上文提到的"官"与"禄"，即"爵禄"。

"犹"字的这种用法，正是段玉裁所谓"义隔而通"，这也正是"犹"字最基本的用法之一，在郑玄、高诱等的注书中极为常见。

在这种情况下，释词可以代替被释词放在正文里，并不影响文章的意思。如《本生》"天子之动也，以全天为故者也"可以成为"天子之动也，以顺天为故者也"，《孟春》"无变天之道，无绝地之理"可以是"无戾天之道，无绝地之理"等，因为这种解释完全是在被释词原来意义的基础上根据语境来确定的意义，故这种替代是成立的。

前面的章节提到，随文释义是古籍注释所应当遵循的基本原则，"犹"字因为用于沟通"义隔"之词，对于灵活地解释词语的语境意义非常适合，但若把握不好度，也会出现"望文生训"的释义，如，《爱类》："九攻之，墨子九却之，不能入。"高注："入犹下也"。"入"在此处指攻入城中，高诱用"下"

训释，即攻下该城，单从意思上看是讲得通的，但"入"的诸多义项中皆与"下"没有关联，以"下"训"入"古籍注释中也没有他例，所以这样的解释是不合理的。

（3）以今语释古语

"犹"字出现的场合还经常用于古今语的解释当中，用汉代的常用词语来解释古语词，从而达到沟通古今的目的，可以翻译成"好比，如同"。这正是段氏所谓"通古今之语示人"。这种用法虽然不是"犹"字的主要用法，但是以今释古，正是古代训诂学产生的原因之一。

《孟秋》："修宫室，坿墙垣，补城郭。"高注：坿犹培也。

《孟冬》："坿城郭，戒门闾，修楗闭。"高注："坿，益也，令高固也。"

《说文解字·土部》："坿，益也。"段玉裁注："今多用'附'训益。附乃附娄，读步口切，非益义也。今'附'行而'坿'废矣。""坿"表增加义被"附"所取代，高氏以"培"释"坿"，以今释古也。

《不广》："古善战者，莎随贲服。"高注：莎随犹相守，不进不退。

陈奇猷曰："'莎随'当即'委随'，莎、委一音之转。'委随'为古人恒言，义为不能屈伸。"[①]高诱以今语"相守、不进不退"释之，以今语释古语。

（4）利用声音线索释假借义或探求词源

"犹"字用于以本字释假借字，用法较少。如：

《圜道》："精气一上一下，圜周复杂，无所稽留，故曰天道圜。"高注：杂犹匝也。

此"复杂"非今之"复杂"。"圜周复杂"乃并列结构的词组，"圜"与"复"对，"周"与"杂"对，"杂"即"周"，故通"匝"。"杂"，《广韵》："帀（匝）也。"《说文通训定声》："杂，假借为匝。"《易·系辞下》："《恒》，杂而不厌。"王引之《经义述闻·周易下》："杂当读为匝。匝，周也，一终之谓也。"《墨子·杂守》："堑再杂，为悬梁。"孙诒让注："再杂，犹言再匝。"《淮南子·诠言训》："以数匝

---

① 陈奇猷:《吕氏春秋新校释》，上海古籍出版社 2002 年版，第 929 页。

高诱《吕氏春秋注》研究

之寿，忧天下之乱。"高诱注："杂，匝也，人生于子，从子至亥为一匝。"杂，从母缉韵；匝，精母叶韵，从精旁纽，缉叶旁转。两字音近而通。

下面这个例子，很多地方将之归为通假，实则是通过声音来探求词语的命名之源。

《孟春》："天子居青阳左个。"高注：个犹隔也。

《礼记·月令》郑玄注："青阳左个，太寝东堂北偏。"陈澔《礼记集说》："四面旁室谓之个。"①"个"通"介"，经传多见，"个"下段玉裁注："《月令》'左介、右介'，是其义也。""介"有隔义，《汉书·翼奉传》："前乡崧高，后介大河。"颜师古注：介，隔也。又引申指两者之间，《左传·襄公九年》："天祸郑国，使介居二大国之间。"杜预注："介犹间也。"将房屋分隔开来，就成了"个"，故"隔"为"个"的命名之源。又如《周礼·春官·车仆》："车仆，掌戎路之萃、广车之萃、阙车之萃、苹车之萃。"郑玄注："苹，犹屏也，所用对敌自蔽隐之车也。"孙诒让疏："苹、屏音同。此车盖以韦革周匝四面为屏蔽，故对敌时可蔽稳以避矢石也。"②"屏"乃"苹"字命名之源。

2. 解句

"犹"字用于解句，凡6例，主要作用是用比喻的方式使句意更加形象、生动。如：

《尊师》："听从不尽力命之曰背，说义不称师命之曰叛。"高注：言学者听从不尽其力，犹民背国；说义不称其师，犹臣叛君。

以君民、君臣关系来解释学生对老师的不敬，从国家的高度强调学生对老师的遵从，体现了汉代经学独尊的形势下，学生对老师的绝对服从性。

《审分》："不审名分，是恶壅而愈塞也。"高注：不审之而欲治，犹恶湿而居下也，故曰"恶壅而愈塞也"。

以"恶湿而居下"来说明人主不审名分会使国家的治理恶性循环，每况愈下。

---

① 陈澔著，万久富整理：《礼记集说》，凤凰出版社2010年版，第118页。

② 孙诒让：《周礼正义》，中华书局1987年版，第2197页。

（九）（之）貌

这组用语主要用来解释动词、形容词或副词，说明被释词的状态、形貌。使用时，置于被释词之后，可译成"……的样子"。《吕氏春秋注》中，"（之）貌"凡 15 见。

《本生》："万物章章以害一生，生无不伤。"高注：章章，明美貌。

《下贤》："忽忽乎其心之坚固也。"高注：忽忽，明貌。

《行论》："楚王方削袂闻之曰：'嘻。'"高注：嘻，怒貌也。

《情欲》："意气易动，跷然不固。"高注：跷谓乘跷之跷，谓其流行速疾不坚固之貌，极其志气易动也。

（十）故、故曰、故言

这一组用语用于解释句子的内容大义及其原文如此表达的原因，具有探究原因的意味。一般结构为"解释的内容，故＼故曰＼故言＋解释对象"。"故"引导的解释对象一般为原文的译文，而"故曰＼故言"引导的解释对象则一般为原文。《吕氏春秋注》中，"故"凡 595 例，"故曰"凡 502 例，"故言"凡 16 例。

《孟春》："先立春三日，太史谒之天子曰：'某日立春，盛德在木。'"高注：《周礼》"太史掌国之六典"，正岁时以序事，故告天子以立春日也。

《孟春》："其祀户，祭先脾。"高注：脾属土，陈俎豆，脾在前，故曰"祭先脾"。

《重己》："倕至巧也，人不爱倕之指，而爱己之指，有之利故也。"高注：倕，尧之巧工也，虽巧无益于己，故不爱之也。己指虽不如倕指巧，犹自为用，故言"有之利故也"。

"故曰＼故言"经常用来说明正文使用某字的原因，可以看出《吕氏春秋》用字之准确、精炼。

《季夏》："是月也，令渔师伐蛟取鼍，升龟取鼋。"高注：（鼍、鼋）皆不害人，易得，故言"取"也。蛟有鳞甲，能害人，难得，故言"伐"也。龟，神，可以决吉凶，入宗庙，尊之也，故曰"升"也。

三、注音用语

（一）音

这是一个典型的直音法注音的用语，用同音字表示被注字之音。其格式一般为：某，音某；某，音曰某；某，音某之某。在《吕氏春秋注》中，"音"表注音凡8例。

> 窅，音窈。（《论威》）

窅，影母宵部；窈，影母幽部。两字影母双声，幽宵旁转。

> 抎，音曰颠陨之陨。（《音初》）

抎、陨并音匣母文部。

> 募，音千伯之伯。（《离俗》）

募，明母铎部；伯，帮母铎部。两字铎部叠韵，明帮旁纽。

"音"还有表示通假的作用，较为少见。

> 殙，音闷，谓绝气之闷。（《论威》）

殙通闷，闷而气绝。

（二）读、读近

这是一组以注音为主要用法的用语。"读"、"读近"表示被注字与注字音同或音近。《吕氏春秋注》中，"读"凡11例，"读近"凡3例。

> 湛，读浑釜之浑。饎，读炽火之炽也。（《仲冬》）

湛，定母侵部；浑，昌母侵部。两字侵部叠韵。饎，昌母之部；炽，昌母职部。两字昌母双声，之职阴入对转。

> 沌，读近屯。（《大乐》）

沌、屯并音定母文部。

"读"还可以确定多音字的读音。

> 去犹释也。去，读"去就"之去。（《审分》）

> 重读复重之重。（《审为》）

"读"还可用来表示通假。

蜗，读"蟠齿"之蜗。蜗，鼎好貌。(《应言》)

（三）读如（若）

这是一组以注音为主要用法的用语，可译成"读起来像……"。高诱《吕氏春秋注》、《淮南子注》中，读如（若）分别凡30见、凡14见。

1. 拟音例

《吕氏春秋注》中凡25见，占此书"读如（若）"例之86.7%;《淮南子注》中凡14见，俱为拟音。如：

醜，读如《诗》"虵虵不言"之虵也。(《重己》)

醜，余母歌部;虵，船母歌部。两字歌部叠韵。

跖，读如"捃摭"之摭。(《用众》)

跖、摭并音章母铎部。

浑，读如"衮冕"之衮。(《大乐》)

浑，匣母文部;衮，见母文部。两字文部叠韵，匣见旁纽。

裹字读如"曲挠"之挠也。(《离俗》)

裹，泥母药部;挠，泥母宵部。两字泥母双声，药宵阴入对转。

除注音外，"读如（若）"也兼有表通假和释义的作用。

2. 通假例

《吕氏春秋注》中凡3例，占此书"读如（若）"之10%;《淮南子注》中"读如（若）"未见表通假例。如：

苦，读如鹽会之鹽。苦，不精至也。(《诬徒》)

3. 释义例

主要用于一词多义的情况，确定在具体环境下的具体含义。《吕氏春秋注》中凡2例，占此书"读如（若）"之6.7%;《淮南子注》中未见"读如（若）"用于释义者。如：

"巧"，读如"巧智"之巧。(《上农》)

巧有多个义项，"巧智"之巧乃伪诈、欺骗之义。根据文义"巧法令"，则"巧"为动词，今所谓钻法律之空子。

易，治也。易，读如"易纲"之易。(《辨土》)

段玉裁曰："易本蜥易，语言假借而难易之义出焉。郑氏赞《易》曰：'易之为名也。一言而函三义，简易一也，变易二也，不易三也。'"此处高诱训"易"为"治"。《孟子·尽心上》："易其田畴薄其税敛。"赵岐注："易，治也。"此乃高注所本。高注先释义，后引经证之。故梁玉绳疑"易纲"为"易畴"。今依梁说。

（四）读曰（为、作）

读曰（为、作）①不是典型的注音用语，但历史上常将此与"读如（若）"作比较研究，故置于此处讨论。

"读曰（为、作）"可译成"读成……"、"读为……"，意思是被释词应该按照释词的读音和意义来读出和理解。两个字因为读音相同或相近而成为通假的关系，阅读、理解时应改字，按照本字来读，所以表通假是"读曰（为、作）"的主要作用。考高诱《吕氏春秋注》、《淮南子注》，"读曰（为）"分别为23例、21例。

1. 通假例

《吕氏春秋注》中凡15例，占此书"读曰（为、作）"之65.2%；《淮南子注》中凡3例，占该书"读曰（为）"之14.3%。如：

《重己》："使乌获疾引牛尾，尾绝力勯，而牛不可行，逆也。"高注：勯，读曰单。单，尽也。

王念孙曰："亶之为勯，因上文'力'字而误，《说文解字》、《玉篇》、《广韵》皆无'勯'字，《集韵》'勯，力竭也'，即为俗本《吕览》所误。"亶、单古音并端母元部，古多有通用例。《尚书·盘庚》："诞告用亶。"《释文》引马融本作"单"。《诗经·昊天有成命》："单厥心。"《国语》作"亶厥心"。马叙伦、宋瓷褒则以"勯"当为"殚"。《说文解字·歺部》："殚，极尽也。"本义即为力竭，

---

① "读作"，文献注释中使用较少，学者也鲜有讨论，但"作"与"为"意思一致，在《吕氏春秋注》中，仅有1例，故与"读曰（为）"一并讨论之。

无需易字。段玉裁注："殚，穷极而尽之也。古多假'单'字为之。"古多借"单"表"殚"之义，而非反之。今从王说。

《尊师》："临饮食，必蠲洁。"高注：蠲，读曰圭也。

段玉裁注："益声在十六部，故蠲之古音如圭。《韩诗》：'吉圭为饎。'《毛诗》作'吉蠲'。蠲乃圭之假借字也。"益影母锡部，蠲见母锡部，圭见母支部，三字声近可通。《周礼·秋官·蜡氏》郑玄注："蠲读如'吉圭惟饎'之圭，圭，洁也。"

2. 拟音例

《吕氏春秋注》中凡 8 例，占此书"读曰（为、作）"之 34.8%；《淮南子注》中凡 16 例，占此书"读曰（为）"之 76.2%。如：

　　觓，读曰"仇怨"之仇。（《季秋》）

觓、仇并音群母幽部。

　　优，读曰莘。（《本味》）

优，生母文部；莘，生母真部。两字生母双声，文真旁转。

　　爟，读曰"权衡"之权。（《本味》）

爟，见母元部；权，群母元部。两字元部叠韵，见群旁纽。

《淮南子注》中另有 2 例表释义，占该书"读曰（为）"例之 9.5%。

《吕氏春秋注》、《淮南子注》"读曰（为、作）"和"读如（若）"的使用情况，见表 3—2：

表 3—2 "读曰（为、作）""读如（若）"使用情况对比

书名	总数	读曰（为、作）			总数	读如（若）		
		功能	数量（例）	百分比		功能	数量(例)	百分比
《吕氏春秋注》	23 例	通假	15	65.2%	30 例	通假	3	10%
		拟音	8	34.8%		拟音	25	83.3%
		释义	0	0		释义	2	6.7%
《淮南子注》	21 例	通假	3	14.3%	14 例	通假	0	0
		拟音	16	76.2%		拟音	14	100%
		释义	2	9.5%		释义	0	0

"读曰"、"读为"、"读如"、"读若"等用语以极高的频率出现在郑玄、许慎、高诱等的著作中，正音读，明假借。关于"读曰（为、作）"、"读如（若）"的意义和作用及其区别，自清段玉裁以来讨论频繁，争议也颇多。

段玉裁《说文解字注》"读"下云："拟其音曰读，凡言读如、读若，皆是也。易其字以释其义曰读，凡言读为、读曰、当为，皆是也。"又《周礼汉读考·序》云："汉人作注，于字发疑正读，其例有三：一曰读如，二曰读为、读曰，三曰当为。读如、读若者拟其音也，古无反语，故为比方之词。读为、读曰者，易其字也，易之以音相近之字，故为变化之词。比方主乎同，音同而义可推也；变化主乎异，字异而义了然也。比方主乎音，变化主乎义。比方不易字，故下文仍举经之本字；变化字已易，故下文辄举所易之字。注经必兼兹二者，故有读如，有读为；字书不言变化，故有读如，无读为。"①

钱大昕《古音假借说》则对此明确提出异议："汉人言'读若'者，皆文字假借之例，不特寓其音，并可通其字。即以《说文》言之，'䜌'读若'许'，《诗》'不与我戍许'，春秋之许由、许男、许冲上书阙下，不必从邑从无也。……以是推之，许氏书所云'读若'、云'读与同'，皆古书假借之例，假其音并假其义，音同而义亦随之，非后世譬况为音者可同日而语也。"②

这可以代表观点鲜明的两种主张。

张舜徽、郭在贻等支持段氏之说。张舜徽曰："所谓改读者，照原文读不可解，而必易其字以通其音义，即注中每云'某读为某'、'某读曰某'是也。"③

郭在贻《训诂学》："拟音的术语：读如、读若；改字的术语：读为、读曰。"④

持后一种主张的主要有王筠等。王筠《说文释例》说："（读若）有第明其

---

① 段玉裁：《周礼汉读考》，《续修四库全书·经部·礼类》，上海古籍出版社 2002 年版，第 261 页。

② 钱大昕：《潜研堂文集》，《嘉定钱大昕全集》，江苏古籍出版社 1997 年版，第 43 页。

③ 张舜徽：《郑学丛著》，齐鲁书社 1984 年版，第 120 页。

④ 郭在贻：《训诂学》，中华书局 2005 年版，第 50 页。

音者，有兼明假借者，不可一概而论也。"①

叶德辉《说文读若字考序》说："读若、读如、读与某同者，比拟其音，或比拟其义，不改本字为他字。"②

王力《古代汉语》认为："读为、读曰这两个术语是用本字来说明假借字；读若、读如这两个术语一般是用来注音。读为、读曰和读若、读如的分别就在于前者必然是用本字破假借字；后者则一般用于注音，但有时也用本字破假借字。"③

洪诚《训诂学》则表达了折中的观点："校读文字，有正误、拟音见义、易字说义三种作用，以解决文字在使用和传写中发生的一字多音、一音多义、文字假借等种种问题。但是使用的术语，除了'当为'专表示改错字外，其余的只是大体有些区分，并无严格界限，因为这些术语不是产生于一时，不是规定于某一训诂家，也没有约定的成例。改字拟音既用'读如'，也可用'读为'；不改字表义，'读如'、'读为'也可通用；改字表义，大多用'读为'、'读曰'，也可用'读如'。"④

前人已对许慎《说文解字》之"读若"和郑玄《三礼》注之"读曰（为）"、"读如（若）"的使用情况做了大量有价值的考论，通过今之考高诱《吕氏春秋注》、《淮南子注》中四个用语的使用情况，我们可以得出如下结论：

第一，"读曰（为）"与"读如（若）"正像洪诚所谓"只是大体有些区分，并无严格界限"，在使用上并没有严格的本质差别，基本作用一样，只是在功能上有所侧重而已。"读曰（为）"除拟音外，表明通假是其主要功用，而"读如（若）"则主要用于拟音。这说明汉代学者在使用时并没有十分严格的标准和界限，有很大的随意性，无需强行将二者的作用划分清楚。

第二，相同的用语在不同的语言环境下可以表示不同的意义和功用。如：

① 王筠：《说文释例》，世界书局1983年版，第499页。
② 叶德辉：《说文读若字考》，《郋园先生全书》，长沙中国古书刊印社汇印本1935年版，第1页。
③ 王力：《古代汉语》，中华书局1962年版，第617页。
④ 洪诚：《洪诚文集》，江苏古籍出版社2000年版，第175页。

> 扣，读曰骨。骨，浊也。(《本生》)
>
> 扣读曰掘。(《节丧》)
>
> 滑，读曰骨也。(《淮南子·原道训》)

《本生》此句下文曰："人之性寿，物者扣之，故不得寿。"高注："扣，乱也。"乱之使夭折也。此处文义盖承用自《淮南子·俶真训》"水之性真清，而土汩之；人性安静，而嗜欲乱之"，上言汩，下言乱。《本生》则上下文皆用"扣"，下既言"乱"，则上"扣"当为"滑"。《说文解字》无"扣"字，乃"汩"之讹。古"汩"、"滑"常通。段玉裁曰："滑，古多借为汩乱之汩。"孙志楫曰："注文'扣读曰骨。骨，浊也'，骨字并当作滑，亦传写夺去水旁也。"① 滑，匣母物部；骨，见母物部。两字物部叠韵，匣见旁纽。故《淮南子注》以"骨"拟"滑"之音。又《说文解字》有"淈"字，训为"浊"，段玉裁注："今人汩乱字当作此。按《洪范》'汩陈其五行'。某氏曰：汩，乱也。"《广雅·释诂》亦训"淈，浊也"，王念孙《疏证》云："淈、汩并通。"则淈、汩、滑三者可通。

"扣"虽不见于《说文解字》，然《列子·说符》、《荀子·尧问》及《节丧》篇《安死》篇并有"扣"字，皆用为"掘"义。《安死》注"扣，发也"，与掘同义。《说文解字·手部》有"揾"字，训为"掘"。《国语·吴语》："夫谚曰：'狐埋之而狐揾之。'是以无成功。"韦昭注："揾，发也。"则扣与揾同。揾，匣母物部；掘，群母物部。两字物部叠韵，音近而通。《三国·吴志·吴主传》引《国语》作"狐掘之"，是其证也。扣、揾、掘并通耳。

《本生》、《节丧》高注之"读曰"乃为通假，而《淮南子》高注之"读曰"则为拟音。

第三，不同的用语具有相同的意义和功能。如：

> 渔，读若"相语"之语。(《季夏》)
>
> 渔，读如《论语》之语。(《季冬》)
>
> 渔，读告语。(《淮南子·原道训》)

---

① 陈奇猷：《吕氏春秋新校释》，上海古籍出版社 2002 年版，第 25 页。

渔，读相语之语。(《淮南子·时则训》)

渔，读《论语》之语。(《淮南子·时则训》)

渔、语并音疑母鱼部，高诱以"读若"、"读如"、"读"三个不同的用语来为"渔"注音。

（五）缓气言之

高诱在《淮南子注》、《吕氏春秋注》两书的音注中，使用了"急气言"、"缓气言"的注音用语，是高诱注音的一大特点。

高诱在使用这两个用语的时候，往往与直音法等拟音方法结合使用，可以确定这两个用语是表明具体的发音方法的。然而何为"急气言"、"缓气言"，两者如何发音，从颜之推的年代就没有搞清楚，至今没有非常明确的结论。颜之推云："古语与今殊别，其间轻重清浊犹未可晓；加以内言、外言、急言、徐言、读若之类，更使人疑。"[1]其中的"急言"、"徐言"就是高诱之"急气言"、"缓气言"。王利器曰："譬况发音虽然因其术语难懂，标准不一等问题使得其使用范围不广和应用时间不是很长，但这却体现了东汉训诂学家的开拓精神，他们在现有的方式、方法上不断创新，力图在现有条件下对语音进行精细的分析与描写"[2]。

在两书的注文中，高诱共使用"急气言"、"缓气言"13例，其中《淮南子注》12例，《吕氏春秋注》仅1例。

《慎行》："崔杼之子相与私鬨。"高注：鬨，斗也。鬨，读近鸿，缓气言之。

鬨，《广韵》："与鬨同。"鬨，《说文解字·門部》："斗也。"高注本之《说文解字》。鬨，匣母东部去声；鸿，匣母东部平声。平声鸿，改读去声，盖为缓气言。魏建功曰："是高涿郡鸿读平调，缓之以况近鬨之去调也。"[3]（原文为旁点）周祖谟曾提出两种解释：其一，"急气言"＝平声，"缓气言"＝仄声；

① 王利器：《颜氏家训集解》，中华书局2002年版，第191页。

② 王利器：《颜氏家训集解》，中华书局2002年版，第536页。

③ 见魏建功复周祖谟之信函，收入周祖谟：《问学集》，中华书局1966年版，第431页。

其二，"急气言"＝细音，"缓气言"＝洪音①。平山久雄则对"'急气言'＝上声，'缓气言'＝去声"进行了细致的考察②。高诱注"閭"为缓气言，或非偶然。且综合考察高诱的音注情况，发现"急气言"、"缓气言"更多的是与"读近"相配合使用，说明注音双方读音只是相近而已，要想得到被注字的音，则需要将注字之音加以调整，"急气言"或"缓气言"，方能发出正确的读音。

四、语法、修辞用语

（一）虚词：辞

这是一个用来说明被释词为虚词词性的用语。

《吕氏春秋注》中，高诱使用"叹辞"2例，表明被释词是表感叹的词语。

《行论》："文王流涕而咨之。"高注：咨，嗟，叹辞。

《知化》："（子青）曰：'嗟乎，吴朝必生荆棘矣。'"高注：嗟，叹辞也。

"叹辞"最早由郑玄使用，在《毛诗笺》中多处出现，后来赵岐、高诱在其注书中加以运用。《诗经·周南·麟之趾》郑玄笺："于嗟，叹辞。"《诗经·齐风·猗嗟》郑玄笺："猗嗟，叹辞。"《孟子·公孙丑上》赵岐注："恶者，不安事之叹辞也。"《孟子·告子下》赵岐注："于音乌，叹辞也。""辞"的使用，表现了汉代学者对虚词的功能意义的认识，说明古人词类观的形成。

（二）比喻：喻

这是一个说明比喻手法的用语。《吕氏春秋注》中，"喻"凡34例。或为表明被释词与释词之间的喻体与本体的关系，揭示比喻义。

《诬徒》："若晏阴喜怒无处。"高注：晏阴，喻残害也。

《论威》："知所兔起兔举死殰之地矣。"高注：兔走兔趋，喻急疾也。

或指明句子的比喻意义及深层含义。

《必己》："物物而不物于物，则胡可得而累？"高注：物物而不物，言

---

① 周祖谟：《问学集》，中华书局1966年版，第408页。

② 平山久雄：《高诱注〈淮南子〉〈吕氏春秋〉的"急气言"、"缓气言"》，《古汉语研究》1991年第3期。

制作，喻天地不在万物中，故曰"不物"。

《贵直》："有人自南方来，鲋入而鲵居。"高注：鲋，小鱼。鲵，大鱼，鱼之贼也，啖食小鱼。而鲵居人国，喻为人害。

（三）变文：亦

《吕氏春秋注》中，"亦"作用语凡 24 例。这个用语主要有两个作用，其一是用来释义，上文出现一个同义词，此处用"亦"表明意思与上一词同义。

《贵公》："仲父之病矣，渍甚。国人弗讳。"高注：渍亦病也。

《圜道》："宫徵商角羽，各处其处，音皆调均，不可以相违，此所以无不受也。"高注：受亦应也。

其二是用来说明为避免用字重复而换字来表述，古汉语修辞中称为"变文"。古人把"同字重出"视为行文大忌，于是在排比对仗的句式当中，为避免用字重复，在相同的位置换用同义词、近义词，"变文以成辞而无异义"[1]，从而收到增加文章生动性的修辞效果，又叫"变词"[2]、"避复"[3]。

《贵公》："甘露时雨不私一物，万民之主不阿一人。"高注：阿亦私也。

《正名》："故君子之说也，足以言贤者之实不肖者之充而已矣。"高注：充亦实也。

清儒马瑞辰云："汉儒说经，莫不先通训诂。"[4]《吕氏春秋》虽然不是一部经书，但高诱以古文经之治经方法而治之，充分说明重名物训诂之"小学"之学是阅读、注释古籍的通则，是"说经"、说子的前提和必经之路。高诱的字词解释，重词语之间的语义联系和语音联系，形式简洁明了，力求准确科学，是研究古代汉语中单音词双音节化的重要资料，也为辞书研究、古籍整理和语文教学积累了宝贵经验。高诱对语句的注释，紧贴原句，不随意妄发，为古文翻译工作提供了可资借鉴的语料来源。高诱注音主要使用的是直音法，且其所

① 俞樾：《古书疑义举例》，中华书局 1956 年版，第 16 页。
② 王筠：《说文句读》，据 1882 年尊经书局刊本影印，中国书店 1983 年。
③ 殷孟伦：《古汉语简论》，山东人民出版社 1979 年版，第 332 页。
④ 马瑞辰：《毛诗传笺通释》，中华书局 1989 年版，第 4 页。

选取的注音字大多是简单易识者，方便认读。标明被注字的读音的同时，还会区别多音字，在选取注字时，往往会考虑到意义方面，尽量选用声音和意义都有联系的字，从而收到一举两得的效果。

几乎所有的训诂学著作都会专辟一章或一节来讲"训诂术语"，有解词、有析句、有注音、有释义、有语法、有修辞，等等。这些"术语"，若仔细推敲，其实称不上术语，"一般是指注释书中的训释条例用语"。而真正科学的训诂学"术语"是指"与训诂学原理有关的科学专门用语"①。比如，"直音法"的注音方式产生很早，从汉代开始，一般用"读如"、"读若"等表示，但直到宋代才有"直音"这一术语的产生。所以"读如"、"读若"不是训诂学术语，只是"直音法"的表示方法，是"直音法"在具体的训释过程的用语，而"直音法"才是术语。这也就是这部分内容的标题为"注释用语"的原因。

注释用语虽然使注释工作更加规范和整齐，但毕竟只出现在具体的单个的注书中，带有注释者很大的主观随意性，其界限也就难免会不太明确和固定，往往会出现用语范围过于宽泛以及范围交叉的现象，如"犹"字，可有多种理解，功能范围过于宽泛。又如"读曰（为）"、"读如（若）"，都有拟音和通假两种作用，其作用、意义并不单一，或许更多的与使用者的习惯有关。这些注释用语更多的带有实践性，其界限很难做到完全统一，王宁认为其鲜与理论有关，不将之作为训诂学术语讨论，或许有这方面的考虑。

---

① 王宁：《谈训诂学术语的定称与定义》,《辽宁教育学院学报》1983 年第 2 期。

第 四 章

《吕氏春秋注》引书考

古人著书讲究"信而有征",详瞻博引,佐证己说,精于释义。周秦诸子多互相引用,但常断章取义;汉魏诸家喜征引古籍,因限于传抄,文字相左甚多,但版本、卷数已经基本确定,文献价值颇高;唐以后学者常引用前代文献,由于印刷业的兴起,翻刻繁多,版本驳杂,引书的文献价值明显降低。汉魏时期,著书引书已然成为一种风气,大到鸿篇巨制的史书,小到个人著述,都是旁征博引。《汉书》、《后汉书》大量征引《尚书》、《诗经》、《春秋》三传的文字,《盐铁论》引书涉及 60 多种,《论衡》的引书研究早已引起学者的关注,《说文解字》的引书研究成果颇丰,如吴玉搢《说文引经考》、马宗霍《说文解字引经考》等,《世说新语》的引书研究也取得了一定的成绩,如叶德辉《世说新语注引用书目》、张忱石所编《〈世说新语〉引书索引》等。高诱注释《吕氏春秋》,亦引用了大量古代文献以辅助释义,经史子集无所不包,是研究先秦古籍在汉代的版本和流传情况的重要资料,也是探究高诱学术体系的重要途径。

引书凡例

1. 关于引书的概念,学界至今没有明确统一的意见。伍野春在考察《三国志》引书情况时，指出："引用了原文的才是引书。"① 从而将只引用书名篇名的情况排除在外。张忱石对刘孝标《世说新语注》引书情况的研究，也基本持同样观点："本《索引》收录刘《注》中征引的书名及文章篇名。凡仅提及书名（文章篇名）而无引文者，不予收录。"② 根据高诱《吕氏春秋注》的引书情况，可以认定"引用了原文"作为引书的标准，若只出现书名或篇名，不能视作引书。同时，补充两点：第一，引文在文字上或许与今本有些许出入，但可以肯定是出自何书何篇者，一并视为引书；第二，高诱未标明书名或篇名，但是引文能确定出自某书某篇者，亦作引书处理。

2. 关于引书书名的确定，根据高诱《吕氏春秋注》的引书书名篇名的情况，以尊重整体为原则，篇名服从书名。在古代，一本书存在多个书名的情况，则根据现在确定的通用的名称作为此书书名。如《尚书》又有"书"、"尚书"等称谓，以通常认定的"尚书"作为书名。高诱又引《虞书》、《洪范》等篇名，一并归入《尚书》之下。若有同名异书者，即多本书共用一个书名，则根据引文作具体考察，分别归入相应的书名之下。如《传》凡83见，其中2见实指《淮南子》，3见实指《易》，2见实指《古文尚书》，17见实指《国语》，其余59见方才指《左传》。

3. 关于引书的分类，因为高诱乃汉末儒生，其所受教育与社会熏陶主要是经学，且其对书籍的归类必定受到班固《汉志》的影响，故对《吕氏春秋注》引书的分类也依照《汉志》的六分法进行分类，以便见出高诱的学术取向。

4. 引书文字与原文对照，存在四种情况：第一，引文与原文一致，如"吹笙鼓簧，承筐是将"（《季秋》注）、"天聪明，自我民聪明"（《先己》注）等，这类引书占有绝对数量。第二，引文对原文改引，如"非信不立"（《审己》注）改引自《论语·为政》"人而无信，不知其可也"、"吾衰久矣，吾不复梦见周公"（《博志注》）改引自《论语·述而》"甚矣吾衰也，久矣吾不复梦见周公"等。

---

① 伍野春：《裴松之〈三国志〉注引书辨析》，《东方论坛》2005年第2期。
② 张忱石：《〈世说新语〉引书索引》，见余嘉锡：《世说新语笺疏》（后附），中华书局1983年版，第111页。

第三，引文与原文有出入，如"剑及寝门"（《行论》注）本作"剑及于寝门之外"，"人甘非正为蹠也，蹠而焉往"（《功名》注）本作"人之甘甘，非正为蹠也，而蹠焉往"等。王引之说："汉人用经，改变者多矣。"① 黄侃说："时代有浇淳，则文字有深浅。汉之于周楚，犹唐宋之于汉魏也。故凡后之引古者多改为今语，以便通晓，而义遂泛滥矣。"② 所以文字上有出入，在汉代引书中是常见的现象。第四，引书之文字于今本无考者，如"不知乃知之"（《勿躬》注）于今本《老子》无考，"王者师臣也"（《当染》注）于今本《孟子》无考等。

5. 对每部所引之书的分析，先总述该书之源起和至汉代的发展情况，然后再对高诱所引文字的数量、用途、文字差异做进一步考证，以期看出高诱的学术派属。

第一节　引六艺考

一、《易》

《易》在汉代五经中属于比较特殊的一经。《汉书·儒林传》云："及秦禁学，《易》为筮卜之书，独不禁，故传受者不绝也。"故后世传之不绝，且成为研究最多的学说。皮锡瑞说："《四库全书》经部，惟《易经》为最多……《易》义无所不包，又本卜筮之书，一切术数皆可依托，或得《易》之一端，而要不足以尽《易》。"③ 汉代，《易》为五经之首或五经之"原"，《汉志》"六艺略"："五者，盖五常之道，相须而备，而《易》为之原。"两汉四百年间，易学的传授系统清晰、派别众多。据《汉书》《后汉书》记载，《易》在两汉共六大家，其中

---

① 王引之：《经义述闻》，《续修四库全书·经部·群经总义类》，上海古籍出版社2002年版，第416页。

② 黄侃：《文字声韵笔记》，上海古籍出版社1983年版，第151页。

③ 皮锡瑞：《经学通论》，中华书局1954年版，第43页。

言阴阳灾异的孟京一派，结合谶纬之学，是东汉中期以前易学的主流。东汉顺帝以后，以解经为主的古文费氏易学①振兴，马融、荀爽、郑玄为代表。东汉末期，今古文经融合的大趋势是任何一经也逃脱不掉的，据"以竹书与帛本考之，郑玄《易》中确实是今古文学杂而用之，故马融《易》乃至王弼《易》中，恐亦兼有今古文《易》旨"②。

高注引《易》共8见："《易》曰"4见，"《传》曰"3见，篇名"《小畜》"1见。高注引《易》主要用来说明文义，用引文来增强注释的说服力。如：

高诱引"苟非其人，道不虚行"释《劝学》"其人苟可，其事无不可"。今本《易·系辞下》作"有人则易道行，若无人则易道不行。无人而行是虚行也，必不如此"。高诱用来说明事在人为，人若向学，则无不能学的道理。

高诱引《易》"近取诸身，远取诸物"释《有始》"天地万物，一人之身也，此之谓大同"。出自今本《易·系辞下》。荀爽注："近取诸身：乾为首，坤为腹，震为足，巽为股也。远取诸物：乾为金玉，坤为布釜之类是也。"③孔颖达疏曰："'近取诸身'者，若耳目鼻口之属是也。'远取诸物'者，若雷风山泽之类是也。举远近则万事在其中矣。"④高诱引此来说明大同即天地万物集于一人之身。

高诱引"君子见几而作，不俟终日"释《先识》"凡国之亡也，有道者必先去，古今一也"。出自《易·系辞下》。韩康伯注："定之于始，故不待终日也。"孔颖达疏："君子既见事之几微，则须动作而应之，不得待终其日。言赴几之速也。"⑤原文"国之亡"必有先兆和端倪，君子乃见机行事，必先离去，断不会待其亡国方才知之。

① 关于《易》之今古文问题有学者提出质疑，参见王国维《观堂集林·汉时古文本诸经传考》、尚秉和《易说评议》、梁敢雄《周易——古文经本亟待建立刍议——从费氏易不传古文经谈起》（《古籍整理研究学刊》2002年第5期）。
② 刘大钧：《今、帛、竹书〈周易〉与今、古文问题》，《周易研究》2005年第2期。
③ 荀爽：《周易荀氏注》，《玉函山房辑佚书》卷四，广陵书社2004年版，第161页。
④ 阮元校：《十三经注疏·周易正义》，上海古籍出版社1980年版，第86页。
⑤ 阮元校：《十三经注疏·周易正义》，上海古籍出版社1980年版，第88页。

高注引《易》文字上也有与今本《易》殊异者，如：

高诱引"匪我求童蒙，童蒙来求我"释《劝学》"故往教者不化，召师者不化"。今本《易·蒙卦》无"来"字。帛书亦作"（匪我）求童蒙，童蒙求我"。然梁玉绳云："案《周易释文》'童蒙求我'一本作'来求我'。此注所引，从或本也。"①李富孙亦曰："《释文》云：一本作'来求我'。《吕览·劝学》注引同（卦辞足利古本'蒙'下亦有'来'字）。案王弼卦象注并云'童蒙之来求我'，则弼旧本当有'来'字不误。惠氏曰：'正义脱"来"字。'王氏念孙曰：蔡邕《处士圈叔则碑》"童蒙'来'求，彪之用文"，是汉魏时经文有'来'字。"②

高诱引"日中则仄"释《慎大》"骤风暴雨，日中不须臾"。今本《易·丰卦》"仄"作"昃"。"昃"同"仄"。《易·离卦》："日昃之离。"《释文》："王嗣宗本作'仄'。"《无逸》："日中昃。"《释文》："本亦作'仄'。"又《释文》："昃，孟作稷。"李富孙案："惠氏曰：《尚书·中候握河纪》云："至于日稷。"郑注云：稷读曰侧。《谷梁春秋经》云："戊午日下稷。"《公羊》、《左传》皆作"昃"。范宁注：稷，昃也。《下吴谓晡时灵台碑》云："日稷不夏。"今《尚书》稷作昃，夏作暇，是稷与昃通。'"③《费氏易》作"日中则稷"④，晁氏以"稷"为古文。然金德建则以"仄"、"昃"为古文，"侧"、"稷"为今文，则高诱用古文本《易》⑤。文字的差异不能成为判断今古文经的唯一依据，且《易》躲过秦火而传于后世，其文字及内容各派别差别不大，所以有学者指出："《周易》只有师法、家法之争，并无纯粹的今古文本之争。"⑥孟、费皆作"稷"，则知古本《易》本作"稷"，"昃"、"仄"则为今字。高诱所引《易》乃东汉后期一个比较通行的本子，文

---

①　高诱：《吕氏春秋注》，世界书局 1935 年版，第 36 页。

②　李富孙：《易经异文释》，《续修四库全书·经部·易类》，上海古籍出版社 2002 年版，第666 页。

③　李富孙：《易经异文释》，《续修四库全书·经部·易类》，上海古籍出版社 2002 年版，第694 页。

④　费直：《费氏易》，《玉函山房辑佚书》卷三，广陵书社 2004 年版，第 108 页。

⑤　金德建：《经今古文字考》，齐鲁书社 1986 年版，第 184 页。

⑥　刘保贞：《也谈〈周易〉的今古文问题》，《周易研究》2011 年第 6 期。

字与其他诸本稍有差异，但内容一致，不会因文字而对经文的理解产生争议。

《后汉书·儒林传》云："建武中，范升传《孟氏易》，以授杨政，而陈元、郑众皆传《费氏易》，其后马融亦为其传。融授郑玄，玄作《易注》，荀爽又作《易传》。自是《费氏》兴，而《京氏》遂衰。"[1] 按照高诱的师承，其《易》学应属马融《费氏易》一派，从高注现有引《易》文字来看，只能说明高诱引《易》是为其注释服务的，未对《易》做过多的阐释。

二、《尚书》及《逸周书》

（一）《尚书》

《尚书》，本名《书》，汉代初年，《书》与《诗》、《礼》、《乐》并称"经"后，于"书"前加一"尚"字，成为《尚书》，"尚"与"上"同，"尚书"即"上古之书"，这是使用时间最长的名称。早在战国时期，《尚书》就已被视为"经"，"书"、"经"二字连称，则到了宋以后[2]。先秦时期《尚书》已有定本，相传经孔子晚年整理，凡100篇。《尚书》当时被广泛征引，据统计，先秦各类文献如《论语》、《左传》、《国语》、《墨子》、《荀子》、《韩非子》、《吕氏春秋》等引《书》达230多次，所见被称引的篇名50多篇[3]。后遭秦火和战乱，损失惨重。汉初整理文献，由秦博士伏生口授、晁错用隶书写成《尚书》28篇，即所谓之今文《尚书》。伏生还有《尚书大传》，在齐鲁之间传授。武帝时，从鲁壁出土了六国古文《书》，称作古文《尚书》，共计45篇，后孔安国为之作传。西汉今文《尚书》长期立于学官，后刘向校书，力推古文《尚书》。王莽当权期间，古文《尚书》曾一度立于学官，后被废黜。东汉时在杜林、贾逵、马融、卢植、郑玄等学者的努力下，古文《尚书》传习渐盛，汉末终于确立了古文《尚书》的绝对优势。

---

① 范晔：《后汉书》，中华书局1965年版，第2554页。

② 王鸣盛曰："郑康成云：'《尚书》"尚"字，孔子所加.'宋儒删去，称'书经'。"（见王鸣盛：《蛾术编》，商务印书馆1958年版，第9页。）

③ 刘起釪：《尚书学史》，中华书局1989年版，第62页。

高诱作为卢植的学生，接受过马氏古文《尚书》的传承，从其所引《尚书》来看，必见过古文《尚书》的原本，又因高氏处于汉末古今文经走向统一之际，其《书》学既有对《尚书》之记录历史的尊重，又体现了汉末经学兼容的特点。

高注引《尚书》凡 13 见：《书》4 见，《尚书》2 见，《传》2 见，《虞书》2 见，《洪范》3 见。

高注引《尚书》主要用以说明正文文义，然其所引之文多与正文文义无涉，于注无补。如：

高注引《蔡仲之命》"皇天无亲，惟德是辅"释《贵公》"天下非一人之天下也，天下之天下也"，然正文之义为天下非帝王一人之专有而是天下苍生之共享，引文则是指治理天下要以德，两者不合，高注引书不恰。

高注引《尧典》"厥民析"释《仲春》"是月也，耕者少舍"。《月令》郑玄注："舍犹止也。因蛰虫启户，耕者少闲而治门户也。"俞正燮曰："少于古语为小，谓小小闲止耳。古人正言多少之少，则谓之鲜。且少在都邑，语亦不辞。《月令》'命农勉作，毋休于都'，在孟夏之月。"① 据此，引"厥民析"以证正文，与正文之义正相反焉。则高注非矣。

高注引《皋陶谟》"天聪明，自我民聪明"释《先己》"顺性则聪明寿长"。正文是讲顺从天性方能睿智长寿，而引文之义则指为政要以民众的视听为标准，两者实不相涉，高注非也。高诱因正文有"聪明"二字而引"天聪明，自我民聪明"以证之，实则望文生训。

因为《尚书》具有极高的史料价值，高诱引《尚书》文字不少是用书中的历史记载来印证《吕氏春秋》中历史资料的真实性。如，高注引《甘誓》"大战于甘"一段证《先己》"夏后相与有扈战于甘泽而不胜"，引《洪范》"鲧乃殛死"证《行论》"舜于是殛之于羽山，副之以吴刀"，引《舜典》"帝曰：'皋陶，蛮夷、猾夏，寇贼奸宄，汝作士，五刑有服'"证《君守》"皋陶作刑"。

不仅引《书》以证史，高注还引《尚书》之文来否定《吕氏春秋》之说，

---

① 俞正燮：《癸巳存稿》，辽宁教育出版社 2003 年版，第 48 页。

如，高诱引《尚书·书序》"伊陟相太戊，亳有祥桑谷，共生于朝"驳《制乐》以桑谷为汤时之事。桑谷之事，史多有记载，然于时间则有大戊、武丁、汤三说。有学者以为此乃古今文经之异说①，然细考之，则发现古今文经于此三说皆有记述，陈乔枞以"殷时此祥三见"解之，皮锡瑞亦释之以"汤与大戊、武丁，桑谷当时三见，传者各异耳"，故不可目为古今文说之分别②。诱为《书序》所拘泥，失考矣。

高诱对《尚书》的征引，还为《尚书》文本的研究提供了宝贵的资料。

正文中有两则文字分别见于梅赜《古文尚书》之《大禹谟》和《咸有一德》，高诱均注为"逸《书》"③，则说明先秦时期，《尚书》中是有这两篇的，汉代立于学官的今文《尚书》无此二篇，出土鲁壁《尚书》应该是能反映先秦《尚书》原貌的，高诱当见过鲁壁《尚书》，故注之为"逸《书》"。至于《谕大》篇所引之《夏书》，却见于《古文尚书·虞书》，"夏书"、"虞书"之分，乃后人所为，不足为奇。

高诱注中有两则引文出自梅赜《古文尚书·大禹谟》，名之曰"传"④。《尚书》称"传"，《荀子·君子篇》中亦有："《传》曰：'一人有庆，兆民赖之。'"可见，《尚书》称"传"，所见虽少，但亦是《尚书》之别称。毕沅校曰："此晚出古

---

① 孙星衍云："盖大戊卜于汤庙，故讹为汤时事。大戊为中宗，武丁为高宗，今古文以三宗传闻异辞，故各从其师说。然则孔安国古文说为大戊时，伏生今文说为武丁时。《吕氏春秋》以为汤时者，误也。"（见孙星衍：《尚书今古文注疏》，中华书局1986年版，第576页。）

② 皮锡瑞曰："《史记》引《书序》是今文，而亦载桑谷于大戊时，《封禅书》又载之，是今古文说同。非古文说桑谷在大戊时，今文说桑谷在武丁时也。《说苑·君道篇》以桑谷为大戊，又以为武丁，《敬慎篇》与《五行志》引刘说亦以为武丁；《论衡·感类》、《顺鼓篇》以桑谷为大戊，《异虚篇》又以为武丁。子政、仲任皆习今文，而兼言大戊、武丁，是今古文不异。"（见皮锡瑞：《今文尚书考证》，中华书局1989年版，第505页。）

③ 《谕大》："《夏书》曰：'天子之德，广运乃神，乃武乃文。'"高注：逸《书》也。《谕大》："《商书》曰：'五世之庙，可以观怪。万夫之长，可以生谋。'"高注：逸《书》。

④ 《制乐》："子韦曰：'可移于民。'公曰：'民死，寡人将谁为君乎？宁独死。'"高注：《传》曰"后非众无以守邑"，故曰"将谁为君乎"。《制乐》："为人君而杀其民以自活也，其谁以我为君乎？"高注：《传》曰"众非元后何戴"，故曰"其谁以我为君"。

文《尚书·大禹谟》文也。汉时未有此，故诱皆以为传。"① 此校难以信人。如此两例，反而说明高诱曾亲见鲁壁《尚书》之《大禹谟》，更可证明梅赜《古文尚书》或非真正之古文《尚书》，然梅赜所辑是有文献根据的，绝非凭空臆造。

通过对《尚书》的征引，还可以看出汉末学术的走向。在《孟冬》一则注文中，高诱引《舜典》"禋于六宗"释正文，并解释了"六宗"之义："万物非天不生，非地不载，非春不动，非夏不长，非秋不成，非冬不藏。"据《后汉书》刘昭注，伏生、马融对"六宗"如是解释："万物非天不覆，非地不载，非春不生，非夏不长，非秋不收，非冬不藏。禋于六宗，此之谓也。"② 伏生乃汉初今文经学之代表，马融乃汉末古文经学之代表，兼修今文经学，马融对"六宗"的理解与伏生同，可见马融冲破经学壁垒，兼收并蓄，推动了汉末今古文经学的融合，而高诱作为马融之再传弟子，对经学更是表现了包容、择善的心态。

（二）《逸周书》

《逸周书》，《汉志》载"《周书》七十一篇"，因乃"孔子所论百篇之余"而名之为"逸"，高诱对《周书》的解释亦曰："《周书》，逸书也。"又名《书》、《周志》。"逸周书"之名最早见于许慎《说文解字》，共七处，对于"逸"字，"祆"字段玉裁注曰："许君谓之《逸周书》，亦以别于称《尚书》之《周书》，免学者惑也。"《说文解字》具有正字、解经的作用，行文比较规范，故许慎明确标明"逸"为避免与同书中所引《尚书·周书》混淆。关于其作者，刘向主"孔子"说，《汉志》、《隋书·经籍志》仍之，唐以后质疑声日盛。高注中两次提到"《周书》，周（文）公所作"，洪迈以为"妄也"，然陈奇猷以为"或有所本"③。这或许会为《逸周书》作者的考证提供新的线索。《汉志》因其系"周史记"，列于《尚书》诸家之后。从《隋书·经籍志》始，归入"杂史类"，《四

---

① 陈奇猷：《吕氏春秋新校释》，上海古籍出版社 2002 年版，第 360 页。

② 范晔：《后汉书》，中华书局 1965 年版，第 3184 页。

③ 陈奇猷：《吕氏春秋新校释》，上海古籍出版社 2002 年版，第 853 页。

库全书》归入"史部"。

高注引《逸周书》凡3见:"《书》"①1见,"《谥法》"2见。此3例主要是为说明文义以及历史人物命名之由。

高注引《程典解》"于安思危"释《直谏》"不知所以,虽存必亡,虽安必危"。《左传·襄公十一年》:"《书》曰:'居安思危。'"《战国策·楚策》、《文选·檄吴将校部曲》亦作"于安思危"。《广雅·释诂》:"于,尻也。"尻即古居字。尻,《说文解字·几部》:"处也。"段玉裁注:"以蹲居之字代尻。别制踞为蹲居字。乃致居行而尻废矣。《方言》、《广雅》尻处字皆不作居。"《玉篇》:"与居同。"《楚辞·天问》:"昆仑县圃,其尻安在?"洪兴祖补注:"尻,与居同。"于,匣母鱼部;居,见母鱼部。两字鱼部叠韵,见匣通转,音近而通。《诗·鄘风·载驰序》:"露于漕邑。""露于"又作"露居",马瑞辰曰:"《序》'露于'即'露居',与《定之方中序》'野处漕邑'字异而义同。"

高注引《谥法》之"小心畏忌曰釐"来说明"釐夫人"为何以"釐"作谥,然《谥法》无此文。釐,又音僖,《史记·匈奴传》:"齐釐公与战于齐郊。"《索隐》:"釐音僖。"釐,来母之部;僖,晓母之部。两字之部叠韵,音近而通。"僖"字段玉裁注:"《谥法》有釐,有僖。《周书》二谥并出。而'春秋三传'僖公,《史》、《汉》皆作釐公。殆《史》、《汉》假釐为僖乎?《谥法》曰:'小心畏忌曰僖。'"段玉裁注所谓"小心畏忌曰僖"乃出自汉蔡邕《独断》卷下曰"小心畏忌曰僖",高诱"小心畏忌曰釐"即本于此。

高注引《谥法》"杀戮不辜曰厉"以说明厉王之谥为何为"厉"。今本作"致戮无辜曰厉",卢文弨从《史记正义》作"杀戮"。朱右曾《逸周书集训校释》云:"无辜,杜预引作'不辜'。"

---

① 从先秦文献征引情况来看,西周至春秋,《逸周书》曾以《周志》、《书》等称之;而战国以后,则主要以《周书》名之,凡称《书》则主要指《尚书》。(见王连龙:《〈逸周书〉源流及其所见经济问题研究》,吉林大学 2005 年博士学位论文。)《吕氏春秋注》是注疏,随文释义,对行文语言的要求不那么严格,且当时读书人对这两部书是非常熟悉的,故高注称《逸周书》为"《书》"或"《周书》",与《尚书》之简称《书》不会发生混淆。

三、《诗经》

《汉志》曰:"汉兴,鲁申公为《诗》训故,而齐辕固、燕韩生皆为之传。或取《春秋》,采杂说,咸非其本义。与不得已,鲁最为近之。三家皆列于学官。又有毛公之学,自谓子夏所传,而河间献王好之,未得立。"然《汉志》又曰:"凡《诗》六家,四百一十六卷。"可知汉时尚有另二家传《诗》,今已不可考①。"凡三百五篇,遭秦而全者,以其讽诵,不独在竹帛故也",《诗经》因未著于竹帛而靠口头传诵方得以躲过秦火。《诗经》本有定本,在流传过程中,形成流派之异。刘师培《诗分四家说》即说:"子夏之时,四家之说实同列一书。观荀卿于《毛诗》《鲁诗》为先师,兼通《韩诗》之说,则荀卿之世,四家之诗仍未分立。嗣由荀卿弟子所记各偏各本所记相教授,由是《诗》谊由合而分,非孔子删《诗》时即区四派也。"②一般来讲,齐、鲁、韩三家为今文经,《毛诗》为古文经③。徐复观言:"从内容上言四家《诗》的异同,应在'推诗人之意'的传而不在文字与故训,但齐、鲁《诗》的传、说、记皆早已亡佚,无可比较,就现存的《韩诗传》及《毛诗故训传》中的传来说,虽小有异同,但

---

① 周寿昌《汉书注校补》认为:"六家者,鲁、齐、韩、后氏、孙氏、毛氏也。然后氏《故》与《传》、孙氏《故》与《传》仍说《齐诗》也。实则止四家。"(陈国庆:《汉书艺文志注释汇编》,中华书局1983年版,第40页。)张舜徽认为:"《诗》之《经》文二十八卷,一也;《鲁故》《鲁说》,二也;《齐后氏故》《传》《杂记》,三也;《齐孙氏故》《传》,四也;《韩故》《内传》《外传》《韩说》,五也;《毛诗》《故训传》,六也。六家之说,当以此定之。"(张舜徽:《广校雠略》,华中师范大学出版社2004年版,第205页。)

② 刘师培:《刘申叔遗书》,江苏古籍出版社1997年版,第1207页。

③ 考察关于《毛诗》的记载,没有明确指明其为古文:《汉书·儒林传》没有将《毛诗》归为古文经;《汉志》将其置于三家诗之后,而其他诸经均先言古文经后言今文经;《汉志》并未言其为古文;《河间献王传》所举古文旧书没有《毛诗》,刘歆《移让太常博士书》所提及古文经没有《毛诗》。所以关于《诗经》是否有今古文的问题一直不乏后世学者讨论。王国维云:"其实《毛诗》当小毛公贯长卿之时,已不复有古文本矣。"(见王国维:《观堂集林》第七卷《汉时古文本诸经传考》)。徐复观赞同曰:"汉初经文,传自先秦之祖本,皆为古文,《毛诗》的祖本必为古文。但入汉而行于世的则为今文,《毛诗》亦必为今文。"(徐复观:《中国经学史的基础》,台湾学生书局1982年版,第149页。)金德建则反对曰:"汉代《诗经》流传,时有文字异同,并不曾有过一度读成为今文的变革。"(金德建:《经今古文字考》,齐鲁书社

《汉志》所谓'其归一也'的断定，可应用于四家《诗》的《诗》传，是客观而合理的断定。"① 正是缘于共同的基础，东汉以后，今古文《诗经》斗争、诘难的同时又不断吸收借鉴，从贾逵讨论四家诗之异同始，许慎撰《五经异义》，马融、郑玄倡古文不废今文，沟通四家诗说，打破家法之林立，迎来了《诗》学的今古文融合，高诱的《诗》学就是在这样一个大背景下展开的。

《吕氏春秋注》引书出自《诗经》者共 72 见，重复者 6 见，均作"《诗》曰"。

通过与今本《毛诗》以及汉代流行的"三家诗"对比②，高诱注所引《诗经》文字中，《毛诗》和《鲁诗》比重最大。从高诱的师承看，其学说的基本立场是古文经学，所以高注引《诗》与今本《毛诗》相同者数量最多，凡 20 例。其中引《诗》与《毛诗》同而三家诗无征者凡 8 例，兹列如下：

①《重己》引《大雅·灵台》"王在灵囿"，与今《毛诗》同，三家诗无征。

②《贵公》引《齐风·南山》"鲁道有荡"，与今《毛诗》同，三家诗无征。

③《音初》引《商颂·玄鸟》"天命玄鸟，降而生商"，与《毛诗》同，三家诗无征。

④《爱士》引《郑风·大叔于田》"两服上襄"、"两骖如舞"，与《毛诗》同，三家诗无征。

⑤《季秋》引《小雅·鹿鸣》"吹笙鼓簧，承筐是将"，与《毛诗》同，三家诗无征。

1986 年版，第 116 页。)孙筱亦主张"今文经说"：《毛诗》在西汉并不是古文经……汉代的《诗经》学，大至属今文经学一系。"(孙筱：《两汉经学与社会》，中国社会科学出版社 2002 年版，第 218 页。)不论持何观点，都默认这样一个事实：《毛诗》是有古文本的。至于《毛诗》何时改写隶定成今文，又有不同的主张：王国维主张《毛诗》在毛苌时成为今文本，徐复观认为汉以后即有今文本《诗经》，金德建认为《熹平石经》后有了今本《诗经》，孙筱则认为"《毛诗》作为古文学是东汉以后的事情"。但即使是隶定成今文隶书，《毛诗》也还是古文经。陆锡兴说："古文之传写，以古文《诗经》转写作今体，以利流通，但是，古文《毛诗》的转写本和今文经是完全不同的。它只是字体的改变，而字之结构及假借均予保留。"(陆锡兴：《诗经异文研究》，中国社会科学出版社 2001 年版，第 44 页。)

① 徐复观：《徐复观论经学史二种》，上海书店出版社 2002 年版，第 115 页。
② 以王先谦《诗三家义集疏》(中华书局 1987 年版)为主要依据。

⑥《审应》引《卫风·硕人》“东宫之妹，邢侯之姨”，与《毛诗》同，三家诗无征。

⑦《开春》引《大雅·卷阿》“凤皇鸣矣，于彼高冈”，与《毛诗》同，三家诗无征。

⑧《务本》引《魏风·伐檀》“不稼不穑，胡取禾三百亿兮？不狩不猎，胡瞻尔庭有县特兮”，与《毛诗》同，三家诗无征。

高注引《诗》与今本《毛诗》同而与三家诗异者凡12例，如下：

①《孟春》引《小雅·信南山》“中田有庐，疆埸有瓜”，鲁、毛同，《韩诗》“疆”作“壃”。“畺”乃本字，“疆”字后起，“壃”乃“疆”之省文。

②《本生》引《卫风·硕人》“齿如瓠犀”，《毛诗》同，《鲁诗》“犀”作“棲”。汝阴侯墓《诗经》[①]简文S069作“齿如会谇”。1970年面世的《硕人》镜铭[②]作“齿如会师”。

③《劝学》引《小雅·杕杜》“期逝不至，而多为恤”，《毛诗》同，《鲁诗》“逝”作“胡”，《齐诗》作“誓”。

④《季秋》引《豳风·七月》“穹室熏鼠，塞向墐户。嗟我妇子，曰为改岁，入此室处”，《毛诗》同，三家诗“曰”作“聿”。

⑤《谕大》引《卫风·硕人》“鳣鲔发发”，《毛诗》同，《鲁诗》一作“泼泼”，《韩诗》作“鱍鱍”，《齐诗》作“鲅鲅”。

⑥《下贤》、《直谏》引《邶风·旄丘》“何其久也，必有以也”，《毛诗》同，《齐诗》“以”作“似”。

---

① 陆锡兴《诗经异文研究》认为“可能为鲁诗的早期文本”；胡平生、韩自强《阜阳汉简〈诗经〉简论》：“可能是未被《汉志》著录而流传于民间的另外一家。”（《阜阳汉简诗经研究》，上海古籍出版社1988年版，第31页。）王铁《汉代学术史》认为是“另一家”；洪湛侯《诗经学史》主可能与《元王诗》有关。

② 关于镜铭的属性，罗颐福1980年《汉鲁诗镜考释》据形制断定为汉代之物，因年代距《熹平石经》始立尚近，定为受其影响，故判断为《鲁诗》。而陆锡兴则认为，此镜为一富贵少妇，以镜铭寄吉祥之义，与《毛诗·小序》之旨吻合。且镜铭保存较多古字，与《毛诗》古文特点符合，当为《毛诗》古本。

⑦《知度》引《大雅·桑柔》"惟彼不顺，自独俾臧。自有肺肠，俾民卒狂"，《毛诗》同，《鲁诗》"俾"作"卑"。

⑧《审为》引《大雅·绵》"古公亶父，来朝走马，率西水浒，至于岐下"，毛、鲁同，《韩诗》"走"作"趣"。

⑨《过理》引《卫风·硕人》"庶姜孽孽"，《毛诗》同，鲁、韩作"讞"。

⑩《上农》引《卫风·硕人》"施罛濊濊，鱣鲔发发"，《毛诗》同，《鲁诗》"罛"亦作"罟"，"濊"一作"沈"，《韩诗》作"濊"，《齐诗》作"瀎"。

⑪《任地》引《桧风·素冠》"棘人之栾栾"，《毛诗》同，《鲁诗》"栾"作"臠"。

⑫《辩土》引《大雅·生民》"实颖实栗，有邰家室"，《毛诗》同，鲁、韩"邰"作"台"，《齐诗》作"斄"。

班固公认为古文经学派，然其《诗》学却明显地倾向于《鲁诗》。高诱亦有这种倾向，从《吕氏春秋》高诱注引《诗》可以清楚地看到高诱《诗》学宗《毛诗》的同时兼采《鲁诗》①。首先从文字上看，高诱所引与《鲁诗》同者凡16例，如：

①《本生》引《邶风·谷风》"不远伊尔，薄送我畿"，此《鲁诗》，《毛诗》"尔"作"迩"。

②《重己》引《魏风·园有桃》"园有桃树"，此《鲁诗》，今本《毛诗》无"树"字。

③《重己》引《小雅·巧言》"虵虵硕言"，此《鲁诗》，今本《毛诗》作"蛇蛇"。

④《仲春》引《豳风·七月》"二之日，凿冰冲冲。三之日，纳于凌阴。

---

① 对于高诱的诗学归属，清代学者陈乔枞、陈祺寿父子以及王先谦是主鲁诗派的。理由有二：第一，高注以为宁戚饭牛居车下，望桓公而悲，击牛角疾歌，此歌乃《硕鼠》。而《后汉书·马融传》注引刘向《说苑》曰："宁戚饭牛于康衢，击车辐而歌《硕鼠》。"两者相合，而刘向治《鲁诗》，故高诱亦治《鲁诗》。第二，《淮南子》高注以《鹿鸣》为刺上之作，与《史记》、蔡邕《琴操》并合，"是诱用《鲁诗》之明证"（见陈乔枞：《三家诗遗说考》，《续修四库全书·经部·诗类》，上海古籍出版社2002年版，第166页）。李秀华、刘立志博士论文予以怀疑。

四之日其早，献羔祭韭"，鲁、齐作"早"，《毛诗》作"蚤"。

⑤《季春》引《邶风·蝃蝀》"蝃蝀在东，莫之敢指"，齐、鲁作"蛴"，韩、毛作"蝃"。《玉篇》："蝃与蛴同。"

⑥《季春》引《鲁颂·閟宫》"寝庙奕奕"，齐、鲁并作"寝庙绎绎"，毛、韩同作"新庙奕奕"。今扬雄《太常箴》、蔡邕《独断》、高诱《淮南子注》和《吕氏春秋注》引《诗》并作"寝庙奕奕"。王先谦云："后人据《毛诗》改之，并宜订正。"①

⑦《尽数》引《邶风·击鼓》"于嗟夐兮"，鲁、韩作"复"，今《毛诗》作"洵"。

⑧《仲夏》引《郑风·有女同车》"颜如蕣华"，知《鲁诗》作"蕣"，《毛诗》作"舜"。《埤雅》："'蕣'取一瞬之义，亦作'舜'，是从省。""蕣"字段玉裁注："今《诗》作'舜'为假借。"李富孙云："《诗》当作'蕣'，转写者脱去上'艸'耳。"②

⑨《季夏》、《谕大》引《大雅·灵台》"鼍鼓韸韸"，知《鲁诗》作"韸"，《毛诗》作"逢"。钱大昕《古无轻唇音》曰："《广韵·江部》有'韸'字，训'鼓声'。此即'鼍鼓逢逢'之'逢'，音转为薄江切，俗师改从'音'旁，又改'夆'为'夆'也。"③

⑩《当务》引《齐风·南山》"娶妻如之何？必告父母"，鲁、韩作"娶"，毛、齐作"取"。李富孙云："今'娶'作'取'亦省借。"④

⑪《用民》引《大雅·皇矣》"密人不共，敢距大邦"，《鲁诗》作"共"，《毛诗》作"恭"。

⑫《达郁》引《大雅·灵台》"矇瞍奏功"，《鲁诗》作"叟"亦作"瞍"，作"工"

---

① 王先谦：《诗三家义集疏》，中华书局1987年版，第316页。
② 李富孙：《诗经异文释》，《续修四库全书·经部·诗类》，上海古籍出版社2002年版，第161页。
③ 钱大昕：《十驾斋养新录》，上海书店1983年版，第107页。
④ 李富孙：《诗经异文释》，《续修四库全书·经部·诗类》，上海古籍出版社2002年版，第166页。

亦作"功"。《毛诗》作"公"。"叟"、"瞍"古今字也。"公"、"工"、"功"通假字①。

⑬《疑似》引《小雅·正月》"赫赫宗周，褒姒灭之"，《鲁诗》作"㓕"，《毛诗》作"灭"。王先谦："灭、㓕古今字之异也。"②

⑭《壹行》引《鄘风·鹑之奔奔》"鹑之贲贲"，鲁、齐作"贲贲"，《毛诗》作"奔奔"。

⑮《上农》引《卫风·淇奥》"冠弁如星"，《鲁诗》作"冠"，《毛诗》作"会"，《韩诗》作"䯰"。

⑯《任地》引《鲁颂·閟宫》"黍稷重穋，稙稺菽麦"，《毛诗》作"穆"，三家诗作"稑"。

今古文经斗争的过程中，今文经博士为应对古今经学的挑战、维护其官学地位，不得不研习古文经学，也推动了今古文经的融合。高注引《诗》中有部分《鲁诗》文字"两作"，便能反映出今文经对古文经的吸收，如：

①《孟春》引《小雅·节南山》"弗躬弗亲，庶民弗信"，今《毛诗》同，《鲁诗》作"不"，亦作"弗"③。

②《本生》引《大雅·皇矣》"不识不知，顺帝之则"，《毛诗》作"不"，《鲁诗》"不"、"弗"两作，齐、韩作"不"。

③《仲春》引《周南·葛覃》"黄鸟于飞，集于灌木"，与《毛诗》同，《鲁诗》"灌"、"樌"两作。

---

① 陈乔枞：《三家诗遗说考》，《续修四库全书·经部·诗类》，上海古籍出版社2002年版，第256页。

② 李富孙：《诗经异文释》，《续修四库全书·经部·诗类》，上海古籍出版社2002年版，第670页。

③ "弗"、"不"在先秦文献中存在大量混用的情况，何休《春秋公羊解诂》最先指出两字的差别："弗者，不之深也。"邢昺《论语正义》承其续。段玉裁《说文解字注》亦指出："（两字）音义皆殊。"考察两字的用法，我们发现："不"的使用范围大于"弗"，"弗"主要用于不带宾语的及物动词之前，而"不"则不受动词词性及是否带宾语的限制。（参见丁声树：《释否定词"弗""不"》，载《庆祝蔡元培先生六十五岁论文集》，历史语言研究所1933年版，第967—996页。）"躬"为不及物动词，"亲"、"信"为及物动词，且不带宾语，故"弗"亦作"不"。

④《贵公》引《小雅·车辖》"高山仰止，景行行止"，韩、毛作"止"，《鲁诗》"止"、"之"两作。

⑤《季春》、《谕大》引《卫风·硕人》"鳣鲔泼泼（发发）"，知《鲁诗》两作，《毛诗》作"发发"，《韩诗》作"鱍鱍"。《齐诗》作"鲅鲅"。冯登府云："'发'即'鱍'之省文。'鱍'亦同'鲅'。三家多正字，毛多假字也。"①

很多学者引书往往撮其大义而已，其中文字之增减、行文之同异，恐在所难免。所以高注引《诗》中还有一部分与今本《毛诗》异、与"三家诗"亦异或"三家诗"无征者，凡6例，如下：

①《季春》引《周南·樛木》"葛藟"，《毛诗》作"虆"，亦作"虆"，《鲁诗》又作"虆"。

②《音初》引《商颂·长发》"有娀方将，立子生商"，《毛诗》"立"前有"帝"字，疑《鲁诗》无。

③《仲秋》引《邶风·谷风》"亦有旨蓄，以御冬"，《毛诗》有"亦"字，三家诗无征。

④《精通》引《小雅·頍弁》"葛与女罗，施于松上"，《毛诗》"葛"作"茑"，三家诗无征，"葛"当"茑"之形误。

⑤《必己》引《小雅·谷风》"草木死无不萎"，《毛诗》作"无草不死，无木不萎"，《鲁诗》"无"作"何"。

⑥《举难》引《魏风·硕鼠》全诗②，《毛诗》"得"作"德"，"劳"作"逃"，《鲁诗》"无"作"毋"，"贯"作"宦"，《韩诗》"女"作"汝"，"适彼乐土"重句，无"乐土乐土"，"适彼乐国"重句。

高诱所用《诗经》在篇目与诗句上已经与我们今天所见基本一致了。据龙

---

① 冯登府：《诗经异文疏证》，《皇清经解》卷一四○七，第13页。

② 高注：歌《硕鼠》也。其诗曰"硕鼠硕鼠，无食我黍，三岁贯女，莫我肯顾，逝将去女，适彼乐土，乐土乐土，爰得我所。硕鼠硕鼠，无食我麦，三岁贯女，莫我肯得，逝将去女，适彼乐国，乐国乐国，爰得我直。硕鼠硕鼠，无食我苗，三岁贯女，莫我肯逃，逝将去女，适彼乐郊，乐郊乐郊，谁之永号"者是也。

文玲考证:"《诗经》这部重要典籍,在汉昭帝时期已经有了与今本《毛诗》篇目和诗句基本一致的传本。"①

文字的差异并非判断经之古今的绝对标准,《诗经》亦然。对于《诗经》思想、主旨、意义的把握才是区别之根本。《诗经》很多文句有所"刺",有所比附,高诱引《诗》往往能恰如其分地用《毛诗》来解释正文文义。

高注引"弗躬弗亲,庶民弗信"释《孟春》"必躬亲之"。《吕氏春秋》在"政令"、"农事"等内容方面,体现了浓重的儒家"礼法自然"的观念。《十二纪》中,春生,夏长,秋收,冬藏,从天象到物候再到人事均体现了这一规律。三春纪讲生,万物复苏,蒸蒸日上,在以农为本的社会,一年之计在于春,统治者非常重视农业生产。是时,帝王往往要身先士卒,带领众公卿大夫亲躬于田间,一为祈福,一为鼓励生产。"躬亲"既是为农业之"生",更是为统治之"生"②。《诗》二句恰是讲为政必躬亲之,方能取信于民。高注引《诗》与正文意甚合。

高注引"不识不知,顺帝之则"释《本生》"不谋而当,不虑而得"。此二句乃圣人"全天"之结果,"全天",即"顺天",顺天之人,方为"全德之人"。《诗》郑笺云:"其为人不识古,不知今,顺天之法而行之者。此言天之道,尚诚实,贵性自然。"高诱用《毛诗》之义,与正文甚合。

高注引"柔远能迩,以定我王",既释《音律》"诘诛不义,以怀远方"之"怀",又兼申明文义。正文意为除暴安良,使远方归之。《诗》郑笺曰:"安远方之国,顺伽其近者,当以此定我周家为王之功。"高注用《毛诗》释义甚确。

高注引"如彼筑室于道谋,是用不溃于成"释《不二》"听群众人议以治国,国危无日矣"。《不二》篇之旨即强调"一":"一则治,异则乱;一则安,异则危。"开篇即开宗明义"听群众人议以治国,国危无日矣",指出治国不一的危害。《诗》郑笺云:"如当路筑室,得人而与之谋所为,路人之意不同,故不得

① 龙文玲:《〈盐铁论〉引书用书与西汉昭宣时期文学演进》,《学术论坛》2010 年第 1 期。

② 参见杨雅丽:《〈礼记〉"月令"之"令"考辨》,《西北工业大学学报》(社会科学版) 2002 年第 3 期;《"月令"语义文化渊源》,《贵州文史丛刊》2010 年第 2 期。

遂成也。"《诗》与《不二》正文正相合，高注用《毛诗》至确。

高诱引《诗》存在很多断章取义甚至牵强附会之例，带有较大的随意性，恰如朱自清所言"往往断章取义，随心所欲，即景生情，没有定准"①。这是先秦以及两汉引《诗》用《诗》的普遍现象，以至于形成了"一套大体固定的格式，即先发一段议论，然后引《诗》曰如何如何，最后加上一句'此之谓也'"②，通过引《诗》加强行文说理论证的说服力。"断章赋诗"是先秦时期，上层贵族阶级解《诗》的一种形式，后被董仲舒发展为"《诗》无达诂"之说；同时也是交流思想、表达意志甚至外交策略的一种常见方式。

高注引"静恭尔位，正直是与"释《有度》"此四六者不荡乎胸中则正"。《有度》为季子学派之言论③，此派主张通乎性命之情、法治、无为④，这在此篇均有体现。开篇"贤主有度而听，故不过"，高注训"度，法也"，可谓深得季子学派之真谛。"有度"即有法则、有准的，亦即下文之"执一"，"执一而万物治"。是故后文提出"此四六者不荡乎胸中则正。正则静，静则清明，清明则虚，虚则无为而无不为也"的主张，作者意通过法治来达到无为的理想境地。《诗》二句讲忠于职守，交正直之友，与《有度》正文不相涉，高注引《诗》不当。

高注引"既明且哲，以保其身"释《知化》"以虽知之与勿知同"。王念孙、孙锵鸣、俞樾、杨树达等皆读"以"为"已"，杨训"已"为"此"。然"以"本可训为"此"，文献多有先例。如《战国策·魏策三》之"以三者，身，上也；河内，其下也"，"以"即"此"。此篇题为《知化》，所谓"知化"，乃根据已知，预见未来，故"凡智之贵也，贵知化也"。"以"训"此"，正承上文以勇事人之死而言。以勇事人，未死言死，主人不能证实之，则知之与勿知同；若已死，虽以死事之，然已无用，知与不知同。高注《诗》两句讲明哲保身，与

---

① 朱自清：《诗言志辨》，华东师范大学出版社 1997 年版，第 18 页。

② 赵伯雄：《〈荀子〉引〈诗〉考论》，《南开学报》2000 年第 2 期。

③ 陈奇猷云："此篇（《有度》）为季子学派之言，本篇主旨即季子之言'不为私'。'不为私'系季子学说之要义。"（见陈奇猷：《吕氏春秋新校释》，上海古籍出版社 2002 年版，第 1660 页。）

④ 关于季子学派，参见管敏义：《关于季子学派》，《古籍整理研究学刊》1991 年第 3 期。

正文无涉，引文非矣。

高诱于今文经倾向于《鲁诗》，其注引《诗》之例不仅用《鲁诗》文字，且用《鲁诗》之释义，对鲁诗诗义的取用，更加说明高诱对今古文经学的兼容并收。如：

对于"二之日，凿冰冲冲。三之日，纳于凌阴。四之日其蚤，献羔祭韭"的解释，高诱注："开冰室取冰，以治鉴，以祭庙。春荐韭卵。"鲁说曰："开冰室取冰，治鉴以祭庙，春荐韭卵。"而郑笺云："古者，日在北陆而藏冰，西陆朝觌而出之。祭司寒而藏之，献羔而启之。其出之也，朝之禄位，宾、食、丧、祭，于是乎用之。"① 高诱用鲁说。

对于"东宫"的解释，高诱释为"东宫，世子也"，鲁说为"东宫，世子也"，毛传为"东宫，齐大子也"。高诱同鲁说。

《仲秋》"务蓄菜"，高注："蓄菜，干苴之属也。"并引《诗》"亦有旨蓄，以御冬"为证。鲁说曰："蓄菜，干苴之属也。"高诱用鲁说。

《任地》"棘者欲肥，肥者欲棘"，高注"棘，羸瘠也"，并引《诗》"棘人之栾栾"为证。《毛传》曰："棘，急也。"鲁说曰："棘，羸瘠也。"高诱用鲁说。

四、《三礼》及《司马法》

我们一般所谓的"三礼"——《周礼》《礼记》《仪礼》，高诱注只引了《周礼》《礼记》，其中引《周礼》凡49例，引《礼记》凡4例，《周礼》属于古文经学，《礼记》属于今文经学，由此可见，古文《礼》在高诱"礼"学体系中所占的分量和地位。

（一）《周礼》

《周礼》是我国古代一部记载设官分职、典章制度的文献。初名《周官》（《史记·封禅书》）、《周官经》（《汉志》）等，后刘歆"盖以《周官》故名与《尚书》淆混"，故"以《周官经》六篇为《周礼》。王莽时，歆奏以为礼经，置

① 阮元校：《十三经注疏·毛诗正义》，上海古籍出版社1980年版，第392页。

博士"，此后，《周官》、《周礼》两个名称通用，以《周礼》为常。《汉书·景十三王传》记载："献王所得书皆古文先秦旧书，《周官》、《尚书》、《礼》、《礼记》、《孟子》、《老子》之属，皆经传说记，七十子之徒所论。"① 又据贾公彦引马融云："既出于山岩屋壁，复入于秘府，五家之儒莫得见焉。"② 故未得立于学官。成帝时，方被刘氏父子发现于汉朝秘书中。因此书保存了先秦古文字，为古文经。《汉志》载"《周官传》四篇"③，东汉时，《周礼》博士被废，但传习不绝。《周礼》弟子杜子春乃两汉之间《周礼》学的关键人物，于东汉明帝永平年间传其学于郑众、贾逵，郑、贾二人皆著有《周官解》，马融又兼郑、贾之学而著《周官传》④。张衡、卢植、张恭祖亦治《周礼》，然皆亡佚。汉末郑玄注"三礼"，推崇《周礼》，一跃而为"三礼"之首，郑氏《周官注》遂成为流传下来的唯一的汉代注本。

高诱注《吕氏春秋》引《周礼》凡49例：《周礼》或"《周礼》曰"凡48例，《酒正》1例。

高注引《周礼》用于解释名物，如，高诱注《孟春》"驾苍龙"引《周礼》"马八尺以上为龙，七尺以上为騋，六尺以上为马也"。出自《夏官·庾人》。《公羊传·隐公元年》何休注："天子马曰龙，高七尺以上；诸侯曰马，高六尺以上；卿大夫士曰驹，高五尺以上。"孙诒让曰："何说天子乘龙，合于《觐礼》；而以龙为高七尺以上，则与此经舛异，盖别有所据。"⑤《本味》高注又引作"七尺以上为龙"，似误记。又如，高诱注《仲冬》"途阙庭门闾"之"阙"引《周礼》为象魏。出自《天官·大宰》，郑司农云："象魏，阙也。"《广雅·释宫》云："象魏，阙也。"《说文解字·门部》："阙，门观也。"《尔雅·释宫》又云："观谓之

---

① 班固：《汉书》，中华书局1962年版，第2410页。
② 阮元校：《十三经注疏·周礼注疏》，上海古籍出版社1980年版，第635页。
③ 据王葆玹考证，河间献王既重视《周官》，便极有可能组织编写《周官传》四篇，构成《周官》的经传系统，见王葆玹：《今古文经学新论》，中国社会科学出版社1997年版，第151页。
④ 贾公彦《周礼正义序》所附《序周礼废兴》引《马融传》说，见阮元校：《十三经注疏·周礼注疏》，中华书局1980年版，第636页。
⑤ 孙诒让：《周礼正义》，中华书局1987年版，第2630页。

阙。"魏即巍之省。

高注引《周礼》用于解释官职、职责，如高诱注"太史"引《春官·大史》"太史掌国之六典，正岁时以序事"，注"大酋"引《天官·酒正》"掌酒之政令，以式法度授酒材，辨五齐之名"，注"太卜"引《春官·大卜》"大卜掌三兆之法，一曰玉兆，二曰瓦兆，三曰原兆。……掌三易之法，一曰连山，二曰归藏，三曰周易"，注"大行"引《秋官·大行人》"大行人掌大宾客之礼，以亲诸侯"。

高诱引《周礼》用于解释制度，如高诱注《仲春》"上丁，命乐正入舞舍采"引《春官·大胥》"春入学舍采合舞，秋颁学合声，以六乐之会正舞位"。

又如高诱引《天官·内宰》"仲春，诏后率内外命妇蚕于北郊，以为祭服"注《季春》"以共郊庙之服，无有敢堕"。出自《天官·内宰》，今作"中春，昭后帅外内命妇始蚕于北郊，以为祭服"。再如高诱引《秋官·司厉》"其奴，男子入于罪隶"注《开春》"栾盈有罪于晋，晋诛羊舌虎，叔向为之奴而腐"，并注曰："律坐父兄没入为奴。"郑司农云："谓坐为盗贼而为奴者，输于罪隶、舂人、槁人之官也。由是观之，今之为奴婢，古之罪人也。故《书》曰'予则奴戮汝'《论语》曰'箕子为之奴'罪隶之奴也。故《春秋传》曰：'斐豹，隶也，著于丹书，请焚丹书，我杀督戎。'耻为奴，欲焚其籍也。"而郑玄则谓："奴，从坐而没入县官者，男女同名。"①据此，高诱从郑注。高诱受学于卢植，卢植之学受自马融，上承杜子春、二郑一系，故高诱之《周礼》学亦马、郑之延续。

高诱引《周礼》用于传达对某一问题或现象的认识，如高诱引《地官·大司徒》"以乐教和则民不乖"注《仲春》"中丁，又命乐正入学习乐"，说明"乐"在教化民众方面的重要性，乐和则民同心，同心则不乖离。

高诱注引《周礼》，大部分全文照引，还有一些与今传本文字有异，细考之，主要有如下情况：

（1）意引，即概况原文大意，从文字上看非《周礼》原文，但并非杜撰，实皆有所本。如：

---

① 阮元校：《十三经注疏·周礼注疏》，上海古籍出版社1980年版，第882页。

高诱引《周礼》"田仆，掌御田辂"注《季秋》"命仆及七驺咸驾，载旍旐"之"仆"。今《夏官·田仆》作"田仆掌佐车之政"。又引《周礼》"趣马，掌良马驾税之任"注《季秋》"七驺"。今《夏官·趣马》作"趣马掌赞正良马……驾说之颁"。高诱概括之。"说"高诱作"税"，说，通税，停置、休憩。《诗·鄘风·定之方中》："星言夙驾，说于桑田。"朱熹："说，音税，舍止也。"《左传·宣公十二年》："右广鸡鸣而驾，日中而说。左则受之，日入而说。"杜预注："说，舍也。"①《鹖冠子·天权》："故能说适计险，历越蹢俗，轶伦越等，知略之见，遗跋众人。"陆佃曰："说，止息也。"②《尔雅·释诂》："税，舍也。"郭璞注："舍，放置。"③《史记·李斯传》："我未知所税驾。"司马贞注："税驾，犹解驾，言休息也。"④ 则诱用本字。

又如高诱引《周礼》"二十五家为闾"注《期贤》"闾"。今《地官·大司徒》作"五家为比，使之相保；五比为闾，使之相受"，则闾为二十五家，高诱乃概括之。

（2）经、注同引，即高诱将《礼》经文字与郑玄注一起引用，可见其对郑注的熟悉程度，亦可见汉末"三礼"郑注已经以绝对优势战胜其他礼经注解而流传开来。如：

高诱引《周礼》"二千五百家为州，五州为乡"注"乡"。今《地官·大司徒》作"五党为州，五州为乡"，郑注曰："州二千五百家。"高诱将《周礼》原文与郑注一起引用。

高诱引《周礼·司服章》"凡田，冠弁服"注"天子乃历服历饬，执弓操矢以射"。今本作"凡甸，冠弁服"，郑注："甸，田猎也。"则高诱将注文与经文一起引用。

这种经、注同引的现象并不鲜见，刘孝标《世说新语注》引《周礼》时亦

---

①　阮元校：《十三经注疏·春秋左传注疏》，上海古籍出版社1980年版，第1881页。

②　黄怀信：《鹖冠子校注》，中华书局2014年版，第344页。

③　阮元校：《十三经注疏·尔雅注疏》，上海古籍出版社1980年版，第2576页。

④　司马迁：《史记》，中华书局1963年版，第2547页。

有此种情况，《文学》篇注引《周礼》曰："《周礼》有六梦：一曰正梦，谓无所感动，平安而梦也。二月噩梦，谓惊愕而梦也。三曰思梦，谓觉时所思念也。四曰寤梦，谓觉时道之而梦也。五曰喜梦，谓喜说而梦也。六曰惧梦，谓恐惧而梦也。"① 今本《春官·占梦》作"一曰正梦，二月噩梦，三曰思梦，四曰寤梦，五曰喜梦，六曰惧梦"，其余文字皆为郑玄注文。余嘉锡言："注文《周礼》六梦云云，乃以《周礼·春官·占梦》经注合引，凡谓字以下，皆注也。"② 沈家本言："案此卫玠问乐令梦，乐云：'是想。'故注引《周礼》六梦以释之，惟六梦并引郑氏注而不出郑氏之名，此又当时引书之一式。"③

（二）《礼记》

郑玄《六艺论》："戴德传《记》八十五篇，则《大戴礼》是也；戴圣传《记》四十九篇，则此《礼记》是也。"④ 据此，今本《礼记》即《小戴礼记》。一般认为，作者为西汉戴圣，《小戴礼》是从《大戴礼》中删削而成⑤。《礼记》之"记"乃经之补充或阐发，即"传"。在汉代，《礼经》指今文经《仪礼》，故《礼记》从属于《仪礼》，为《仪礼》之传。然《汉志》并未提及，而是《隋书·经籍志》著录有"《礼记》二十卷，汉九江太守戴圣撰"。因《礼记》在汉代并未取得"经"的地位，史无师承可考。东汉马融、卢植、郑玄皆为《礼记》作注，郑注流传至今，其余各家废而不行。

高诱注《吕氏春秋》引《礼记》凡 4 见：《礼》2 见，《记》1 见，《礼记》1 见。

从高诱所引《礼记》来看，主要用于阐释文义，如引《礼》"取妇之家三

---

① 余嘉锡：《世说新语笺疏》，中华书局 1983 年版，第 223 页。
② 余嘉锡：《世说新语笺疏》，中华书局 1983 年版，第 204 页。
③ 沈家本：《古书目三种》卷三《世说注所引书目一·经部》，中华书局 1963 年版，第 5 页。
④ 阮元校：《十三经注疏·礼记正义》，中华书局 1980 年版，第 1226 页。
⑤ 关于《小戴礼》的来历，历代经学家讨论颇为热烈。陆德明《经典释文·序录》引陈郡《周礼论序》言："戴圣删《大戴礼》为四十九篇，是为《小戴礼》。"有了最初的"删《大戴礼》"之说，《隋书·经籍志》附益其说。直到清代以后，方才有学者提出异议，纪昀、戴震、钱大昕、陈寿祺、洪业、吴承仕等力驳之。

日不举乐，嫁女之家三日不绝烛"来说明农忙时节禁止娶妻、嫁女、享祀以及聚众，将人力与精力用于农业生产；引"币帛皮圭，告于祖祢"来说明仲春时节不用活物来作牺牲祭祀而用圭、璧、皮、币等物件，传达了春季重视生命生长的思想。但所引《礼记》与文义往往并不契合，"取妇之家三日不举乐，嫁女之家三日不绝烛"，出自今《礼记·曾子问》"嫁女之家三日不息烛，思相离也；取妇之家三日不举乐，思嗣亲也"，本为说明嫁女不绝烛、娶妇不举乐是为表达对亲人的思念之情，与《上农》之义相离。"币帛皮圭，告于祖祢"，出自今《礼记·曾子问》"必以币帛皮圭，告于祖祢"，本为说明祭祀时所奉者为币、帛、皮、圭，与珍爱生命无关。

引文也有用于解释名物，如引"草木之滋，姜桂之谓也"来释《本味》"阳朴之姜，招摇之桂"之"姜"、"桂"。

还有 1 见"丧不饮酒食肉"于今本《周礼》无征，故阙如。

（三）《司马法》

《司马法》，刘向《七略》入于兵家，《汉志》列于礼部，云"《军礼司马法》，百五十五篇"。后代书志多入子部兵家类。班固之所以将其列于《礼部》，恰如《四库全书提要》所谓"据道依德，本仁祖义"，在于其重军事理论和典章制度，而轻具体战术战略。首篇《仁本》便确立了"古者以仁为本，以义治之之谓正"的战争观，并以此军事宗旨的战争主张，提出"杀人安人，杀之可也；攻其国，爱其民，攻之可也；以战止战，虽战可也"，立足于"仁"、"义"，肯定了正义战争的必要性。

高注两引《司马法》，可以看出高诱对《司马法》"仁义"战争观的认可。

其一引《仁本》"以战去战，虽战可也"释《禁塞》"兵苟可，攻伐亦可"。此语今本①"去"作"止"。然《群书治要》、《文选》左太冲《魏都赋》刘渊林注俱引作"以战去战，虽战可也"。今《商君书·画策》有"故以战去战，虽战可也"之语。

---

① 指江苏广陵古籍刻印社影印张元济辑《续古逸丛书》本，1994 年。

其二引《仁本》"有故杀人，虽杀人可也"释《论威》"举凶器必杀，杀所有生之也"，今本作"是故杀人安人，杀之可也"。《群书治要》引作："以杀止杀，杀可以生也。"曹操注《孙子序》引作"人故杀人，杀之可也"。上"人"字当为"又"，"又"、"有"古通，"人"、"又"因字形相近而讹，则与高诱所引合。《商君书·画策》有"以杀去杀，虽杀之可也"之语。对此二句，刘寅《司马法直解》云："是故，杀人以安天下之人，杀之可也。如武王诛纣伐奄，唐太宗执高德儒数之曰：'汝指野鸟为鸾，欺人主，求高官。吾兴义兵，正为诛佞人耳，其余不戮一人。'自古诛其君而吊其民，皆是杀人以安人者也。……以战而止息天下之战，虽与之战可也。如武王以革车三百辆，虎贲三千人，与纣一战而天下定是也。"[1] 高诱引之以释《吕览》，切合文义，是矣。

五、《春秋》及"三传"

"春秋"一词，既是先秦史书的通称[2]，又是鲁国史书的专名[3]。流传后世的儒家经典《春秋》，即先秦时期鲁国的史书。历史上有孔子作《春秋》的说法[4]，但从唐代刘知己开始直至近现代，不乏学者质疑[5]。然《春秋》曾经孔子

---

[1]　刘寅：《武经七书直解·司马法直解》，京师民国图书馆影印 1933 年版，第 4 页。

[2]　《国语·楚语上》："教之《春秋》，而为之耸善而抑恶焉，以戒劝其心。"《国语·晋语七》："（晋）悼公与司马侯升台而望曰：'乐夫！'对曰：'临下之乐则乐矣，德义之乐则未也。'公曰：'何谓德义？'对曰：'诸侯之为，日在君侧，以其善行，以其恶戒，可谓德义矣。'公曰：'孰能？'对曰：'羊舌肸习于《春秋》。'乃召叔向，使傅太子彪。"《战国策·燕策》载乐毅云："贤明之君，功立而不废，故著于《春秋》。"《墨子·明鬼篇》有"著在周之《春秋》"、"著在燕之《春秋》"、"著在宋之《春秋》"、"著在齐之《春秋》"诸语。《左传·昭公二年》："观书于大史氏，见《易象》与《鲁春秋》。"《隋书·李德林传》和唐代刘知几《史通·六家》均提到墨子"吾见百国《春秋》"一语。

[3]　《孟子·离娄下》："晋之《乘》，楚之《梼杌》，鲁之《春秋》，一也。"

[4]　《孟子·滕文公下》："世衰道微，邪说暴行有作，臣弑其君者有之，子弑其父者有之。孔子惧，作《春秋》。……孔子成《春秋》而乱臣贼子惧。"此为关于孔子作《春秋》的最早记载。

[5]　参见胡念贻：《〈左传〉的真伪和写作时代问题考辨》（《文史》第十一辑）、钱玄同：《论〈春秋〉性质书》（顾颉刚：《古史辨》第一册）、周予同：《群经概论》、杨伯峻：《春秋左传注》、童书业：《春秋左传研究》。

删定，则基本被现代学者所接受。孔子传其"微言大义"，后又被传授者发展演化成诸多流派，《汉志》所载录的"五传"——《左氏传》、《公羊传》、《穀梁传》、《邹氏传》、《夹氏传》就是《春秋》经分化的结果。"邹氏无师，夹氏未有书"，故在汉代流传的就只有《左传》、《公羊传》、《穀梁传》三家了。终有汉一代，这三家的地位和影响甚有差异：《公羊传》最早立于学官，三传中势力影响最大；《穀梁传》直至宣帝时方才置"博士"；《左传》为古文经学，是今古文经之争的焦点。综观《吕氏春秋注》所引《春秋》经传，注重《春秋》经传的史的价值，治学路数乃古文经学一派。

高诱注《吕氏春秋》引《春秋》凡4见：《经》2见，《春秋》1见，《春秋经》1见，未出现书名1见。引《左传》凡70见：《春秋传》2见、《传》59见、《左传》1见、未标明出处实引自《左传》者8见。又引《公羊传》6见，《穀梁传》1见。

先秦及两汉，《春秋》一直经、传分立独行，至晋杜预《春秋左氏经传集解》方将《春秋》与《左传》合一。高诱引《春秋》经传时这种区分非常明显，《春秋》称《经》或《春秋经》，《左传》称《传》、《春秋传》或《左传》。将传、注合经，称附经，又称骈经，指随文释义的注疏形式。关于附经的缘起，有多种说法①。但可以基本肯定的是附经在汉代就已存在，郑玄、王弼之后方盛行开来，高注引文之书名更加说明了这一点。

---

① 一说始于郑王：章太炎《国故论衡·明解故上》："以传比厕经下，萌芽于郑王二师。"一说始于马融：孔颖达《毛诗正义》卷一："汉初为传、训者，皆与经别行。三传之文不与经连，故石经书《公羊传》皆无经文。《艺文志》云：'《毛诗经》二十九卷，《毛诗故训传》三十卷。'是毛为诂训，亦与经别也。及马融为《周礼》之注，乃云'欲省学者两读，故具载本文'，然则后汉以来，始就经为注。"始于刘歆：俞正燮《癸巳类稿·春秋左传书式考》："《汉志》云：'及歆治《左氏》，引传文以解经，转相发明，由是章句、义理各焉。'是今传附经三十卷本，非西汉官本，乃刘歆引传解经本也。"一说始于费直：吴仁杰《古周易·自序》："《崇文总目序》云：'以《彖》、《象》、《文言》杂入卦中者，自费氏始。'按：……直之学似于每卦之后列《彖》、《象》、《系辞》，去其篇第之目，而冠传字以总之，正如杜元凯《春秋解》分经之年与传之年相附，而经自经，传自传。然《彖》、《象》、《系辞》之名一没不复，汩乱古经，则始于此。"

（一）"传"之含义考

据统计，高诱注《吕氏春秋》所引"《传》曰"，大部分指《左传》，其余指《尚书》、《淮南子》、《易》、《国语》等，若不细考，则会主观认为所谓《传》皆指《左传》①。

《说文解字·人部》："传，遽也。"段玉裁注："《辵》部曰：'遽，传也。'与此为互训。此二篆之本义也。"《周礼·行夫》："掌邦国传遽之小事，美恶而无礼者。"郑玄注："传遽，若今时传乘骑驿而使者也。"②凡辗转引申之称皆曰传。"传"音 chuán，本指用驿车传递信件。后引申指一般意义的传授、解说，如《孟子·公孙丑上》："连于置邮而传命。"当然也包括对于学问的传授。先秦时期，学问均为师徒口耳相授，既传授经文，又解说经文大义。由动词破读为名词 zhuàn，指解说、注释，如《公羊传·定公元年》："主人习其读而问其传。"何休注："读谓经，传谓训诂。"此"传"之义即为经之解说，乃早期经书解说的一种形式。晋张华《博物志》卷四曰："圣人制作曰经，贤者著述曰传、曰记、曰章句、曰解、曰论、曰读。"马瑞辰《毛诗故训传名义考》曰："盖故训第就经义所言者而诠释之，传则并经文所未言者而引申之。"③可见，"传"既有对经文的解释，又有对经文的引申、补充。"传"于战国时已有之，《荀子·大略》云："《国风》之好色也，其《传》曰盈其欲而不愆其止，其诚可比于金石，其声可内于宗庙。"又如《左传》、《公羊传》、《穀梁传》、《易传》等，皆为儒家先师的解经之作。

解经之"传"词义范围进一步扩大，凡是著作、书传、传记皆可称"传"。清人赵翼《陔馀丛考》说："古人著书，凡发明义理，记载故事，皆谓之传。……左、公、穀作《春秋传》，所以传《春秋》之旨也。伏生弟子作《尚书大传》，孔安国作《尚书传》，所以传《尚书》之义也。《大学》分经、传，《韩非子》亦分经、传，皆所以传经之意也。故孔颖达云：大率秦、汉之际，解书

---

① 徐志林：《〈吕氏春秋〉高诱注研究》，安徽大学 2003 年硕士学位论文，认为《传》皆指《左传》。
② 阮元校：《十三经注疏·周礼注疏》，上海古籍出版社 1980 年版，第 899 页。
③ 马瑞辰：《毛诗传笺通释》，中华书局 1989 年版，第 5 页。

者多名为传。又汉世称《论语》、《孝经》并谓之传。汉武谓东方朔云：'《传》曰："时然后言，人不厌其言。"'东平王与其太师策书云：'传曰："陈力就列，不能者止。"'成帝赐翟方进书云：'传曰："高而不危，所以长守贵也。"'是汉时所谓传，凡古书及说经皆名之，非专以叙一人之事也。"① 其《二十二史札记》又说："古书凡记事立论及解经者，皆谓之传。"②"传"可看做古书的代名词。《孟子·梁惠王下》："齐宣王问曰：'文王之囿方七十里，有诸？'孟子对曰：'于传有之。'" 又可指先秦诸子之书。《后汉书·李固传》："传曰：'以天下与人易，为天下得人难。'"《传》指《孟子·滕文公上》。《汉书·东方朔传》引朔云："传曰：天不为人之恶寒而辍其冬，地不为人之恶险而辍其广，君子不为小人之匈匈而易其行。天有常度，地有常形，君子有常行，君子道其常，小人计其功。" 所引"传曰"见于《荀子·天论》和《荣辱》二篇。《盐铁论·未通篇》引"文学"说："传曰：大军之后，累世不复。"此二句即化用《老子》之文"大军过后，必有凶年"。汉代董仲舒的著作，在《论衡》的《实知》、《超奇》两篇中也被称为"传"。《论语》在汉代经常被称为"传"，如《史记·封禅书》云："传曰：'三年不为礼，礼必废；三年不为乐，乐必坏。'"《李将军列传赞》："传曰：其身正，不令而行；其身不正，虽令不从。"《滑稽列传》："传曰：'鸟之将死，其鸣也哀；人之将死，其言也善。'此之谓也。"《汉书·晁错传》："传曰：'往者不可及，来者犹可待。能明其世者谓之天子。'"《扬雄传赞》所谓"传莫大于《论语》"，则明确指出《论语》是诸"传"中最为特殊者。以至于长期以来"传"被目为《论语》的别称之一。很多学者对此种现象做出解释，说虽不同③，但基本观点是一致的："传"为某一类文献的总称，非哪一部著作的专称。

"传"又有"内传"、"外传"之分。西汉，齐人辕固生、燕人韩生说《诗》，

---

① 赵翼：《陔馀丛考》，中华书局 1963 年版，第 85 页。

② 赵翼：《二十二史札记》，《丛书集成》，商务印书馆 1937 年版，第 5 页。

③ 皮锡瑞认为："孔子所定谓之经，弟子所释谓之传，或谓之记；弟子辗转相授谓之说。""《论语》记孔子言而非孔子所作，出于弟子撰定，故亦但名为《传》。"（皮锡瑞：《经学历史》，中华书局 1959 年版，第 67 页。）周予同则认为其别称为《传》，当因为古代《论语》简策的长度较短于经的缘故。（周予同：《群经概论》，商务印书馆 1933 年版，第 86 页。）

始创"内传"、"外传"之名。《四库全书总目提要》曰:"其书杂引古书古语,证以诗词,与经义不相比附,故曰外传。"①据此推之,内传即内容与经义密切相合的解说了。东汉以来,有些学者以《左传》为"春秋内传"、《国语》为"春秋外传"(详见"高诱之史学")。高诱注中"《传》曰"有17例指《国语》,就是这种观念的反映。

(二)高诱《春秋》学的特点

1. 以古文春秋《左传》为主,兼及今文春秋《公羊传》、《穀梁传》

西汉末年治《左传》者有贾护、刘歆两家。贾护传陈钦,《后汉书·陈元传》:"(元)父钦习《左氏春秋》,事黎阳贾护,与刘歆同时而别自名家。"李贤注:"自名《陈氏春秋》,故曰'别'也。"又同《传》曰:"元少传父业为之训诂,锐精覃思,至不与乡里通。"②则陈元从钦治《左氏》之学。《后汉书·马援传》曰:"(融父马严)专心坟典,能通《春秋左氏》"。李贤注引《东观记》曰:"从司徒祭酒陈元受之。"③陈元传《左氏》学于马融之父马严。故《左氏》学乃马融之家学,马融通《左氏》之学则在情理之中。据《后汉书·马融传》载:"(融)尝欲训《左氏春秋》,及见贾逵、郑众注,乃曰:'贾君精而不博,郑君博而不精,既精既博,吾何加焉!'但著《三传异同说》。"可以想见马融于三传必精通之。清唐晏将马融归入"公羊严氏派"④,不知所据。高诱之师卢植"少从通儒故南郡太守马融受古学",其学术传统亦当为古文《左氏》之学。熹平四年卢植曾上书请立《左传》等古文经学于学官:"今《毛诗》、《左氏》、《周礼》各有传记,其与《春秋》共相表里,宜置博士,为立学官,以助后来,以广圣意。"高诱受师承之影响,对古文春秋《左传》用力最勤,从所引"三传"的比例就可见一斑。所以高诱之《春秋》学,当属古文经一派。

再从高诱引《春秋》经、传的功用看,以名物训诂为主,为古文经的路数,

---

① 纪昀:《四库全书总目提要》第4册,商务印书馆1931年版,第43页。
② 范晔:《后汉书》,中华书局1965年版,第1229—1230页。
③ 范晔:《后汉书》,中华书局1965年版,第858页。
④ 唐晏:《两汉三国学案》,中华书局1986年版,第402页。

即使是引《公羊传》、《穀梁传》，也是用于名物训诂而非阐发经文大义。

（1）辨名物例

高诱引《左传·昭公十七年》"伯赵氏，司至者也"释《仲夏》"鵙始鸣，反舌无声"之"鵙"。《尔雅·释鸟》："鵙，伯劳也。"郭璞注："似鹖鹖而大。《左传》曰'伯赵氏'。"孔颖达《春秋左传注疏》："此鸟以夏至来，冬至止去。故以名官，使之主二至也。"①郝懿行疏："鹖鹖即反舌鸟，今伯劳，纯黑色，似鸲鹆而大，其飞纵，其鸣鵙鵙，喜食虫，故高诱有杀蛇之说（高注：'伯劳夏至后应阴而杀蛇，磔之于棘而鸣于上'），今未见也。"②《埤雅》"鵙能制蛇，鵙鸣在上，蛇盘不动"，或本之于高诱。

高诱引《左传·昭公四年》"冀州之北土，马之所生也"释《长攻》"马郡"，此"马郡"指代国，杜注："燕、代。"宋孙奕《示儿编》十五云："冀北出良马，则名马曰骥。"引文与正文正合。

高诱引《左传·隐公十一年》"齐，太岳之胤"释《长见》"吕太公望封于齐"之"齐"。今本作"夫许，大岳之胤"。《国语·周语下》"共之从孙四岳佐之，申、吕虽衰，齐、许犹在"及《周语中》"齐、许、申、吕由太姜"，则齐、许皆太岳之后。高诱改引《左传》之文也。且据《史记·周本纪》，太公望系武王所封。高氏云"成王"，误。

高诱引《公羊传·庄公二十年》"大眚者何？大渍也"释《贵公》"仲父之病矣，渍甚"之"渍"。今本"眚"作"灾"。"渍"段玉裁注："古多假为'骴'字。《公羊传》'大瘠'，《礼记注》引作'大渍'。《公羊传》：'瀸者何？渍也。'众杀戍者也。《周礼·蜡氏》'掌除骴'，故书'骴'作'脊'。郑司农云：脊读为渍，谓死人骨也。《汉志》'国亡捐瘠'，孟康曰：肉腐为瘠。按骴、渍、脊、瘠四字，古同音通用，当是'骴'为正字也。"③《顺民》篇亦引《公羊传》释"渍"，作"大

① 阮元校：《十三经注疏·春秋左传注疏》，上海古籍出版社1980年版，第2083页。
② 郝懿行：《尔雅义疏》，《续修四库全书·经部·小学类》，上海古籍出版社2002年版，第673页。
③ 段玉裁：《说文解字注》，上海古籍出版社1981年版，第558页。

溃者，大病也"。今作"大溃者何？痫也"，何休注："痫者，民疾疫也。"高诱改引之。

（2）训词义例

高诱改引《左传·昭公四年》"取鄫，言易也"释《长攻》"不劳师徒而得之曰取"及《似顺》"庄王听之，遂取陈焉"中"取"字。《昭公四年》又云："凡克邑不用师徒曰取。"故此两文及高注皆引自《左传》。

高诱引《左传·哀公二十一年》"鲁人之皋，使我高蹈"释《知化》"子胥两祛高蹶而出于廷"之"蹶"。《说文解字·足部》："蹶，跳也。"高注训蹶为蹈，蹈亦跳也。《乐记》："不知手之舞之，足之蹈之也。"《列子·汤问》曰："师襄乃抚心高蹈。"王引之《经义述闻》云："凡人喜甚则高跃，怒甚亦高跃。"[1] 故高注"瞋怒貌"。

2. 高诱更看重的是《春秋》经传的史的价值

高诱引《春秋》经传，有 23 例用于进一步阐释文义，另有 3 例无考，其余皆为从"史"的角度征引，或征史证，或纠史误，或明制度，或析官职[2]，或释人物等，全面展现了高诱征引《春秋》经传的情形。

（1）征史证例

高诱引《左传·昭公元年》"当武王邑姜方娠太叔，梦天帝谓己曰：'余命而子曰虞，将与之唐。'及生，有文在其手曰'虞'，遂以命之。及成王灭唐，而封太叔为晋侯"为《重言》成王"桐叶封弟"的故事提供历史佐证。

高诱引《左传·隐公六年》"平王东迁，晋、郑依焉"（今本作"焉依"）为证《疑似》"秦襄、晋文之所以劳王劳而赐地也"。周幽王被犬戎所杀，平王东迁洛邑，晋文侯、郑武公左右王室有功于周。《国语·晋语》曰："吾先君武公与晋文侯戮力一心，股肱周室，夹辅平王。"[3] 故周桓公曰："我周之东迁，

---

① 王引之：《经义述闻》，上海古籍出版社 2018 年版，第 1158 页。

② 陈韦铨：《试论郑玄〈仪礼注〉引〈春秋〉经传之事类》，王志民主编：《齐鲁文化研究》第十辑，泰山出版社 2012 年版，第 176—190 页。

③ 徐元浩：《国语集解》，中华书局 2002 年版，第 330 页。

晋、郑焉依。"①

高诱引《公羊传》庄公十三年"庄公升坛"一段释《贵信》"庄公，仇也；曹翙，贼也，信于仇贼，又况于非仇贼者乎"。庄公、曹翙之类仇贼，桓公尚且信之，非仇贼者更将被桓公所收纳人心，桓公之霸业正是如此一步步建立。而《贵信》篇之主旨即为专论"信"。按陈奇猷说，此乃兵家所言，"信则赏罚行，赏罚行则民为上用，犯白刃、冒流矢、趣水火而不敢却，正是兵家用民之要"②。

（2）纠史误例

高诱引《左传·襄公三年》"祁奚请老，晋侯问嗣焉。称解狐，其雠也，将立之而卒。又问，对曰：'午也可。'"来证明《去私》篇"晋平公问祁黄羊"一段。襄公三年为晋悼公四年，即《传》中之"晋侯"，而《去私》篇却云"晋平公"，知《吕氏春秋》误。

高诱引《左传·僖公二十三年》重耳及楚后的一段文字来说明《上德》篇"去郑之荆，荆成王慢焉"之"慢"字不确。据《左传》，楚王与重耳一番对话，重耳有礼有节、不卑不亢，楚王对之赞赏有加，并预计重耳必能成就大事，"乃送诸秦"。史实证明楚王并未"慢"之，《吕氏春秋》有误。

高诱引《左传·襄公十四年》"卫人立公孙剽，孙林父、宁殖相之"来纠正《慎小》篇所立之公子黚应为公孙剽。据《春秋·襄公元年》所载"冬，卫侯使公孙剽来聘"，杜预注："剽，子叔黑背子。"《左传·襄公十四年》杜预注："剽，穆公孙。"《左传·襄公二十六年》杜预注："子叔，卫侯剽。言子叔，剽无谥故。"孔颖达疏："此剽是穆公之孙，黑背之子，于献公为从父昆弟。"③又《史记·卫世家》"献公奔齐，孙文子宁惠子共立定公（当为献公）弟狄为卫君，是为殇公"，《史记集解》："班氏云：献公弟焱。"则公孙剽即卫殇公，名狄，卫穆公之孙，卫定公从弟黑背之子，卫献公之从弟。班氏所言之"焱"，则为"猋"

---

① 阮元校：《十三经注疏·春秋左传注疏》，上海古籍出版社 1980 年版，第 1731 页。

② 陈奇猷：《吕氏春秋新校释》，上海古籍出版社 2002 年版，第 1313 页。

③ 阮元校：《十三经注疏·春秋左传注疏》，上海古籍出版社 1980 年版，第 1989 页。

字之讹。剽、猋音同而通假,猋、焱字形相近而误。而公子黮,即卫悼公。《左传·哀公二十六年》杜预注:"悼公,蒯聩庶弟公子黮也。"孔颖达疏:"《卫世家》谓辄为出公,季父黮杀出公子而自立,是为悼公。"① 而《史记·卫世家》作"公子黔"。黮,即黔也。《汉书·地理志》有"黮水",《说文解字·水部》作"黔水",音同故也。故公子黮、公子黔实为一人。高诱此处疑《吕氏春秋》有误,是也。

(3)明制度例

高诱引《左传·哀公二年》"上大夫受县,下大夫受郡"释《季夏》"令四监大夫合百县之秩刍"之"县"。因《汉书·地理志》有所谓"秦并兼四海,以为周制微弱,终为诸侯所丧,故不立尺土之封,分天下为郡县,荡灭前圣之苗裔,靡有孑遗"之说,故后世文人学者皆以为废分封、设郡县自始皇始。顾炎武则举《左传》、《晏子春秋》、《战国策》、《史记》等文献资料数十例以驳之②。《逸周书·作雒篇》:"千里百县,县有四郡。"《说文解字·田部》:"畿,天子千里地。"千里百县,则县方百里,上大夫受之;县有四郡,郡方五十里,下大夫受之。县大郡小,此乃周制。后始皇置郡县,郡大县小,以郡监县。《说文解字·邑部》:"郡,周制:天子地方千里,分为百县,县有四郡。故《春秋传》曰'上大夫受县,下大夫受郡'(各本少"受县下大夫"五字。今从《水经注·河水篇》所引补正。)是也。至秦初置三十六郡,以监其县。"所云皆同耳。

(4)析官职例

高诱引《左传·隐公元年》"颍考叔为颍谷封人"释《开春》之"封人"。杜预注:"封人,典封疆者。"孔颖达疏:"《周礼·封人》掌'为畿封而树之',郑玄云'畿上有封,若今时界矣'。天子封人职典封疆,知诸侯封人亦然也。"③ 故高注曰:"封人,田大夫,职在封疆。"史有祭仲足为祭封人,宋高哀为萧封人,《论语》有仪封人,此"颍谷封人",皆以地名冠于前。

---

① 阮元校:《十三经注疏·春秋左传注疏》,上海古籍出版社1980年版,第2182页。
② 陈垣:《日知录校注》,安徽大学出版社2007年版,第1207页。
③ 阮元校:《十三经注疏·春秋左传注疏》,上海古籍出版社1980年版,第1716页。

高诱注引《左传·定公元年》"为夏车正，封于薛"释《君守》篇"奚仲作车"之奚仲。今本《左传》作"薛之皇祖奚仲，居薛，以为夏车正"，高诱删改之。关于"奚仲作车"说，史上大致有两种说法。一为"奚仲作车"说，以《世本》为代表。《世本》云："奚仲始作车。"《荀子·解蔽篇》："奚仲作车。"又有奚仲之子作车说，《山海经·海内经》："番禺生奚仲，奚仲生吉光。吉光是始以木为车。"郭璞注：《世本》云：'奚仲作车。'"此言吉光，明其父子共创作意，是以互称之。虽稍异，实则不悖。一为"奚仲改车"说。《释名》、《汉书》提出"黄帝造车"之说①，刘昭在《后汉书注》中进一步驳《世本》挺"黄帝造车"说："《世本》云：'奚仲始作车。'《古史考》曰：'黄帝作车，引重致远，其后少昊时驾牛，禹时奚仲驾马。'臣昭案，服牛乘马以利天下，其所起远矣，岂奚仲为始？《世本》之误，《史考》所说是也。"②杨倞"奚仲作车"注："黄帝时已有车服，故谓之轩辕。此云奚仲者，亦改制耳。"③"车"字段玉裁注："非奚仲始造车也……盖奚仲时车制始备，合乎勾股曲直之法。"④王先谦云："《左传》奚仲为车正之官尔，非造车也。《尧典》云：'车服以庸。'则车由来旧矣，盖实始于黄帝。"⑤《左传》说奚仲"为夏车正"，车正为何官职？梁履绳云："《文子·自然篇》曰：'奚仲为工师。'《管子·形势篇》曰：'奚仲之巧，非斲削也。'盖亦如垂作共工之官，非造车驾马之谓。"⑥马宗琏引谯周《古史考》所说的"《黄帝服志》云：奚仲为夏车正，建其旍旐，尊卑上下，各有等级"⑦，

---

①　《太平御览》卷七七二引《释名》曰："黄帝造车，故号轩辕氏。"（今本《释名》无此二句）《汉书·地理志》："昔在黄帝，作舟车以济不通。"
②　王先谦：《后汉书集解》，中华书局1984年版，第1342页。
③　王先谦：《荀子集解》，中华书局1988年版，第475页。
④　段玉裁：《说文解字注》，上海古籍出版社1988年版，第720页。
⑤　王先谦：《释名疏证补卷第七》，《续修四库全书·经部·小学类》，上海古籍出版社2002年版，第18页。
⑥　梁履绳：《左通补释》，《续修四库全书·经部·春秋类》，上海古籍出版社2002年版，第599页。
⑦　马宗琏：《春秋左传补注》，《续修四库全书·经部·春秋类》，上海古籍出版社2002年版，第762页。

车正是一个与车服礼制有关的职位。而葛志毅考证，车正，如陶正、卜正、农正、工正、马正、田正、贾正、庖正、历正、牧正、校正等官职，皆与工艺技术及管理有关，车正"应为管理造车等相关管理事物的职官"①。

六、《国语》、《战国策》、《史记》

高诱注《吕氏春秋》所引《国语》、《战国策》和《史记》三种在古籍"四分法"中属于"史部"。《汉志》未分"史部"，史部文献均收录于"六艺·春秋类"名下。关于这三部书分别是："《国语》二十一篇，左丘明著"、"《战国策》三十三篇，记春秋后"、"《太史公》百三十篇，十篇有录无书"。关于《汉志》不立史类目录的原因，不外乎史书数量少不足以另立门户，或汉代史书独立意识尚未形成，或《春秋》乃史学源头无需另立一目，等等。然当时人未必如此看待。经学昌盛、儒学独尊的时代，在"主上所戏弄，倡优畜之，流俗之所轻"的史官心目中，史书乃经学之羽翼，将史书比附于《春秋经》之列，此乃史书之大幸②。班固自身的史学意识和学术思想也是《汉志》不立史目的重要因素③。无论史书归入何目，班固对"史"的基本认识都是符合历史实际的。《汉志》："古之王者，世有史官，君举必书，所以慎言行，昭法式也。左史记言，右史记事，事为《春秋》，言为《尚书》，帝王靡不同之。""史"首要的功能是记言记事，在汉代特殊的环境下方成为述经之传。

高诱注《吕氏春秋》引《国语》凡20见，其中《国语》3见，《传》17见；引《战国策》、《史记》各1见。从所引文字的作用来看，高诱主要是从史的角度，充分发挥了其史料价值，用于历史史实、历史人物、国家制度等的解释、考证，为厘清一些历史疑问提供了佐证。

（一）考证人物

高诱引《国语·周语》"荣夷公"释《当染》"荣夷终"，是也，荣夷公即

---

① 葛志毅：《"奚仲作车"考论》，《古代文明》2010年第3期。
② 参见郭宏涛：《论〈汉志〉之不立史目》，《内蒙古社会科学》2007年第1期。
③ 戴晋新：《班固的史学史论述与史学史意识》，《史学史研究》2012年第1期。

荣夷终。韦昭注："荣，国名，夷，谥也。"马融"荣伯"注："荣伯，周同姓，畿内诸侯为卿大夫。"知荣为周同姓国也，夷公乃荣伯之后。《谥法》："安人好静曰夷。"公，见母东韵；终，章母冬韵。两字或因声近而误。又，"终"或为荣夷公之名，可备一说①。然因荣夷公与虢公长父同例，则断言"终"为之名，恐非。父或甫乃古代男子的美称，一般用在表字之后。《礼记·曲礼下》："临诸侯，畛于鬼神，曰'有天王某甫'。"孔颖达疏："某者是字，甫者丈夫美称。"②《春秋·隐公元年》："三月，公及邾仪父盟于眛。"《谷梁传》："仪，字也。父，犹传也，男子之美称也。"故长父或为虢公之字。《吕氏春秋》行文虽多对文，但未必处处同例，则一为名一为字也未尝不可，不可拘泥于文例之统一。

高诱用《国语·郑语》之"虢石父"释《当染》"虢公鼓"，是也。关于此人，《国语·晋语》、《史记·周本纪》亦有记载。周幽王正是听信此人之谗言，为博褒姒一笑而乱点烽火以戏诸侯的，故历史上的虢石父乃一道德败坏之臣，遂有《郑语》"谗谄巧从之人"的断语。虢石父，又为虢石甫，父或甫为古代男子的美称，经常用于男子名或字中。据考，西周王朝实行公卿的官爵制度，辅佐天子的执政大臣往往有"公"的爵称③。虢公鼓、祭公敦即周幽王的执政大臣，故高诱注曰："虢公、祭公，二卿士也。"鼓、石均为度量单位，符合古人名、字意思相关的传统，故"虢公鼓即是虢石父，鼓是名，石父是字"④。陈奇猷认为"'石父'当是虢公之名。鼓、父音通（皆隶属鱼部）"似为不确。1989年底，河南省三门峡市上村岭一带的虢国墓地发生了古墓被盗事件，被追缴的两件铜鬲和一件铜簠上的铭文⑤与虢石父有关。三件器物上均有"硕父"、"虢硕父"

① 参见陈奇猷：《吕氏春秋新校释》，上海古籍出版社2002年版，第102页。
② 阮元校：《十三经注疏·礼记注疏》，上海古籍出版社1980年版，第1260页。
③ 杨宽：《西周史》，上海人民出版社1999年版，第336页。
④ 王引之《名字解诂》说："虢公鼓，字石父。鼓，量名也，所容重一石"。（见王引之：《经义述闻》，《续修四库全书·经部·群经总义类》，上海古籍出版社2002年版，第131页。）
⑤ 两件铜鬲形制与铭文相同，铭文为：虢中（仲）之嗣或（国）子硕父乍（作）季嬴羞鬲，其迈（万）年子子孙孙永宝用享。铜簠铭文为："虢硕父乍（作）旅簠，其万年子子孙孙永宝用享。"（见《虢国墓地的发现与研究》，社会科学文献出版社2000年版，第152、231页。）

的字样。石、硕并音禅母铎韵，同音相通，焦循《易·蹇》注："硕，犹石也"。《庄子·外物》"石师"，《经典释文》作"硕师"，故虢硕父即虢石父。据铜簠铭文"虢中（仲）之嗣或（国）子硕父"，国子硕父为虢仲之嗣，即王位继承人，则硕父为虢仲之子①。又《诗经·狼跋》"公孙硕肤"，高亨认为指虢石父，仅可备一说②。又古本《竹书纪年》有"虢公翰"一名，说法不一③，初步认为与虢石父非一人也。又有文主张"虢公鼓"之"鼓"应为"段"之讹，两字因字形相近而误④。然 1956 年，虢国墓地 M1631 号墓出土的虢季氏子𢍰鬲上铭文之"𢍰"字非"段"字，故此说非也。

高诱释《先识》"屠黍"为晋出公之太史，又引《史记·晋世家》"智伯攻出公，出公奔齐，而道死焉"来释出公，非也。屠黍与出公非同时人也。考《汉书·古今人表》，屠黍当与魏文侯、中山武公、周威公、晋幽公同时，而出公则前于屠黍甚远。又钱穆考证："依今推之，魏文灭中山在西周威公立后之九年。越三年，三晋命邑为诸侯，当时殆以此定晋运之亡，则与中山灭国适相先后也。吕氏盖因屠黍由晋归周，随文落笔，故以晋亡先中山，高诱因中山灭亡前后无晋亡事，故妄引知伯晋出公事说之。若据此推算，则太史屠黍由晋

---

① 蔡运章《虢硕父其人考辨》以"嗣国"连读，"'嗣国子'当是继承国君职位者之子，这样'虢硕父'就应是虢仲之孙了"（《中国文物报》2007 年 3 月 23 日第 7 版）。实则"虢仲之嗣"与"国子硕父"应为并列关系，"国子硕父"即"虢仲之嗣"。清刘书年："国子者，王大子、王子、诸侯公卿大夫士之子弟皆是，亦曰国子弟。"（刘书年：《刘贵阳说经残稿》，商务印书馆 1936 年版，第 15 页。）则"国子"包括太子在内。且先秦实行嫡长子继承制，但若无嫡长子，庶子亦有继承权，故虢硕父身为国子可作虢仲之嗣。

② 高亨曰："硕肤，当读为石甫，公孙硕肤即虢石甫。虢石甫是虢君德孙子，虢君是公爵，所以称公孙石甫。"见高亨：《诗经今注》，上海古籍出版社 1980 年版，第 215 页。

③ 梁玉绳《人表考》曰：《竹书》其时有虢公翰，又未知与石甫何属，或谓翰其子也。"以虢公翰为虢石父之子。（梁玉绳：《史记汉书诸表订补十种》，中华书局 1982 年版，第 923 页。）陈梦家《虢国考》则认为虢公翰即虢季子白，"翰字子白，犹鼓之石父也"。此论又从另一方面说明"鼓"为名，"石父"为字。（陈梦家：《西周铜器断代》，中华书局 2004 年版，第 392 页。）又王龙正等认为虢公翰与虢石父为一人，"鼓、翰二字皆属牙音，为见匣通转，故可字相通假"。（王龙正等：《虢石父铜器的再发现与西虢国的历史地位》，王斌等主编：《虢国墓地的发现与研究》，社会科学文献出版社 2000 年版，第 231 页。）

④ 蔡运章：《虢硕父其人考辨》，《中国文物报》2007 年 3 月 23 日。

归周，当在西周威公之七年前后。"①据此，"屠黍归周约在公元前408年，若以前403年赵、魏、韩三家正式封侯为晋亡，则其事在前406年魏灭中山之后"②。而晋出公在位时间为公元前474—前457年，屠黍与晋出公相距甚远，故高诱注文误。

（二）考证史实

高诱引《国语·晋语三》"入而背秦赂"释《原乱》之"惠公既定于晋，背秦德而不予地"。原本作"惠公入而背内外之赂"，韦昭注："背外，不与秦地；背内，不与里、丕之田。"因《吕氏春秋》正文仅提及不予秦地，高诱则据义删改之耳。公元前651年，晋献公卒，太子申生自杀，公子重耳、夷吾出奔。后夷吾采纳冀芮"尽国以赂外内，无爱虚以求人，既入而后图聚"的建议，许秦河外列城五，以期得到国外势力的支持。秦穆公与里克、丕郑等人拥立夷吾为君，是为晋惠公。然惠公即位后，却拒绝兑现对秦的许诺，不予秦地，即《吕氏春秋》所谓"惠公既定于晋，被秦德而不予地"。晋惠公在位十四年（公元前650—前637），曾"以赂得国"，又"背施辜德"，史上多抑惠扬文。

高诱引《国语·晋语四》"干时之役，申孙之矢，射于桓公，中钩"释《赞能》之"桓公曰：'夷吾，寡人之贼也，射我者也，不可。'"原文作"乾（干）时之役，申孙之矢集于桓钩，钩近于袪，而无怨言，佐相以终，克成令名"。管仲射公子小白之事发生于公元前685年，详见《贵卒》。公子小白装死骗过管仲致使鲍叔捷足先登，为公子小白争得君位。齐桓公即位后，欲以鲍叔牙为相，鲍叔牙则力荐管仲，桓公对管仲一箭之仇怀恨在心固然不肯，所谓"夷吾，寡人之贼也，射我者也，不可"。后经鲍叔牙再三劝说，方才答应。高诱所引乃改之耳。

高注引《战国策》"鞅欲归魏。秦人曰：'商君之法急，不得出也。'惠王得而车裂之"释《无义》"公孙鞅以其私属与母归魏"。高诱因《战国策》未言

---

①　钱穆：《先秦诸子系年》，中华书局1985年版，第168页。

②　张富祥：《〈吕氏春秋〉校释札记一》，《古籍整理研究学刊》2008年第4期。

魏鞅与母归魏之事而以《吕览》之正文为妄，缪矣。两书所记各有详略侧重，并非矛盾，可互补之耳。高诱引《战国策》之语，今本《战国策》无此文，而注文与此颇为相似，即"商君惧诛，欲之魏。秦人禁之曰：'商君之法急，不得出。'穷而还。一曰，魏以其谲公子卬而没其军，魏人怨而不纳，故（曾巩校有'还而'）惠王车裂之也"。《战国策》于刘向整理之后，高诱乃为之作注之第一人，故高诱所引《战国策》文当为《策》之原有文字或略加删改之。注文"商君惧诛"至"穷而还"当为《策》之正文，在"惠王车裂之也"上，今本误入为注。而"商君归还"应在"怨而不纳"下，则注文当为"一曰，魏以其谲公子卬而没其军，魏人怨而不纳，商君归还，故（还而）惠王车裂之也"[①]。

从所引史书的比例看，《国语》最多，而编订于西汉的《战国策》、《史记》则各仅1见。则高诱对上古文献更加重视和偏好，更倾向于先秦文献的征引。

《国语》的使用频率高于《战国策》，其原因还在于其"春秋外传"的身份。司马迁《太史公自序》、《报任安书》两次提到"左丘失明，厥有《国语》"，班彪有鲁君子左丘明"作《左氏传》三十篇，又撰异同，号曰《国语》，二十一篇"之说[②]，至《汉书》则明确表示"《国语》二十一篇，左丘明著"。因《左传》、《国语》同为左丘明一人所为，故将解《春秋》之《左传》称为"内传"，而《国语》则为"外传"[③]。王充《论衡·案书》曰："《国语》，《左氏》之外传也。"东

---

① 金正炜《战国策补释》："《吕览·无义篇》注引《战国策》曰'鞅欲归魏。秦人曰："商君法急，不得出也。"惠王得而车裂之。'今《策》无此文，而见于注。疑注文'商君惧诛'二十三字本在《策》文'惠王'句上，'商君还归'四字又当在注中'怨而不纳'下也。"见何建章《战国策注释》（中华书局1990年版）、诸祖耿《战国策集注汇考》（江苏古籍出版社1984年版）。于鬯《战国策注》、陈奇猷《吕氏春秋新校释》亦有此说。

② 《班彪传》引班彪语，范晔：《后汉书》，中华书局1965年版，第1325页。

③ 关于何为"外传"，史有不同解释。刘熙《释名·释典艺》云："《国语》记诸国君臣相与言语谋议之得失也。又曰《外传》，《春秋》以鲁为内，以诸国为外，外国所传之事也。"司马贞在《史记索隐》也说道："《外传》即《国语》也，书有二名。外吴者，吴夷，贱之，不许同中国，故言外也。"三国吴韦昭对"外传"的意思也作了解释。他在《国语解叙》中说：左丘明作《左传》后"雅思未尽"，"故复采录前世穆王以来，下迄鲁悼、智伯之诛，邦国成败，嘉言善语，阴阳律吕，天时人事逆顺之数，以为《国语》。其文不主于经，故号曰'外传'"。

汉以来，随着古文经学地位的提高，古文经学的影响扩大，《左传》越来越受到士人的重视而地位上升，作为"春秋外传"的《国语》也顺势受到重视，并在后世逐渐取得了准经典的地位，刘知几《史通·六家篇》所谓"六经之流，三传之亚"是对《国语》的最好肯定。而《战国策》由于汉代士人对战国策士的评价不高，一直不被重视，高诱也鲜有所引①。就在高诱注毕《吕氏春秋》之后，又着手《战国策》的注释，成为刘向整理《战国策》之后，汉代唯一一个为之作注之人。

七、《论语》

《汉志》曰："汉兴，有齐、鲁之说。传《齐论》者，昌邑中尉王吉、少府宋畸、御史大夫贡禹、尚书令五鹿充宗、胶东庸生，唯王阳（王吉子子阳）名家。传《鲁论语》者，常山都尉龚奋、长信少府夏侯胜、丞相韦贤、鲁扶卿、前将军萧望之、安昌侯张禹，皆名家。张氏最后而行于世。"《汉志》又载："《论语》古二十一篇。出孔子壁中，两《子张》。"据此，自孔壁《论语》面世以来，汉代主要有齐、鲁、古三家《论语》流行于世。《论语》在汉初文帝时期曾置博士，后武帝"独尊儒术"，《论语》因为"门人相与辑而论纂"而被今文经学家言为"传"，排斥在经学之列。然因其广泛的普及性而受到当朝和学者的重视，所以治《论语》者不乏其人。据《张禹传》，张禹本受《鲁论》于夏侯建，后从王吉、庸生习《齐论》，"善者从之，号曰《张侯论》"，《汉志》所谓"《鲁安昌侯说》二十一篇"即是张禹糅合齐鲁两家之说而成的章句，从而"形成了今天我们所见的《论语》定本"②。《汉志》又著录"《鲁王骏说》二十篇"。王骏乃王吉之子，吉以《齐论》名家，其子却传《鲁论》。吴承仕推测："鲁夏侯、安昌侯《论》并为二十一篇，盖犹存《古论》旧目；唯王骏《说》为二十篇，颇似两《子张》之合自骏始。"③ 从现有的史料看来，三种《论语》的糅合当始

---

① 据李秀华博士论文统计，《淮南子注》引《国语》二则。

② 单承彬：《论语源流考述》，吉林人民出版社 2002 年版，第 190 页。

③ 吴承仕：《经典释文序录疏证》，中华书局 1984 年版，第 140 页。

于王骏或张禹。何晏曰："《古论》唯博士孔安国为之训说，而世不传。至顺帝之时，南郡太守马融亦为之训说。汉末大司农郑玄就《鲁论》篇章考之齐、古为之注。"① 在汉代今古文经学的斗争过程中，马融成为扭转时局的重要人物，"答北地太守刘瑰及玄答何休，义据通深，由是古学遂明"②。郑玄踵其后，深研古文经，贯通古今，成一代大儒。高诱的《论语》学就是在这样一个时代背景和师承影响下形成的③。

高诱注引《论语》凡 41 见："《论语》（曰／云）" 28 见，"孔子（曰）" 8 见，"《语》曰" 5 见。除 1 条无考外，其余皆出今本《论语》。关于"《语》曰"，陈奇猷校释："高氏注例，凡引《论语》文，或曰《论语》曰，或曰孔子曰，则此注（《骄恣》篇注：《语》曰：'君子不重则不威。'）'语' 上当脱 '论' 字。"④ 考《论语》的称谓⑤，《语》指《论语》在汉代相当普遍，此说实不妥。

将高诱注所引《论语》，与阮元校刻《十三经注疏》本（简称"邢本"）、皇侃《论语集解义疏》（简称"皇本"）、唐写本《论语郑氏注》⑥（简称"唐写本"）、定州汉墓竹简《论语》⑦（简称"汉简本"）相比对，参照《经典释文·论

---

① 何晏：《论语集解叙》，皇侃：《论语集解义疏》，《丛书集成》，商务印书馆 1937 年版。
② 范晔：《后汉书》，中华书局 1965 年版，第 1208 页。
③ 据考证，郑玄仅以《古论》来校正《鲁论》并为之注，从而完成了古今文经的融合。理由如下：其一，《齐论》由于《张侯论》的兴盛至东汉湮没了。王铁引《论衡·正说篇》"今时称《论语》二十篇，又失齐鲁（鲁字衍）、河间九篇"，推测："《齐论语》大概至东汉时代就已失传，所以文献中不见其在东汉流传的记载，而《熹平石经》所刻《鲁论》，也仅以《鲁论》各家自相校，不见有校以《齐论》的校语。"（王铁：《汉代学术史》，华东师范大学出版社 1995 年版，第 211 页）；其二，《经典释文·论语音义》"郑校周之本，以《齐》、《古》读正凡五十事"，然《释文》中共有 24 条，敦煌本《论语郑注》中存 3 条，其中 1 条与《释文》重复，共 26 条皆以《古》证《鲁》者。王国维曰："虽郑氏容别有以《齐》校《鲁》之本，然此本及陆氏《释文》所见者，固明明以《古》校《鲁》之本，非以《齐》、《古》校《鲁》之本也。"（见王国维：《书〈论语郑氏注〉残卷后》，《观堂集林》卷四，中华书局 1959 年版，第 170 页。）
④ 陈奇猷：《吕氏春秋新校释》，上海古籍出版社 2002 年版，第 1420 页。
⑤ 在汉代，《论语》一书有称全称者，亦有诸多别称，如《论》、《语》、《记》、《传》、《论语说》等。详见周予同《群经概论》、孙筱《两汉经学与社会》、单承彬《论语源流考述》。
⑥ 据王素：《唐写本论语郑氏注及其研究》，文物出版社 1991 年版。
⑦ 据定州汉墓竹简整理小组：《定州汉墓竹简论语》，文物出版社 1997 年版。

语音义》、《说文解字》所引《论语》，可以明显看出属于《古论》者，兹分析如下：

高注引"齋必变食，居必迁坐"释《孟春》"天子乃斋"。引自《乡党》。唐写本作"齋"，郑玄注："齋者，致肃静于鬼神，故不可同于平时也。"[1] 皇本、邢本作"齐"。"齋"、"齐"字通，"齐"字段玉裁注："亦假借为'齋'。""齋"即"齋"。《洪武正韵》云："古单作齐，后人于其下加立心，以别之耳。"《左传·庄公四年》杨伯峻注："齐同斋，授兵于太庙，故先须斋戒。"《庄子·人间世》成玄英疏："斋，齐也。"《庄子·达生》又作"齐"。可知，"齐"、"斋"古今字，"斋"字后出，甲骨文中无考，战国中后期产生，但"齐"仍在很多场合使用表示"斋戒"之义。高诱注曰："自禋洁也。"文字、释义俱与郑注同，为《古论》。

高注引"贤者避世，其次避地，其次避人，其次避言"释《先识》"凡国之亡也，有道者必先去，古今一也"。引自《宪问》，今本作"避"作"辟"、"人"作"色"。定州汉简作"……世，其次……色，其次辟言"，汉石经作"避"，皇本"辟"作"避"。《三国志·许靖传》注、《文选·七命》注俱引作"避"。《说文解字·辵部》："避，回也。"段玉裁注："经传多假辟为避。"知"避"为本字，"辟"为假借字。诱从《古论》。《子华子·神气》作"违世、违地、违人"。《微子》桀溺谓子路曰："且而与其从辟人之士也，岂若从辟世之士哉？"辟人即辟色，当时两称之，高诱或从其一耳。

高注引"富与贵，人之所欲也，不以其道得之，不居"释《有度》"贵富显严名利六者，悖意者也"。引自《里仁》，今本作"富与贵，是人之所欲也；不以其道得之，不处也"。唐写本作"（缺）贵，是人之所欲，不以其道得之，不处"。郑玄注："富贵者常以仁，不以仁得之，仁者不居。"[2] 高诱从郑注，作

————————

[1] 希伯和二五一〇号写本，王素：《唐写本论语郑氏注及其研究》，文物出版社1991年版，第120页。

[2] 吐鲁番阿斯塔那三六三号墓八＼一号写本，王素：《唐写本论语郑氏注及其研究》，文物出版社1991年版，第33页。

"居"。皇本、邢本作"处也"。《论衡·问孔》及《刺孟》、《后汉书·陈蕃传》、《盐铁论》并引作"不居也"。

高注引"乡人傩，朝服立于阼阶"释《仲秋》"天子乃傩"。引自《乡党》，今本作"朝服而立于阼阶"。《释文》："傩，鲁读为献，今从古。"知郑从《古论》作"傩"。然则阮元校曰："此读'傩'为'献'，亦声近之误。"①段玉裁《周礼汉读考》谓："郑从《古论》作难，后人改之，加偏旁耳。《方相氏疏》引《论语》正作'难'。浅人反以'傩'为驱疫正字，改易淆讹，音形俱失。"②"傩"字段玉裁注："其驱疫字本作'难'，自假'傩'为驱疫字，而'傩'之本义废矣。"③《礼记·郊特牲》："汁献涗于盏酒。"郑玄注："献，读当为莎，齐语声之误也。"④刘宝楠《论语正义》则云："'傩'、'献'既由声近，'献'字或用假借，未必为误字矣。"高注作"傩"，从《古论》。

高注引"譬如北辰，居其所而众星拱之"释《有始》"极星与天俱游"。引自《为政》，今本"拱"作"共"。定州汉简作"辟如北辰……"，邢本、皇本均作"譬"，辟借为譬。刑本、皇本作"共"。《释文》："共，郑作'拱'。"郑玄注："拱，拱手也。"《孟子·尽心》注、《文选·曲水诗序》及《运命论》二注俱引作"拱"。包咸曰（皇本作郑玄曰）："德者无为，犹北辰之不移而众星共之。"阮元校："'拱'正字，'共'假借字。"⑤《说文解字·手部》："拱，敛手也。"段玉裁注："'拱'古文叚借作'共'。《乡饮·酒礼》注曰：共，拱手也。"⑥高诱从古论。

高诱生活于今古文经趋于融合的汉末，其师卢植精通今文经学，蔡邕等以《鲁论》校正之《熹平石经》在汉代刊定，决定了高诱对今文《论语》有所研究。

---

① 阮元校：《十三经注疏·论语注疏》，上海古籍出版社 1980 年版，第 2495 页。
② 段玉裁：《周礼汉读考》，《续修四库全书·经部·礼类》，上海古籍出版社 2002 年版，第 311 页。
③ 段玉裁：《说文解字注》，上海古籍出版社 1988 年版，第 368 页。
④ 阮元校：《十三经注疏·礼记注疏》，上海古籍出版社 1980 年版，第 1457 页。
⑤ 阮元校：《十三经注疏·礼记注疏》，上海古籍出版社 1980 年版，第 2463 页。
⑥ 段玉裁：《说文解字注》，上海古籍出版社 1988 年版，第 595 页。

高注所引《论语》中，有很多《鲁论》的成分，兹析如下：

高注引"肉虽多，不使胜食氣"释《本生》"肥肉厚酒，务以自强，命之曰烂肠之食案"。引自《乡党》。氣，《说文解字·皀部》引作"既"："《论语》曰：'不使胜食既。'"《说文引经考》卷上："今《论语》作氣。桉：《说文》氣息之氣本作气，餼稟之餼本作氣，或作'槩'。《礼·中庸》'既稟称事'注：'既读为餼。'则餼、既二字义本相通，'食既'即'食氣'。但今以'氣'为气息之义，则与'既'相去远矣。"① 又《说文解字·米部》："《春秋传》曰：'齐人来氣诸侯。'既米，氣或从既。餼，氣或从食。"既，即"槩"之省。《说文解字》所引《论语》为《古论》，则高诱亦治今文《鲁论》。

高注引"君子亦有穷乎？子曰：'君子固穷，小人穷于滥矣。'"释《慎人》"是何言也！君子达于道之谓达，穷于道之谓穷"。引自《卫灵公》，今本"于"作"斯"。《说文解字·女部》"嬐"："《论语》曰：小人穷斯嬐矣。"《说文引经考》卷下："今《论语》作滥。桉《说文》：嬐，过差也。滥，犯也。音同义亦可通。然《论语》用嬐于义为顺。《广韵》云：今俗用滥。"② 段玉裁注亦云："今字多以滥为之。……滥行而嬐废矣。"③ 诱从《鲁论》。

高注引"高宗谅闇，三年不言，何谓也？孔子曰：'古之人皆然。君薨，百官总己听于冢宰三年。'"释《重言》"高宗，天子也，即为谅闇，三年不言"。引自《宪问》，今本作"《书》云：'高宗谅阴，三年不言。'何谓也？子曰：'何必高宗，古之人皆然。君薨，百官总己以听于冢宰三年。'"定州汉简：……曰："《书》云：'（缺）音，三年不言。'何谓也？"子曰："何必三……薨，百官总己以听于冢宰……"刑本、皇本皆作"阴"。《公羊传·文公九年》何休注引作"谅闇"，《论语音义》曰："闇如字，又音阴。"《后汉书·张禹传》刘昭注引郑注"谅闇，丧庐"，《公羊传》所引为《鲁论》，知郑同鲁论而不从古读。高诱与郑同。

高注引"子产有君子之道四焉：其行己也恭，其事上也敬，其养民也惠，

---

① 吴玉搢：《说文引经考》，《丛书集成》，商务印书馆 1936 年版，第 68 页。
② 吴玉搢：《说文引经考》，《丛书集成》，商务印书馆 1936 年版，第 176 页。
③ 段玉裁：《说文解字注》，上海古籍出版社 1988 年版，第 625 页。

其使民也义"释《下贤》"谋志论行而以心与人相索"。引自《公冶长》，今本作"子谓子产：'有君子之道四焉'"。唐写本"四"作"肆"，传本均作"四"。定州汉简本作"子曰：'子产有君子道四焉'"。高诱从《鲁论》。

其中有 1 见最能体现高诱时代今古文经融合的特点：

高注引"叶公告孔子曰：'吾党有直躬者，其父攘羊而子证之。'"释《当务》"楚有直躬者，其父窃羊而谒之上"。引自《子路》，今本"告"作"语"。皇本与邢本同。定州汉简作"直弓者"、"襄羊"。《释文》："郑本作'弓'，云直人名弓。"

诱从郑亦以"躬"为直人之名。俞樾《群经平议》曰："因其直而名之曰直躬，犹因其狂而名之曰狂接舆。"然孔安国注为："直躬，直身而行。"弓、躬古通用耳，《太丘长陈仲公碑》"弓"正作"躬"。崔适《论语足徵记》："此人名'弓'，非弓矢之弓，而股肱之肱。"肱古文作"厶"，字形𠃍，象形，即"厷"之本字。后又加"肉"成"肱"，《说文解字·又部》："厷，臂上也。从又，从古文厶。厶，古文厷，象形。肱，厷或从肉。"厷与弓古音相同，且𠃍与"弓"𢎆字形相近，故而常假借，如传《易》者江东馯臂子弓，姓馯，名臂，字子弓。因名臂故又字厷。《左传》、《穀梁传》作"邾黑肱"，《公羊传》作"黑弓"。"弓"又增作"躬"，故成"直躬"。"躬"之本字作"躳"，《说文解字·吕部》："躳，身也。从身从吕。躬，躳或从弓。"孔安国注为"直身而行"乃据于此也。综上，高注文字虽作"躬"，然释义却与郑同。

八、《孝经》

《孝经》，其作者和成书年代自古以来学界争论较多，颇具影响的说法有孔子说、曾子说、曾子门人说、子思说、七十子之徒说、汉儒说等。据《孝经》思想内容、先秦对《孝经》的引用① 等综合来看，可以肯定的是，《孝

---

① 《吕氏春秋》是最早引用《孝经》的古籍。《察微》："《孝经》曰：高而不危，所以常守贵也；满而不溢，所以常守富也。富贵不离其身，然后能保其社稷而和其民人。"文字与《孝经·诸侯章》完全相同。《孝行》："故爱其亲不敢恶人，敬其亲不敢慢人，爱敬尽于事亲，光耀加以百姓，究于四海，此天子之孝也。"文字与《天子章》略有出入。

经》成书于孔曾之后、《吕氏春秋》之前的战国时期。1973 年河北定县八角廊
40 号汉墓出土了竹简《儒家者言》等文献，为我们认识《孝经》的产生提供
了新的视角和证据。通过文字对比，可以发现，其中论孝的文字完全被《孝
行》篇所继承，《儒家者言》是《孝行》篇的原型。而《儒家者言》成书于战
国晚期，乃多部著作汇集而成①，则当在《孝经》之后。三者的先后顺序当为：
《孝经》——《儒家者言》——《孝行篇》。郭沂得出结论：《孝经》为乐正子
春所记并编辑成书②。陈奇猷先生亦有相同考证③。与很多先秦古籍一样，《孝
经》没能逃过被焚的厄运，亦在汉初出现了今古文两种版本。据《隋书·经籍
志》，颜氏今文凡十八章，后古文出，二十二章，孔安国为之作传。刘向校书
"以颜氏比古文"，定为十八章。《汉志》颜师古注引桓谭《新论》云："古孝经
千八百七十二字，今异者四百余字。"则古今《孝经》不仅在篇章上有异，字
数也有悬殊，可推知在思想内容上亦出入不小。除孔安国外，还有东汉卫宏、
马融、许慎为古文《孝经》作注，而经刘向典校过的今文《孝经》则有郑众、
郑玄等为之作注，特别是郑玄注影响颇大。然今传世之《孝经郑注》之"郑氏"
为何人，历史上是有争论的。

　　汉代"移孝作忠"，以孝治天下，通行的今文本《孝经》，代表了汉代统治
者的孝治观念，则刘向校《孝经》，当以今文本为底本，又参以古文本，作适
当修改，故今本《孝经》实是今古文之合编本，基本保存了今文本的原貌。马
融曾注古文《孝经》，然世不传。可推断，高诱之《孝经解》，当为刘向所校
之本。

　　高诱引《孝经》凡 9 见，其中有 1 见未明言书名，实出自《孝至章》。高

---

① 何直刚：《〈儒家者言〉略说》，《文物》1981 年第 8 期。

② 郭沂：《郭店竹简与先秦学术思想》，上海教育出版社 2001 年版，第 387 页。

③ 陈奇猷曰："本篇（《孝行》）下文乐正子春谓'吾闻之曾子，曾子闻之仲尼'。孔门弟子，曾
　　参以孝闻。《公羊传》昭十九年何休注：'乐正子春，曾子弟子，以孝名闻。'然则乐正子春
　　传曾子之学而自成一派。考《韩非子·显学》谓自孔子死后，儒分为八，有乐正氏之儒，
　　尤为先秦确有乐正子春学派存在之明证。据此，则此篇实系儒家乐正子春学派之言也。"（见
　　陈奇猷：《吕氏春秋新校释》，上海古籍出版社 2002 年版，第 738 页。）

诱注引《孝经》一是为说明阐释文义,为正文的解释提供理论根据,同时也是高诱孝道观的一部分。

汉代,孝首先表现在家族内部,如对祖先、对父母。

高注引"四时祭祀,不忘亲也"释《孟秋》"是月也,农乃升谷。天子尝新,先荐寝庙"。今《孝经·感应章》作"宗庙致敬,不忘亲也",郑玄注:"设宗庙四时斋戒以祭之,不忘其亲。"① 谷物丰收,为表示对祖先的感恩之情,要举行祭祀活动,以新谷供奉祖先,反映了最原始最传统的宗族之孝。

高注引《感应章》"修身慎行,恐辱先也"释《孝行》"处官廉",个人修养直接影响到家族成员的荣誉,以此说明个人言行在家族、社会中的重要作用,从而要加强个人修养,以光宗耀祖。

汉代孝道最显著的特点是"移忠作孝",以孝治天下,将原本运用于家庭、家族内部的伦理规范推而广之用来处理社会关系且主要是君臣关系。如:

高注引《士章》"以孝事君则忠"来释《孝行》"人臣孝,则事君忠",是汉代"移孝作忠"的典型例子。郑注:"移事父孝以事于君,则为忠矣。"② 以事父之至孝来事君,将君比作父,"臣事君,犹子事父母也"③,则必忠无疑。臣事君要至忠,必全心全意,不遗余力,高注引《谏诤章》"臣不可以不争于君"来释《任数》"人臣以不争持位",以此说明"不争持位,非忠臣也"。郑注:"委曲从父母,善亦从善,恶亦从恶,而心有隐,岂得为孝乎?"④ 郑注以为子事父母若委曲求全、心有所隐则为不孝,从而说明臣对君亦要直言谏诤,不诤不谏非忠孝也。而关于谏诤的观点,先秦儒家与《孝经》以及汉代"孝"道是相抵牾的。《论语·里仁》:"事父母,几谏,见志不从,又敬不违,劳而不怨。"《大戴礼记·曾子大孝》亦曰:"孝子之谏,达善而不敢争辨。"杨树达曰:"争当读

---

① 严可均辑:《孝经郑注》,《丛书集成》,商务印书馆 1939 年版,第 17 页。
② 严可均辑:《孝经郑注》,《丛书集成》,商务印书馆 1939 年版,第 4 页。
③ 班固:《汉书》,中华书局 1962 年版,第 2790 页。
④ 严可均辑:《孝经郑注》,《丛书集成》,商务印书馆 1939 年版,第 17 页。

为诤。"《说文解字·言部》："诤，止也。"段玉裁注："经传通作争。"《广雅·释诂》云："诤，谏也。"《庄子·至乐》："故夫子胥争之以残其形；不争，名亦不成。"《汉书·张良传》："上欲废太子，立戚夫人子赵王如意。大臣多争，未能得坚决也。"两段中的"争"皆作"诤"解。

九、《尔雅》

《尔雅》，最早著录于《汉志》，仅言"三卷二十篇"，关于其成书年代及作者，史有争议。但《尔雅》从最早出现到最后成书，经历了不断补益的过程。一般认为《尔雅》于战国末期儒生所作、汉儒增补。《尔雅》是我国最早一部训诂学专书，也是唯一入经的非经学著作。汉始，经学大兴，由于《尔雅》在读经解经中的重要作用，而被学者所熟知，治经注经皆引《尔雅》，至汉末，注《尔雅》者有四家之多。赵岐《孟子题辞》说："孝文皇帝欲广游学之路，《论语》、《孝经》、《孟子》、《尔雅》皆置博士。后罢传记博士，独立《五经》而已。"后刘歆欲立古文经学，"征募能为《尔雅》者千余人讲论庭中，自此《礼记》中之《尔雅》篇，不知受几许持扯附益，乃始彪然为大国，骎骎与六艺争席矣"①。从《汉志》可知，《七略》中《尔雅》归入"六艺略·孝经类"，刘歆从目录学的角度已将《尔雅》视作经书。终汉一代，《尔雅》虽未列经，然其"《诗》、《书》之襟带"②、"六籍之户牖，学者之要津"的重要地位已经深入人心。邵晋涵曰："传《尔雅》者，汉初诸儒授受不绝，故贾、董之书训释经文悉符雅义。至于太史公受《尚书》于孔安国，其为《本纪》、《世家》征引《尚书》者，辄以训诂之字阐释经义悉依于《尔雅》。……史迁所释训盖即孔安国《书》传，而孔《传》本于《尔雅》，则知古人释经未有舍《尔雅》而别求字义者。"③

---

① 梁启超：《要籍解题及其读法》，北京书局1925年版，第197页。
② 王利器：《文心雕龙校证》，上海古籍出版社1980年版，第239页。
③ 邵晋涵：《尔雅正义》，《续修四库全书·经部·小学类》，上海古籍出版社2002年版，第40页。

相比于郑玄《毛诗笺》、《三礼注》所征引《尔雅》的数量①，高诱注书引《尔雅》数量较少，《淮南子注》、《吕氏春秋注》引《尔雅》均为 6 见，《吕氏春秋注》中，2 见未见于今本《尔雅》②。高注引《尔雅》其特点就是为证己说，辅助释义。如：

高注引《释宫》"宫谓之室，室谓之宫"释《重己》之"宫"、"室"。郭璞注："皆所以通古今之异语，明同实而两名。"《释名》指明两者之别："宫，穹也，言屋见于垣上穹崇然也。室，实也。言人物实满于其中也。""宫"字段玉裁注："宫言其外之围绕，室言其内。"③王念孙《广雅疏证·释宫》："《尔雅》宫室虽可互训，然以其制言之，则自户牖以内乃为室，宫为总名，室为专称。"④两者不仅有内外、大小之异，还有等级之别⑤。高诱充分注意到两者的区别，分别用"庙"、"寝"来释之。在古代，"宫"有宗庙之义。《诗经·召南·采蘩》"公侯之宫"毛亨传："宫，庙也。"《诗经·大雅·云汉》"不殄禋祀，自郊徂宫"郑玄笺："宗庙也。"《公羊传·文公三十年》："周公称太庙，鲁公称世室，群公称宫。"故高诱以"庙"来释"宫"，就充分注意到了"宫"的政治功能。室，《说文解字·宀部》："实也。从宀从至。至，所止也。""寝"古作"寑"，《说文解字·宀部》："寑，卧也。"《释名·释宫》："寝，寝也，所寝息也。"故"室"、"寝"本皆为起居之所。文献中有"寝庙"一词，亦有"前曰庙，后曰寝"之说⑥。

---

① "在《尔雅》2091 个条目中，郑玄注引与《尔雅》相同的词条近 600 个，占《尔雅》词条总数近三分之一。"（参见窦秀艳、徐文贤：《郑玄笺注引〈尔雅〉初探》，《井冈山大学学报》（社会科学版）2011 年第 5 期。）

② 《仲春》："苍庚鸣，鹰化为鸠。"高注："苍庚，《尔雅》曰'商庚、黎黄，楚雀'也。"《季春》："鸣鸠拂其羽，戴任降于桑。"高注："戴任，戴胜，鸤也，《尔雅》曰：'鸤鸠。'"

③ 段玉裁：《说文解字注》，上海古籍出版社 1988 年版，第 342 页。

④ 王念孙：《广雅疏证》，中华书局 2004 年版，第 207 页。

⑤ 参见沈文倬：《周代宫室考述》，《浙江大学学报》（人文社会科学版）2006 年第 3 期。

⑥ 《礼记·月令》："寝庙毕备。"郑玄注："凡庙，前曰庙，后曰寝。"汉代宗其所说，《后汉书·祭祀下》："说者以为古宗庙前制庙，后制寝，以象人之居前有朝，后有寝也。《月令》有'先荐寝庙'，《诗》称'寝庙弈弈'，言相通也。庙以藏主，以四时祭。寝有衣冠几杖象生之具，以荐新物。"孔颖达疏曰："庙是接神之处，其处尊，故在前。寝，衣冠所藏之处，对庙为卑，故在后。但庙制有东西厢，有序墙，寝制唯室而已。"

高注引《释虫》"蜇"释《季夏纪》之"蟋蟀"。今本作"蟋蟀，蜇"。"蜇"，《玉篇》作"曑"，恐字形相近而讹。《说文解字·虫部》："蟄，悉蟄也。"段玉裁注："《传》曰：'蟋蟀，蜇也。'按许书无蜇字，今人假蛬为之。"①"蛬"指蟋蟀魏晋南北朝已出现，崔豹《古今注·鱼虫》："蛬，蟋蟀，一名吟蛬，一名蛬，秋初生，得寒则鸣。一云济南呼为'懒妇'。"鲍照《拟古》之七"秋蛬扶户吟，寒妇晨夜织"之"蛬"即用此义。《尔雅》郭璞注："今促织也。亦名青蜴。"《月令》疏引孙炎曰："蜻蜴也。"《说文解字·虫部》："蜴，蜻蜴也。"段玉裁注："扬雄、李巡、陆玑、郭璞、《玉篇》、《广韵》皆云"蟋蟀，一名蜻蜴"。但许书不与上文蟄篆为伍，盖不以为一物与？"②《淮南子·说山训》注曰："蚰蛆，蟋蟀，《尔雅》谓之蜻蜴之大腹也，上蛇，蛇不动，故曰'殆于蚰蛆'也。"高诱以蚰蛆与蟋蟀为同一物，然如是说法仅此一处③，郝懿行视为"异说"④。

高注引文还可以对《尔雅》的版本校订有所帮助。

高注引《释草》"不荣而实曰秀，荣而不实曰英"释《孟夏》之"苦菜秀"。"不荣而实曰秀"。今《尔雅》作"不荣而实者谓之秀，荣而不实者谓之英"。关于"不荣而实"之"不"字，陆德明云："众家并无'不'字。"阮元校曰："当从众家无'不'字。"王利器校曰："当从众家无'不'字。……《尔雅正义》衍'不'字，因曲为之说曰：'彼是英秀对文。'以英为不实，故以秀为不荣。"⑤邢昺曰："其实，黍稷皆先荣后实。《诗·小雅·出车》云'黍稷方华'，是嘉谷之秀必有荣也。"⑥《诗经·生民》"实发实秀"，毛《传》曰："荣而实曰秀。"高诱注《淮

---

① 段玉裁：《说文解字注》，上海古籍出版社 1988 年版，第 666 页。

② 段玉裁：《说文解字注》，上海古籍出版社 1988 年版，第 668 页。

③ 据劳格《读书杂识》卷二、陆心源《仪顾堂集》卷二（清光绪戊戌年刻本）考，《淮南子·说林训》乃高诱为之注。罗愿《尔雅翼》"许叔重又以即且为蟋蟀，上蛇，蛇不能动"、李时珍《本草纲目》"许慎以蚰蛆为蟋蟀，能制蛇，又以蚰蛆为马蚿，因马蚿有蛆蝶之名"皆以此说为许慎，非也。

④ 郝懿行：《尔雅义疏》下三云："蔡邕以蟋蟀为斯螽，高诱以蚰蛆为蟋蟀，皆异说也。"

⑤ 王利器：《吕氏春秋注疏》，巴蜀书社 2002 年版，第 385 页。

⑥ 阮元校：《十三经注疏·尔雅正义》，中华书局 1980 年版，第 2630 页。

南子·时则》及《本经》皆引《尔雅》"荣而实曰秀"。据此，此注及今本《尔雅》"不荣"之"不"字当为衍文。

第二节　引诸子考

一、《孟子》

《孟子》在汉代不属于"经"的范畴，但其地位又异于其他诸子。"汉兴，除秦虐禁，开延道德，孝文皇帝欲广游学之路，《论语》、《孝经》、《孟子》、《尔雅》皆置博士。后罢传记博士，独立《五经》而已。"[①] 同为罢黜，然其命运与《论语》、《孝经》等有所不同。后者乃"皆记夫子之言"[②]，《汉志》仍将其收录于《六艺略》，而《孟子》则见于《诸子略》。恰如王国维所言："然《论语》、《孝经》、《孟子》、《尔雅》虽同时并罢，其罢之之意则不同。《孟子》以其为诸子而罢之也，至《论语》、《孝经》则以受经与不受经者皆诵习之，不宜限于博士而罢之者也。"[③] 直到宋代，《孟子》的经学地位才得以正式确立，经过了一个由子入经的漫长演变过程，但这似乎并未影响它在两汉学界的地位。在汉代，《孟子》介于"经"、"子"之间，蒋伯潜云："故《孟子》一书，两汉时，在古籍中之地位，已在《论语》之次，经子之间，传记之列矣。"[④] 赵岐说："孟子既没之后，大道遂绌。逮至亡秦，焚灭经术，坑戮儒生，孟子徒党尽矣。其书号为诸子，故篇籍得不泯绝。"恰恰因《孟子》为诸子之故，所以能躲过秦火流传下来[⑤]。由先秦入汉，其文本未曾发生今古文之变化，蒋伯潜云："特

---

① 阮元校:《十三经注疏·孟子注疏》，中华书局 1980 年版，第 2663 页。

② 王鸣盛:《蛾术编》，商务印书馆 1958 年版，第 2 页。

③ 王国维:《观堂集林》，中华书局 1959 年版，第 178 页。

④ 蒋伯潜:《十三经概论》，上海古籍出版社 1983 年版，第 612 页。

⑤ 参见章太炎:《秦献记》，载溥杰编校:《章太炎学术史论集》，中国社会科学出版社 1997 年版；蒋伯潜:《十三经概论》，上海古籍出版社 1983 年版；钟肇鹏:《求是斋从稿》，巴蜀书社 2001 年版。

以书号诸子，故不为造古文经者所窜乱，无今文古文之纷歧耳。《孟子》一书，无所谓今文古文之分，得保其真面目者，亦以号为诸子故也。"①

高诱与东汉学人一样对《孟子》是推崇的，《淮南子·泛论训》"杨子之所立也，而孟子非之"，高诱注："孟子受业于子思之门，成唐、虞、三代之德，叙《诗》、《书》、孔子之意，塞杨、墨淫词，故非之。"字里行间可见对《孟子》的评价之高和欣赏之情，这也就成为促使他"正《孟子章句》"的动力。由于对《孟子》非常熟悉，故而在注《淮南子》、《吕氏春秋》、《战国策》中屡屡征引《孟子》②。

高诱《吕氏春秋》注中明文征引《孟子》共14见，又有30多见与《孟子》义相关涉者③，另有1见于今本《孟子》无考④。高注引《孟子》，其作用有以下几类：

（一）为解释词义提供例证

如高注引《尽心上》"达则兼济天下"释《论人》之"通"字。今本作"达则兼善天下"。赵岐注："达谓得行其道，故能兼善天下也。"

（二）印证或纠正《吕氏春秋》所记之史实。如：

高注引《万章上》"尧使九男二女事舜"释《去私》"尧有子十人"。今本

---

① 蒋伯潜：《十三经概论》，上海古籍出版社1983年版，第616页。关于《孟子》有无今古文的问题，前人有不同看法。翟灏《四书考异》："《汉书·河间王传》称《孟子》为献王所得，似亦遭秦播弃，至汉孝武世始复出者。然孝文已立《孟子》博士，而韩氏《诗外传》，董氏《繁露》，俱多引《孟子》语，则赵氏所云'书号诸子，得不泯绝'，定亦不虚。"陈汉章《经学通论》云："周广业言《易》与《孟子》不经秦焰，而樊准、乐松、牟融、马融、应劭、许慎所引多异文，更未知《孟子》于汉文时立博士，本为今文，而河间献王所得书，有古文《孟子》，可见《孟子》亦如诸经，今古文字不同。"（国家图书馆藏1023年铅印本）

② 据俞樾：《孟子高氏学》（《俞楼杂纂》卷十七，清光绪二十五年刻《春在堂全书》本），《淮南子》高诱注明引《孟子》共11见，《战国策》高诱注明引《孟子》共3见。另有与《孟子》义相关涉者若干。

③ 据俞樾：《孟子高氏学》，《俞楼杂纂》卷十七，清光绪二十五年刻《春在堂全书》本。

④ 阮元校曰："出《孟子外书》，或约与景、丑语。"俞樾按："王者师臣"即约此篇文，非《孟子》别有此文，亦非出《外书》。《淮南子·览冥篇》注亦引《孟子》曰："王者师臣也。"（见俞樾：《孟子高氏注》，第496页。）

作"尧使其子九男二女百官牛羊仓廪备,以事舜于畎亩之中",赵岐注:"独丹朱以胤嗣之子,臣下以距尧求禅,其余八庶无事,故不见于《尧典》。"《史记索隐》引皇甫谧云:"尧娶散宜氏之女曰女皇,生丹朱,又有庶子九人,皆不肖也。"此依《吕氏春秋》为说也。而赵氏于丹朱外称"八庶",不依《吕氏春秋》,以丹朱在九子中。孔广森《经学卮言》云:"丹朱之外,尚有九庶,高诱亦以意推说耳。"俞樾亦说:"(高诱)意固疑之。"① 高诱注《淮南子·泰族训》"乃属以九子"曰:"尧有九男。"则高诱当与赵注同。

高诱注引《梁惠王上》"晋国,天下莫强焉,叟之所知也。及寡人身,东败于齐,长子死"释《自知》"鑚荼、庞涓、太子申不自知而死"。引文进一步补充说明魏败于齐之事。

(三)征引《孟子》进一步申明文义。如:

高注引《梁惠王下》"百姓箪食壶浆以迎王师"释《怀宠》"诛国之民望之若父母,行地滋远,得民滋众"。今本无"百姓"二字,赵岐注:"燕人所以持箪食壶浆来迎王师者,欲避水火难耳。"引《孟子》用以说明使民心归附的义兵政策。

高注引《梁惠王上》"孟子见梁惠王,出,语人曰:'望之而不似人君,就之而不见所畏焉'"释《乐成》"中主以之呴呴也止善,贤主以之呴呴也立功"。赵岐注:"望之无俨然之威仪也。就与之言,无人君操秉之威,知其不足畏。"引《孟子》来说明,君主之贤与不肖,不能以外表之威严与否来决定。

俞樾《孟子高氏注》曰:"则诱于邠卿固及见之于赵氏《孟子注》,后复为正其章句,度必有异于赵氏者。"② 考今高诱注《淮南子》、《吕氏春秋》、《战国策》所引《孟子》,可知高诱所据《孟子》之本或确与赵岐所本不同。如高注《吕氏春秋》引《孟子》"阳子拔体一毛以利天下,弗为也",高注《淮南子》引作"拔骭一毛而利天下,弗为也"、"不拔骭毛以利天下,弗为",而今本《孟子》作

---

① 俞樾:《孟子高氏学》,《俞楼杂纂》卷十七,清光绪二十五年刻《春在堂全书》本,第501页。
② 俞樾:《孟子高氏学》,《俞楼杂纂》卷十七,清光绪二十五年刻《春在堂全书》本,第493页。

"拔一毛而利天下，不为也"。俞樾曰："以《吕览·明理》及《淮南子》两注观之，知高氏所据《孟子》作'拔骱一毛而利天下，不为也'。至《不二》篇作'拔体一毛'乃'骱'之误。因俗'體（体）'字作'骵'，与'骱'字形相似，故误也。《尔雅·释训》'骱伤为微'，郭注曰：骱，脚胫。'拔骱一毛'谓拔脚胫上之一毛也。"① 又如高注《吕氏春秋》引"以齐王犹反手也"，今本《孟子》作"以齐王由反手也"。孙奭《孟子音义》云："由，义当作犹，古字借用耳。"赵岐释为"其易若反手耳"，以"若"释"由"，则"由"当读为"犹"。高注正引作"犹"。

高诱注《吕氏春秋》引"恶湮而居下"，今本《孟子》作"恶濕而居下"。"湮"张本② 作"濕"，与今本《孟子》合。《说文解字·水部》："湮，幽湮也。从水；一，所以覆也，覆而有土，故湮也。"段玉裁注："今字作濕。"又"濕，水。出东郡东武阳，入海。"则"湮"为本字，"濕"乃水名，为借字。焦循注："'濕'宜作'湮'。《素问·生气通天论》云'秋伤于湮'，注云：湮，谓地湮气也。"③

高诱正赵氏《孟子章句》，除文字方面的差异外，亦有释义方面的补正，如高注《淮南子》曰："管叔，周公兄也；蔡叔，周公弟也。"《吕氏春秋注》两处皆曰："管叔，周公弟也；蔡叔，周公兄也。"与《淮南子》注不同，疑《吕氏春秋》注乃传写之误。《孟子》明言："周公，弟也；管叔，兄也。"又据《史记·管蔡世家》知管叔为周公兄，蔡叔为周公弟。俞樾曰："高注本之《孟子》，合乎《史记》，自不可易。赵氏故倒其文④，转为迂曲矣。"⑤ 然从现存高氏注所引《孟子》来看，二者同的成分占多数。据《吕氏春秋·序》，诱"正《孟子章句》"应该是他的第一次注释实践，尚未形成独立的风格，只是在文字上或赵氏注解疏漏的地方做些修正工作，对其文义之疏通和阐释基本上是持认同态

---

① 俞樾：《孟子高氏学》，《俞楼杂纂》卷十七，清光绪二十五年刻《春在堂全书》本，第504页。
② 张本即明万历己卯张登云刊本。
③ 焦循：《孟子正义》，中华书局1987年版，第223页。
④ 赵岐注："孟子以为周公虽知管叔不贤，亦不必知其将畔，周公惟管叔弟也，故爱之。管叔念周公兄也，故望之。亲亲之恩也。"
⑤ 俞樾：《孟子高氏学》，《俞楼杂纂》卷十七，清光绪二十五年刻《春在堂全书》本，第497页。

度的。或许正是因此，高注才未能流传下来。

从高诱征引《孟子》，我们可以窥见高诱对《孟子》基本精神的理解。如高诱注多次引《孟子》"性善说"：《吕氏春秋注》引作"人性无不善"，《淮南子注》引作"性无不善"、"人性善"。高诱引《孟子》来说明人之天性为善，道家虚静恬澹之性乃本初之善性，并用孟子之性善解释养生之"本"。陈奇猷校："高注全非。本者，谓精神安乎形也。本篇主旨言尽数，'精神安乎形而寿得长'，故精神安乎形之道。孟子性善说与此毫不相干。"[①] 不论引用恰当与否，高诱对《孟子》性善论是认同的，并试图与养生之道相关联。如《重己》："故有道者，不察所召，而察其召之者。"高注："所召，仁与义也。推行仁义，寿长自至，故曰'不察所召也'。"《孟子》的性善与仁义同人的生命是联系着的，体现了高诱的养生观。无独有偶，高注又引《孟子》"得乎丘民为天子"来说明《本味》之"道"。此处"道"当指"道家素王九主之道"[②]，而高诱用孟子的仁义、民本思想释之。故陈奇猷校为："高谓成仁义之道，非。"[③] 据此可知，高诱用《孟子》解释道家思想，将儒家的仁义道德引入道家的生命观，作了一些初步的儒道汇通的工作，并成为两汉治孟学者的共同学术取向，其意义是"对破除经学独尊和推动儒道互补风尚的发展做出了探试，并为魏晋'玄学'的产生作了思想铺垫"[④]。

二、《老子》

《老子》，又称《道德经》，传统观念认为是由道家学派的创始人老子编订的，是老子道家思想的集中体现。《史记·老庄韩申列传》："老子修道德，其学以自隐无名为务。居周久之，见周德衰，乃遂去。至关，关令尹喜曰：'子将隐矣，强为我著书。'于是，老子乃著书上下篇，言道德之意五千余言而去。"

---

① 陈奇猷：《吕氏春秋新校释》，上海古籍出版社 2002 年版，第 138 页。
② 陈奇猷：《吕氏春秋新校释》，上海古籍出版社 2002 年版，第 766 页。
③ 陈奇猷：《吕氏春秋新校释》，上海古籍出版社 2002 年版，第 771 页。
④ 丁原明：《两汉的孟学研究及其思想价值》，《文史哲》2000 年第 2 期。

《史记》的记载影响了其后对老子及《老子》的基本认识。蒋锡昌《古代引老经最早之人考》通过考察引《老子》最早之人——叔向、墨子、魏武侯、颜阖，而肯定了老子为孔子问礼之人，在春秋末期《老子》已在社会广泛流传①。先秦两汉时期，《庄子》、《韩非子》、《墨子》、《孟子》、《吕氏春秋》、《列子》、《淮南子》等多家文献皆对《老子》有所引用，足证《老子》在当时的流传之广，其传本也有多个。郭店楚简《老子》和帛书《老子》是目前发现最早的传本，对《老子》研究意义重大。《汉志》于《老子》著录者有四家②，然均已佚。汉代注本主要有旧题西汉河上公《老子章句》、严遵《老子指归》和张陵《老子想尔注》，马融亦有《老子注》。从高诱注所引《老子》文字来看，与今本《老子》基本相同③，可知，《老子》版本在汉代已基本定型。

《吕氏春秋注》引《老子》凡7例，其中有1例未见今本《老子》。高诱引《老子》主要是为解释正文文义补充证据的，《吕氏春秋》"以道德为标的，以无为为纲纪"，从宇宙之生成到人生价值，从社会运转到个人体验，无不体现着先秦道家的思想观念，而这也正是高诱对《吕氏春秋》所推重之处。

高注引"多藏厚亡"释《侈乐》"世之人主多以珠玉戈剑为宝，愈多而民愈怨，国人愈危，身愈危累"。今《老子》第四十四章作"多藏必厚亡"，帛书甲、乙本皆阙，楚简甲本作"厚賹必多贵"，学者已释出，当为"厚藏必多亡"④。则本有"必"字。"多藏必厚亡"言贪多必会招致身败名亡。《侈乐》讲世之俗主以金玉为宝而忽视人民，必然引起人民怨恨而引火烧身，物散身亡国败。《老子》此言正合文义，引文甚确。

高注引"功成而弗居"释《审分》"成而不处"。出自今《老子》第二章。

---

① 蒋锡昌:《老子校诂》，四川温江新华书店1988年版，第476页。
② 即"《老子邻氏经传》四篇，姓李名耳，邻氏传其学。《老子傅氏经说》三十七篇，述老子学。《老子徐氏经说》六篇，字少季，临淮人，传《老子》。刘向《说老子》四篇"。
③ 《淮南子注》引《老子》5例，《吕氏春秋注》引《老子》7例，除1例为《老子》原文之概括外，其余11例皆与今本《老子》文字相同。
④ 廖名春:《郭店楚简老子校释》，清华大学出版社2003年版，第350页。刘钊:《郭店楚简校释》，福建人民出版社2005年版，第25页。

此句各版本差异颇大①。马王堆楚简本作"成而弗居"，帛书《老子》甲、乙本作"成功而弗居也"，知本有"而"、"不"当作"弗"、"处"当作"居"。刘信芳以"功"似为衍文②，郭沂、廖名春则以句式相同为准判定应作"成"③。故高诱所见《老子》很接近古本。用"功成而弗居"释"成而不处"，甚确。

高注引"圣人不仁，以百姓为刍狗"释《贵公》。出自今《老子》第五章。《老子》亦讲"仁爱"，但其仁爱之宗旨乃自然。天地之人与物是平等的，无所谓尊与卑、贵与贱。圣人遵循自然之道，任其所适，不施恩为，方才保真，正如对待刍狗，用则尊之，不用则弃之，皆任其自然耳，无所偏爱。此"不仁"实乃大仁也。今又有别解，"不"释"丕"，大之义，"刍狗"为尊贵的祭祀之物，此句解为"圣人大仁大德，像对待刍狗那样敬重百姓"④。可备一说。原文意在讲"贵公"之义，而《老子》此言意在"顺其自然"，两者不相涉，高注附会之耳。

高注引"出生入死"释《情欲》"大失生本"。出自今《老子》第五十章。关于《老子》此言，大致有两种解释：其一以王弼注"出生地，入死地"为代表；其二则以《韩非子·喻老》"人始于生而卒于死"为代表。《韩非子·喻老》最早对《老子》进行阐释，更接近《老子》本义，今从之。此处上文言"由贵生动则得其情矣，不由贵生动则失其情矣。此二者，死生存亡之本也"，又言"其

---

① 吴澄《道德经注》、焦竑《老子翼》二本作"功成而不居"；河上公注本、顾欢《道德真经注疏》作"功成弗居"；《永乐大典》、易州龙兴观《道德经幢》、景福碑、庆阳天真观《道德经幢》、周至楼观台《道德经碑》、宝鸡磻溪宫《道德经幢》、赵孟頫书《道德经》石刻、彭耜《道德真经集注》、宋徽宗御解《道德真》、邵若愚《道德真经直解》、司马光《道德真经论》、苏辙《老子解》等诸本作"功成不居"；傅奕本作"功成不处"；范应元《老子道德经古本集注》作"功成而不处"；龙兴碑作"成功不居"；成玄英注本、敦煌甲、遂州《道德经碑》本作"成功不处"。

② 刘信芳：《荆门郭店竹简老子解诂》，艺文印书馆1999年版，第19页。

③ 郭沂曰："此句与上文的'作而弗始'、'为而弗恃'句式皆一致，当为原始，'功'乃后人所增。"（郭沂：《郭店竹简与先秦学术思想》，上海教育出版社2001年版，第90页。）廖名春："上文'俊而弗怠'、'为而弗志'与'城而弗居'句式相同。'俊'、'为'皆单音节词，此处亦当如此。应作'成'。"（廖名春：《郭店楚简老子校释》，清华大学出版社2003年版，第177页。）

④ 李金坤：《"天地"与"圣人"之"大仁"——由"不"、"仁"、"刍狗"之正解看〈老子〉第五章之主旨》，《毕节学院学报》2011年第9期。

于物也，不可得之为欲，不可足之为求"，否则，会"大失生本"。故"大失生本"谓大失贵生之本，非《老子》"出生入死"之义，引文差矣。

《勿躬》："圣王之所不能也，所以能也；所不知也，所以知之也。"高注："《老子》：'不知乃知之。'"此之谓也。

今本《老子》无此文。然《第七十一章》云："知不知，尚矣；不知知，病矣。"文义相近，则高注所引或《老子》文句之概括。

三、《庄子》

高诱《吕氏春秋注》中共引《庄子》1见，另有1见仅为书名。资料虽少，但却为《庄子》研究传达了可贵的信息。

高诱在《必己》注中对"庄子"进行说明："庄子，名周，宋之蒙人也，轻天下，细万物，其术尚虚无，著书五十二篇，名之曰《庄子》。"这一注释对庄子的籍贯及其思想主张、《庄子》的作者、版本做了简要概括。关于庄子的籍贯，《史记·老子韩非列传》最早这样记载："庄子者，蒙人也。"但"蒙"到底何处，有齐蒙说、楚蒙说、宋蒙说、梁蒙说、鲁蒙说等多种主张，争议颇多。近些年来，河南商丘、山东东明、安徽蒙城等更是争当庄子故里。高诱主"宋蒙说"，此说源于刘向《别录》庄子乃"宋之蒙人也"，后被班固、张衡及晋皇甫谧、唐成玄英等治庄学者所采纳，成为最通行的说法。近人马叙伦及今人崔大华、陆钦、张松辉等更从多个角度对此问题加以证实[1]。宋蒙为今河南商丘，也日益被更多的学者所肯定[2]。

高诱评价庄子思想"轻天下，细万物"。《文选》卷二十六谢灵运《入华子岗是麻源第三谷》李善注云："淮南王《庄子略要》曰：'江海之士，山谷之人，

---

[1] 见马叙伦《庄子义证》(商务印书馆 1930 年版)，崔大华《庄学研究》(人民出版社 1992 年版)，陆钦《庄子通义》(吉林人民出版社 1994 年版)，张松辉《庄子考辨》(岳麓书社 1996 年版)。

[2] 见刘生良：《庄子籍贯故里问题考辨》，《国学研究》第 13 卷，北京大学出版社 2004 年版，第 253 页。

轻天下，细万物，而独往者也。'司马彪曰：'独往，任自由，不复顾世也。'"淮南王《庄子略要》不传于世，仅见于此，一般以之为《庄子》五十二篇之"三解"之一，实则为《淮南子》作者对《庄子》的解说、评价。姚振宗《汉书艺文志条理》卷二之下说："今（《淮南》）内篇无《庄子略要》、《庄子后解》，或在外三十三篇中。"① 以《淮南子》对《庄子》的继承来看，其作者曾作《庄子略要》的可能性非常大。高诱或见过《庄子略要》，"轻天下，细万物"之言取自于此。

高诱称《庄子》"五十二篇"，与今本三十三篇数目不同。《汉志》著录"五十二篇"，陆德明《经典释文·庄子序录》云："《汉志》'庄子五十二篇'，即司马彪、孟氏所注是也。"则两汉魏晋，五十二篇本仍为通行本。故陈奇猷称："高诱尚及见五十二篇之本，自郭象注三十三篇之本行然后五十二篇之本始废。"② 又《淮南子·修务训》注曰："庄子，名周，宋蒙县人，作书廿三篇③，为道家之言。"与《吕氏春秋》注"五十二篇"不同。王利器云："是《庄子》汉时即已五十二篇本与三十三篇并行也。《淮南》此注当出许慎，而今本则与高注相混矣。"④ 然《修务训》乃高诱所注⑤，故王氏所谓两本并行之说谬矣。何宁曰："作三十三篇者，疑后人依郭象注本改。今本作二十三篇，则又三十三篇之误文也。"⑥ 何说是也。高诱所见为五十二篇本，另有一证。《节丧》高注引《庄子》"生，寄也；死，归也"，然今本《庄子》无此文，而见于《淮南子·精

---

① 姚振宗：《师石山房丛书·汉书艺文志条理》，开明书店 1936 年版，第 109 页。

② 陈奇猷：《吕氏春秋新校释》，上海古籍出版社 2002 年版，第 839 页。

③ 庄逵吉本、刘文典《集解》本作"廿"，道藏本、景宋本、王溥本、朱东光本、茅一桂本、叶近山本、汪一鸾本作"三"。吴承仕云："疑廿、卅形近而误，未知孰是。"

④ 王利器：《吕氏春秋注疏》，巴蜀书社 2002 年版，第 1576 页。

⑤ 劳格《读书杂识》卷二："格按，今道藏题'许慎记上'，与陈氏所见正同。据苏序，高注篇名皆有'因以题篇'之语，定正今本，知高注仅存十三篇。其《缪称》、《齐俗》、《道应》、《论言》、《兵略》、《人间》、《泰族》、《要略》八篇注，皆无是句，又注文简约，与高注颇殊，与诸书所引许注相合，当是许注无疑。"陆心源《仪顾堂集》卷二（清光绪戊戌年）刻本亦有此说。

⑥ 何宁：《淮南子集释》，中华书局 1998 年版，第 1356 页。

神训》。王利器云："今此注以为《庄子》文，盖出《汉书·艺文志》所著录五十二篇中也。"① 今所见《庄子》三十三篇乃经郭象删改其"十分有三"的结果，"生，寄也；死，归也"或即其"十分有三"之中文字。陈奇猷曰："今本《庄子》有脱佚，此当是佚文。"②《淮南子·俶真训》注文引《庄子》"生乃徭役，死乃休息也"，亦不见于今本《淮南子》，盖亦当郭象删去之文字也。

四、《淮南子》

《淮南子》乃淮南王刘安召集宾客方术之士所做。据《汉书·淮南衡山济北王传》，作"《内书》二十一篇，《外书》甚众，又有《中篇》八卷，言神仙黄白之术，亦二十余万言"《汉志》亦载："《淮南》内二十一篇，外三十三篇。"高诱《淮南子·叙目》："刘向校定撰具，名之曰《淮南》。又有十九篇者，谓之《淮南外篇》。"孰是孰非，现难以考证。今仅存二十一篇，名为《淮南子》，乃《汉书》所记之《内篇》。本名《鸿烈》，《要略》有"此《鸿烈》之《泰族》也"一句，许慎注："凡二十篇，总谓之《鸿烈》。"高诱《叙目》云："号曰《鸿烈》。鸿，大也；烈，明也；以为大明道之言也。"时人更多地称《淮南》，至《西京杂记》的魏晋时代就已经有"淮南子"之名了③。仅东汉一朝，为《淮南子》作注的就有马融、许慎、司马彪、延笃、卢植、高诱等人，现仅存许慎注（为辑本）和高诱注。宋苏颂《校淮南子题序》云："是书有后汉时太尉祭酒许慎、东郡濮阳令高诱二家之注。隋唐目录，皆别传行。今校崇文旧书与蜀川印本、暨臣某家书凡七部，并题曰《淮南子》。二注相参，不复可辨。……互相考正，去其重复。共得高注十三篇，许注十八篇。"④ 许高二注何时相杂，学者有不同

---

① 王利器：《吕氏春秋注疏》，巴蜀书社 2002 年版，第 967 页。

② 陈奇猷：《吕氏春秋新校释》，上海古籍出版社 2002 年版，第 533 页。

③ 《西京杂记》卷三："淮南王著《鸿烈》二十一篇。鸿，大也。烈，明也。言大明礼教。号为《淮南子》，一曰《刘安子》。"

④ 苏颂：《苏魏公文集》，中华书局 1988 年版，第 1007 页。

的看法①，并提出了如何区分二注的依据②。

高诱注《吕氏春秋》引《淮南子》凡 24 见："《淮南记》曰 / 云" 20 见，"《淮南》云" 1 见，另有 "《传》曰" 3 见亦引自《淮南子》。高注引《淮南子》主要作用有：

说明人物，如高注引 "越王翳也" 释《贵生》之 "王子搜"。又如高注引 "王孙绰" 释《别类》之 "鲁人有公孙绰者"。《览冥训》注："王孙绰，盖周人也。一曰，卫人王孙贾之后也。" 刘文典云："疑许君注。" 向宗鲁曰："是高非不知文出吕氏，而又以为周人，盖非其旧矣。" 俞樾则曰："先注《淮南》，后注《吕览》，故彼注引《淮南记》而此与《吕览》不合也。"

说明地名，如高注引 "轶鹍鸡于姑余" 释《本味》之 "指姑之东"。《览冥训》注："姑余，山名，在吴。" 又如高诱注引《淮南子》"山穴" 释《贵生》之 "逃于丹穴"。又高注引 "舜葬苍梧九疑之山" 释《安死》之 "舜葬于纪市，不变其肆"，并注："此云于纪市，九疑山下亦有纪邑。" 此文出自《齐俗训》，今作 "舜葬苍梧，不变其肆"，注曰："舜南巡狩，死苍梧，葬冷道九疑山，不烦市井之所废。" 何宁谓高注此文应作 "不烦纪市有所废"。然《齐俗训》注乃为许慎所作，非高氏之注③。据下文，"禹葬会稽之山，农不易其亩：明乎死生之分，通乎俭侈之适者也"，则知原文本义为舜死却不劳民。故 "不烦市井之

---

① 清人陆心源在《淮南子高许二注考》中一方面说 "至宋而高许二注相混"，后又推测 "魏晋以后，因高书不全，遂以许书补之，犹范晔书无《志》，以司马彪补之也，故隋唐《志》皆云二十一卷"。叶德辉《辑淮南鸿烈间话序》首先认为 "唐人所见时许高二本尚未屏合"，又据《蒙求注》所引许注指出："按唐李瀚《蒙求注》引许慎曰 '庶贱之女……冤结告天'，与今本高诱注同。盖许高二注混乱久矣。"

② 参见苏颂：《校淮南子题序》(《苏魏公文集》，中华书局 1988 年版)、劳格《淮南子许高二注》(《读书杂识》卷二)、陆心源《淮南子高许二注考》(《仪顾堂集》卷二 1898 年刻本)、陶方琦《淮南许注异同诂》(《续修四库全书·子部·杂家类》)、刘文典《淮南鸿烈集解》(中华书局 1989 年版)。

③ 劳格《读书杂识》卷二云："其《缪称》、《齐俗》、《道应》、《论言》、《兵略》、《人间》、《泰族》、《要略》八篇注，皆无是句 ('因以题篇')，又注文简约，与高注颇殊，与诸书所引许注相合，当是许注无疑。"

所废"无误。

除用于解释名物，又有申明文义之例。

高注引"鱼相忘乎江湖，人相忘乎道术"释《贵生》"世之人主多以富贵骄得道之人，其不相知"。引自《俶真训》，今作"鱼相忘于江湖，人相忘于道术"，注曰："言各得其志，故相忘也。"引文为说明因道不同，故互不相知。此二句本出自《庄子·大宗师》，作"鱼相忘乎江湖，人相忘乎道术。"高注引亦作"乎"。"于"、"乎"古音相近，多通用。

高注引"蠡房不能容鹤卵"释《谕大》"井中之无大鱼也"。今《泛论训》作"蜂房不容鹄卵"，"鹤"当作"鹄"，因字形相近而误。《谕大》主张从事于大义，故强调大之重要性，自"地大"至"新林"皆为说明"凡谋物之成也，必由广大众多长久"，引文亦同此义。

高注引"欲治之君不世出，可与治之臣不万一，以不万一待不世出，何由遇哉"释《观世》"士与圣人之所自来，若此其难也，而治必待之，治奚由至"。引自《泰族训》，今作"欲治之主不世出，而可与兴治之臣不万一，以万一求不世出，此所以千岁不一会也"。俞樾曰："'兴'乃衍文。"王念孙云："当作'以不万一求不世出'。"引文为说明君臣相遇之难，故治世短而乱世长。

高注引文中有与今本《淮南子》文字相异者，如高诱引"急辔利衔，非千里之御也；严罚峻法，非百王之治也"，而今《缪称训》作"急辔数策者，非千里之御也"。高诱引"万人之众无废功，千人之众无绝良"，今《主术训》作"千人之群无绝梁，万人之聚无废功"。知《淮南子》在其产生之后就广为流传，并有多个版本存世，许、高二人所本即不同，高诱所见与今传世本有文字的差异也在情理之中。又因许高二注混杂已久，难免存在互有羼入的情况，如高诱引"塞其耳而欲闻五音，掩其目而欲青黄，不可得也"，今《主术训》作"塞耳而听清浊，掩目而视青黄也，其离聪明则亦远矣"。何宁释云："《吕氏春秋》乃高注，所引不应有异，今本疑后人以许本混入也。"[①]

---

① 何宁：《淮南子集释》，《新编诸子集成》本，中华书局1998年版，第659页。

第三节　引诗赋考

"诗赋类"高诱注引书仅有《幽通赋》一篇。班固《幽通赋》，收于《汉书·叙传》，可见班固对其重视程度。此赋乃班固突遭家庭变故迁往安陵（今陕西咸阳市渭城区东北）后所作，充满了对历史、人事、现实的思考，是班固的人生自白，亦见证了其家族的变迁。《汉书·叙传》曰："有子曰固，弱冠而孤，作《幽通》之赋，以致命遂志。"又根据赋文"咨孤蒙之渺渺兮，将圮绝而罔阶。岂余身之足殉兮？世业之可怀"，推测此赋作于班固弱冠之时，正值父亲班彪丧后。陆侃如将其系于建武三十年（54），也就是班彪逝世的当年①。此赋虽多处引用老庄文字，但更多的则是他精诚所至的济世之心，是年轻的班固踌躇满志的励志誓言。"诗赋类"，高诱唯独引用此篇，可见高诱对班固《幽通赋》的熟悉和喜爱程度，以及对其思想倾向的认可。

高诱注《吕氏春秋》引《幽通赋》凡4见，均作"《幽通记》"。陈奇猷谓："高所谓《幽通记》即班固《幽通赋》。"②是也。《淮南子注》两引之——《说山训》注、《修务训》注，皆作"《幽通赋》"。高注引《幽通赋》的主要作用为：

证史事，如高诱引《幽通赋》其中3见是为证《吕氏春秋》正文所述之史事。引"张毅修襮而内俋"证《必己》之张毅"不终其寿，内热而死"之事，今《汉书·叙传》作"张修襮而内逼"。《集韵》："俋，与逼同。"引"单豹治里而外凋"证《必己》之单豹"身处山林岩穴，以全其生，不尽其你年，而虎食之"之事，今作"单治里而外凋"。又引"养流睇而猿号"证《博志》之养由基善射之事。《吕氏春秋》本作"养由基睇而猿号"，毕沅改"由基"作"流"。今李善《文选·幽通赋》、《淮南子·说山训》注皆引作"流"，曹大家注："流，或为由，非也。"《汉书·叙传》作"游"。颜师古注曰："游睇，流盼也。"王

①　陆侃如：《中古文学系年》上册，人民文学出版社1985年版，第78页。
②　陈奇猷：《吕氏春秋新校释》，上海古籍出版社2002年版，第1635页。

先谦曰："游，萧本作'流'。《音义》曰：该案：《春秋》作'养由'，今《汉书》作'流'，由与流亦互用。"① 陈奇猷以为毕改不得当。《吕氏春秋注》本作"养由睠而猿号"，"养由"与下句"李虎"对偶，后人不解"养由"而误增"基"②。然陈说不得当。《淮南子·说山训》注引作"养流睠而猿号"，高诱两处所引应同。且"虎"在此句应为名词动用，故上句当为"养游（流、由）睠而猿号"。流，来母幽韵；游，喻母幽韵；由，喻母幽韵。三字可通用。

明文义，如高注又引"张修襷而内逼"释《情欲》"功虽成乎外而生亏乎内"。此篇之旨乃以贵生为目的而节制情欲，"由贵生动则得其情矣；不由贵生动则失其情矣"。以张毅"外修恭敬，斯徒马围皆与亢礼，不胜其劳，内热而死"释"功虽成乎外而生亏乎内"，以个例释一般，以具体释抽象，引文得当。

第四节　引兵书考

"兵书类"，高诱注引书只涉及《孙子兵法》一部。《孙子兵法》在战国时代就流传广泛。《韩非子·五蠹》云："境内皆言兵，藏孙、吴之书者家有之。"孙、吴指孙武、吴起，孙之书即《孙子兵法》，吴之书乃《汉志》所录"《吴起》四十八篇"。《史记·孙子吴起列传》载："（孙武）以《兵法》见于吴王阖闾。阖闾曰：'子之十三篇，吾尽观之矣……'"又说："世俗所称师旅，皆道《孙子》十三篇。"此乃关于《孙子兵法》的最早明确记载。《汉志》说："汉兴，张良、韩信序次兵法，凡百八十二家，删取要用，定著三十五家。诸吕用事而盗取之。武帝时，军政杨仆捃摭遗逸，纪奏兵录，犹未能备。至于孝成，命任宏论次兵书为四种。"③ 西汉时进行过三次较大规模的兵书整理工作，其中任宏"论次兵书"是刘向主持校书的一部分。经过整理、校勘，《孙子兵法》八十二

---

① 王先谦：《汉书补注》，中华书局1983年版，第1732页。
② 陈奇猷：《吕氏春秋新校释》，上海古籍出版社2002年版，第1635页。
③ 班固：《汉书》，中华书局1962年版，第1762页。

篇本成为官定版本，即"《吴孙子兵法》八十二篇，图九卷"，并流行开来①。

魏武帝曹操因八十二篇本太过繁冗，结合自己的实战经验，对八十二篇进行删减并注释，是为《孙子略解》。唐张守节《史记正义》云："《七录》（南朝梁阮孝绪《七录》）云'《孙子兵法》三卷'。案：十三篇为上卷。又有中下二卷。"三卷本即八十二篇本。而曹操所注十三篇大概只为上卷。故《隋书·经籍志》云："《孙子兵法》一卷，魏武、王凌集解。"杜牧《孙子序》："《武书》十数万言，魏武削其精切，凡十三篇，成为一编。"据统计，宋本《孙子》全书共计5913字②。此乃一卷之字数，若三卷，恰"十数万言"。高诱《上德注》曰："孙武也，吴王阖闾之将也，《兵法》五千言是也。"所谓"五千言"乃大约之数，与今本字数基本相当。盖司马迁、高诱、曹操所见《孙子兵法》可能均为八十二篇本，而他们都认为其余六十九篇文字非孙武自作，故相信十三篇之说③。

曹操之前，有吴沈友曾为《孙子兵法》作注，《三国志·吴书·吴主传》注引《吴录》，沈友"善属文辞，兼好武事，注《孙子兵法》"。《隋书·经籍志》载："《孙子兵法》一卷，吴处士沈友撰。"

高诱引《孙子兵法》仅1例。以"不战而屈人之兵，善之善者也"释《贵因》"适令武王不耕而获"。此言出自今传本④《谋攻》篇。"不战而屈人之兵"是《孙子兵法》的重要命题，不直接交战而是通过"伐谋"达到"屈人之兵"的效果，

---

① 1972年山东临沂银雀山汉墓出土《孙子》木牍，篇题、篇目次序、用字与今本不尽相同，且残缺严重。与宋本《孙子》相较，有十三篇以外的文字，如《吴问》、《四变》、《黄帝伐赤帝》、《地形二》、《见吴王》等。这个版本未必一定是八十二篇本，但至少可以肯定当时有十三篇以外的本子在流行。据出土文物以及文字避讳情况，可推测此本抄于武帝之前，盖为张良、韩信所"序次"之传本。如此说来，汉初，十三篇之增益本即已流传开来，至刘向方定为官方版本。

② 孙诒让：《札迻》卷十，齐鲁书社1989年版，第332页。

③ 孙星衍《刻书序》："宋雕本《孙子》三卷，魏武帝注，见《汉志》者，《孙子》篇卷不止此。然《史记》已称十三篇，则此为完本。篇多者反由汉人辑录。"

④ 指孙星衍校：《孙子十家注》本，光绪十年甲申冬月皖城扬霖萱据浙江书局本重刻，1990年天津市古籍书店影印。

于国于民，善莫大焉。高诱引此来说明武王以"义"取信于人，纣师倒戈，令武王不战而擒纣。引文与文义合。

从《吕氏春秋注》的引书来看，作为一介经生，高诱对经书最为熟悉，也最为重视，经学是他学术框架的主要组成部分。引书共计 383 例，其中，引五经凡 238 例，占到引书总数的 62.1%，对经书的引用占到绝对比重。在所引经书中，对《春秋》经传的引用比例最高，可见高诱对"史"的关注程度。"三传"中《左传》占绝对优势，意味着《左传》在汉末地位的上升。对《诗经》的引用仅次于《春秋》经传，达 81 例，这与先秦时期，士人之间形成的引诗赋诗的传统不无关系。高诱对《左传》、《鲁诗》和《周礼》的大量引用，说明了高诱古文经学的学派归属。除了五经之外，高诱引用最多的是《论语》，足见《论语》在当时几可与五经相并列的重要地位，也说明高诱对孔子言论的尊奉。高诱引书，主要用于文义的辅助说明、字词的训释和史实的补充，紧贴原文，是文本训释的内容之一，并不对引书作随意发挥，体现了他古文经学的学术风格。

第 五 章

高诱的经世思想

　　《象山语录》载:"或问:'先生何不著书?'对曰:'六经注我,我注六经。'"[1] 基于依圣托祖的思维模式,我国有着悠久的语言注释的传统,古代学者更倾向于通过古籍的阐释来"代圣贤立言",并传达自己的思想观念,而我国众多的文化经典也正是通过无数学者不断的注释得以延展其生命活力。在我国漫长的注释历史中,始终存在着"六经注我"和"我注六经"的辩证关系,似乎汉代经学是"我注六经"的代表,宋代儒学是"六经注我"的代表;在汉代经学内部,今文经学是"六经注我",而古文经学则是"我注六经"。实际上,任何一部注释之作都是"六经注我"和"我注六经"的统一,只不过有所侧重罢了,即使是以风格素朴著称的汉代古文经学,也是有其主观的思想目的和政治目的在内的。古文经学家孜孜以求的是官学的地位和仕途之路,郑玄"但念述先圣之元意,思整百家之不齐"的想法,代表了众多经学家理想的宏愿。《吕氏春秋注》也是一部集"我注六经"和"六经注我"为一体的著作,高诱经世致用的社会理想就体现在他注释的字里行间。

---

① 陆九渊:《陆九渊集》,中华书局 1980 年版,第 399 页。

第一节　通经明道

古籍注释的最终目的莫过于明道，而欲明道，必先通训诂。在古人看来，《六经》是圣人贤者之"道"的集中体现，欲明圣人之道则需读懂经书，而经书乃上古流传下来的文字，艰深难懂，微言大义，解决语言文字问题就成为读经明道的首要任务。关于通诂和明道的关系，乾嘉学者已经论述得非常深刻。乾嘉学派的奠基者戴震说道：

> 经之至者，道也；所以明道者，其词也。所以成词者，未有能外小学文字者也。由文字以通乎语言，由语言以通乎古圣贤之心志，譬之适堂坛之必循其阶，而不可以躐等。①

> 惟空凭胸臆之卒无当于贤人圣人之理义，然后求之古经；求之古经而遗文垂绝，今古悬隔也，然后求之故训。故训明则古经明，古经明则贤人圣人之理义明，而我心之所同然者乃因之而明。②

钱大昕也有类似的观点：

> 尝谓《六经》者，圣人之言，因其言以求其义，则必自诂训始；谓诂训之外别有义理，如桑门以不立文字为最上乘者，非吾儒之学也。③

> 夫穷经者必通训诂，训诂明而后知义理之趣。④

在汉代学者看来，文字不仅是经学的载体，还是"道"的载体，具有载道的功能。班固《汉志》认为文字"宣扬于王者朝廷，其用最大"⑤，许慎更明确表示："盖文字者，经艺之本，王政之始，前人所以垂后，后人所以识古，故曰'本立而道生'，'知天下之至啧而不可乱也'。"这种对语言文字与经道之间

---

① 戴震：《古经解钩沉序》，《戴东原集》第 2 册，《万有文库》，商务印书馆 1929 年版，第 36 页。
② 戴震：《题惠定字先生授经图》，《戴东原集》第 2 册，《万有文库》，商务印书馆 1929 年版，第 51 页。
③ 钱大昕：《潜研堂文集》，《嘉定钱大昕全集》（九），江苏古籍出版社 1997 年版，第 375 页。
④ 钱大昕：《潜研堂文集》，《嘉定钱大昕全集》（九），江苏古籍出版社 1997 年版，第 371 页。
⑤ 班固：《汉书》，中华书局 1962 年版，第 1721 页。

关系的认识也正是汉代今古文经学之间的分歧之一。今文经学用隶书写成，他们不关注字体的发展演变，不顾及词语本身的含义，只把视线集中在经义的阐发上面，以至于烦言碎辞，穿凿附会，其说解已经完全背离了经义阐发的轨迹。而古文经学所面对的文本皆先秦古籍，由古文字书写而成，学者需首先辨识文字方能进一步解经。如此，古文经学家对语言文字格外感兴趣，既关注汉字形体的历史发展，也留意汉字语音的古今变化，既考察汉字字义的演变规律，还重视词语的地域差异，故在汉代，语言文字的字体、语音、语义、方言等方面均有不菲的成果出现。学者力图通过解决经文中词语的古今意义的差异，作尽量忠实于原文的解释，从而理解古圣贤之道的真谛所在。

在经学家的言论中，通诂与明经是直接联系的，强调了训诂在解经中的重要性。朱熹曰："圣贤之言，条理精密，往往如此。但看得不切，错认了他文义，则并与其意而失之耳。"[1] 戴震言："我辈读书，原非与后儒竞立说，宜平心体会经文，有一字非其的解，则于所言之意必差，而道从此失。"[2] 经文"微言大义"，一字之别，意思往往相距甚远，力求科学释义的训诂就显得尤为重要，朱氏之言非常精辟地道出了通诂求得本义在解经中的重要性。

现存最典型的古文经学的代表作是《毛诗故训传》和《毛诗笺》，以释词和解句为主，兼释名物制度，并交代历史时代背景，自始至终都是围绕着《诗经》文本而展开，力求忠实于原文，不随意发挥，这是古文经学治学的基本路径。高诱注书，同样延续此路。虽然《淮南子》、《吕氏春秋》、《战国策》皆非儒家经典，但高氏以语言文字为主要对象的注释思想却是与古文经学一脉相承的，充分体现了古文经学的注释态度。"注"作为一种训诂体式，是由郑玄最早使用的，是"言为之解说，使其义著明也"[3]，注文与原文紧密依附，要求注解必须处于文本文字的意义范围内，尽量不要逾越文本的意义围度。高注或以通语释方言，或以今语释古语，揭示文本含义；又解释历史人物、历史事件、

---

① 黎靖德：《朱子语类》，中华书局 1986 年版，第 1265 页。

② 戴震：《与某书》，《戴东原集》第 2 册，《万有文库》，商务印书馆 1929 年版，第 33 页。

③ 阮元校：《十三经注疏·毛诗正义》，中华书局 1980 年版，第 269 页。

地理、风俗、官职等，以还原文本当时历史背景，为阅读中对文本意义的理解与接受奠定语境基础。在高诱等古文经学者看来，古籍文本必定有体现圣贤思想的本义存在，古籍注释是试图接近圣贤的最佳途径，揭示本义、扫除阅读障碍是通向圣贤"元意"的必经之路，通诂的最终目的在于明经。所以，训诂是一项神圣而严肃的事情，通诂的最终目的在于明经，就决定了汉代小学朴素求实的学术风气。

第二节　经世思想

从高诱选择注释的著作看，《孝经》、《孟子》、《淮南子》、《吕氏春秋》等，虽非"六经"之学，但皆于治世有诸多指导作用。如《孝经》，汉代"以孝治天下"，"孝"的观念不仅深入人心，而且成为汉代治国的指导思想。《孝经·开宗明义章》说道："先王有至德要道，以顺天下，民用和睦，上下无怨。"《孝经》之"孝"并非仅局限于家庭家族内部，而是为了通过建立一个更加和谐的社会秩序达到治理天下的政治目的。所以，"孝"既是个人对家庭的义务，更是对社会所应尽的责任。汉代统治者正是利用了这一点，把孝道与国家政治联系起来，以"孝"作为统治秩序之基本思想。《淮南子》的编订与西汉政权息息相关，只是汉初以后，形势发生了变化，黄老道家学说难以适应变化了的政局，《淮南子》尚未付诸实践便被束之高阁。《吕氏春秋》首先是一部治国纲领，是面对即将统一的大趋势，宰相吕不韦为秦王嬴政制订的施政计划和政治方略。孙人和在《〈吕氏春秋〉集释序》中说："尝谓：'《吕氏春秋》一书……盖以秦势强大，行将一统，故不韦延集宾客，各据所闻，撰月令，释圜道，证人事，载天地、阴阳、四时、日月、星辰、五行、礼仪之属，名曰《春秋》，欲以定天下，施政教，故以《序意》殿其后焉'。"[1] 明确指出《吕氏春秋》的写

---

① 许维遹:《吕氏春秋集释》，中华书局2009年版，第5页。

作目的是为即将到来的大一统政治服务的。《吕氏春秋》在汉代并未受到重视，高诱在汉末将其重新拾起，是有其特殊用意的，寄寓了高诱的政治主张和社会理想。

汉末军阀割据，社会混乱，民不聊生，停止争战、恢复和平成为时代的呼声。高诱深受儒家思想教育，面对惨败的时局，"兼济天下"的经世情怀促使他选择学术的方式曲线救国。《吕氏春秋》是适应由战乱到统一的趋势而产生的，高诱所处的时代正需要有这样一部纲领性的著作来指导当局，故高氏选择《吕氏春秋》为之作注。一方面高诱钻研学问来远离政治，与当时很多经学家一样或隐居乡间，或收徒讲授，躲避现实，保全自己；另一方面，其内心深处又无时无刻不牵挂社会，以自己的学问来安放对社稷的牵挂，表明政治态度和经世意识，徘徊于内心与政治之间。正如其前辈郑玄，小时表现出对仕途"漠然如不及"①，成年后，"公车再召，比牒并名"，然玄"但念述先圣之元意，思整百家之不齐"，一心向学。可清代学者于其注书中发现了隐秘其中的对当世的不满和忧虑。如陈澧曰：

> 郑笺有感伤时事之语。《桑扈》"不戢不难，受福不那"，笺云"王者位至尊，天所子也，然而不自敛以先王之法，不自难以亡国之戒，则其受福禄亦不多也"，此盖叹息痛恨于桓、灵也；《小宛》"螟蛉有子，蜾蠃负之"，笺云"喻有万民不能治，则能治者将得之"，此盖痛汉室将亡而曹氏将得之也；又"战战兢兢，如履薄冰"，笺云"衰乱之世，贤人君子，虽无罪，犹恐惧"，此盖伤党锢之祸也；《雨无正》"维曰于仕，孔棘且殆"，笺云"居今衰乱之世，云往仕乎？甚急迮且危"，此郑君所以屡被征而不仕乎？郑君居衰乱之世，其感伤之语有自然流露者，但笺注之体谨严，不溢出于经文之外耳。②

高诱的经世思想还受到其师卢植的影响。卢植个人的行为处事往往是"务

---

① 范晔：《后汉书》，中华书局 1965 年版，第 1207 页。

② 陈澧：《东塾读书记》，上海古籍出版社 2012 年版，第 98 页。

存清静，弘大体而已"，但对于时政，则是"常怀济世志"，多次上书进谏，即便不被采纳，也要表明其拳拳之心。卢植曾上书要求整理《礼记》，并置博士，希望"以助后来，以广圣意"。卢植的这种治学为治世的思想观念，代表了汉代以及我国古代广大学者对待学术的态度，其弟子踵其后注书以明志的做法是对先师最好的回馈。

下面就从几个方面来看一下高诱在《吕氏春秋注》中所体现出来的经世思想。

一、政治观

《易·系辞上》："一阴一阳之谓道。""道"指事物运动变化的规律性、有序性，为君治国亦有"道"。高诱在注文中多次表达了"道"的社会见解。

《恃君》曰："昔太古尝无君矣。其民聚生群处，知母不知父，无亲戚兄弟夫妻男女之别，无上下长幼之道，无进退揖让之礼，无衣服履带宫室畜积之便，无器械舟车城郭险阻之备。"这段文字相当精彩地描述了原始母系氏族社会的状况，用历史发展的观点否定了君权、父权、夫权的与生俱来的专制属性，具有积极的意义。《恃君》注："太古，上古，两仪之始，未有君臣之制。"这虽然是一句注释语，但其中的肯定语气是显而易见的。高诱用一种历史发展的眼光来看待君道问题，君臣非生而有之，而是社会发展到一定阶段的产物。"两仪"一词最早见于《易·系辞上》，其曰："易有太极，是生两仪，两仪生四象，四象生八卦。"孔颖达疏："不言天地而言两仪者，指其物体；下与四象相对，故曰两仪，谓两体容仪也。"[1]"两仪"最初指的是与天象有关的物体，代表着上古时代人们对宇宙的模糊认识。《大乐》曰："太一出两仪，两仪出阴阳。""两仪"与天地的产生有关。高诱所谓"两仪之始"应该取前者即天地之始。在生产资料公有的前提下，人们群居而生，没有等级差别，无所谓君臣。私有制产生以后，逐渐有了财产的分配不均，社会等级出现，国家形成，社会需要有秩序地运转，为了协调社会内部成员的关系，首领诞生，于是也就有了君臣

---

① 阮元校:《十三经注疏·周易正义》，中华书局1980年版，第82页。

之别。所以，君臣之别的产生是社会走向有序、协调的产物，是历史进步的表现。

（一）君主至尊

《吕氏春秋》主张天子君主的至尊唯一性，《执一》"天下必有天子，所以一之也"，"国必有君，所以一之也"。同时强调等级制度的绝对性，《处方》曰："凡为治必先定分，君臣、父子、夫妇。"到了封建君主专制逐渐发展成熟的东汉末期，君主独尊的观念更加深入人心。在高诱看来，君主位尊，乃国家之本，而臣下则位卑。《先己》注："君亦国之本。"君主乃国家之根本，上行而下效，君失其道，臣下则失其行，"边侵于敌"，"名声堕于外"。君为本的观念，并非一切以君主为中心，而是强调君主在国家事务中的根本、中心地位，君主的贤明与否直接决定了整个国家的兴衰存亡。《处方》："百里奚之处乎虞，智非愚也；向挚之处乎商，典非恶也，无其本也。其处于秦也，智非加益也；其处于周也，典非加善也，有其本也。"高注："（虞、商之君）身不治，自取灭亡也。……（而）秦、周之君身正而治也。"亡或治，贤士并非决定因素，根本原因在于国君，《审分》注："君明则臣忠，臣忠则政无壅塞，故曰'在于人主'。"既然君为国之本，则君位势必要尊。《圜道》："天道圜，地道方，圣王法之，所以立上下。"高注："上，君。下，臣。"君臣的尊卑高低之界非常严格，这就要求君臣之间需要正名，否则如《明理》所说："君不君，臣不臣，故相贼。"

高诱"君道"观中鲜明的"忠君"意识是君道思想在汉代发展演变的结果，与同时代的君道观念是吻合的。先秦时期，儒家的民本仁政是其国家政治思想的核心，"忠君"观念也是在这一基础上提出的。汉初黄老道家思想一度统治着国家的意识形态，儒家的仁政和道家的无为在这一时期实现了短暂的结合，贾谊的思想可折射出这段历史的君道观念的基本情况。《新书·大政上》中强调"夫民者，万世之本也，不可欺"，"与民为敌者，民必胜之"[1]，继承了春秋

---

① 贾谊著，阎振益、钟夏校注：《新书校注》，《新编诸子集成》本，中华书局2000年版，第341页。

以来的民本思想。对于君臣关系，贾谊则以"礼"来约束之，"礼者，所以固国家，定社稷，使君无失其民者也。……失爱不仁，过爱不义，故礼者所以守尊卑之经，强弱之称者也。"①信守儒家传统的礼乐精神，反对君主专制，在西汉儒生当中颇具代表性，刘向在《新序》《说苑》中亦有类似的主张。真正将汉代的君道思想来个大转折的是董仲舒，他将儒家学说与阴阳五行相结合，借助"天人感应"，将谶纬与王政得失联系起来，"独尊儒术"，明确提出君为本的君主专制思想。"君人者，国之元，发言动作，万物之枢机。……君人者，国之本也，夫为国，其化莫大于崇本，崇本则君化若神，不崇本则君无以兼人。无以兼人，虽峻刑重诛而民不从。"②董仲舒将君主的神授权力加以强化，使君臣关系变成绝对，从而使忠君思想在西汉树立起来。东汉时期，忠君思想继续发展，特别是汉末马融的《忠经》，将两汉的忠君思想进一步加强、巩固，成为专制统治的思想武器。《忠经》一方面鼓吹君权神授，如《冢臣章》"尊其君，有天地之大，日月之明，阴阳之和，四时之信"③，《圣君章》"王者上事于天，下事于地，中事于宗庙，以临于人"④，君主乃天之子，有着无上的权力，所以对君要"忠"，《天地神明章》"为国之本，何莫由忠。忠能固君臣、安社稷、感天地、动神明，而况于人乎"⑤，《辨忠章》"大哉忠之为道也！施之于迩，则可以保家邦；施之于远，则可以极天地"⑥，将忠君作为伦理纲常而加以强化，更加方便了君主专制的合理化。另一方面，《忠经》也强调君臣的责任和义务，《广至理章》"王者思于至理，其远乎哉？无为而天下自清，不疑而天下自信，不私而天下自公。贱珍则人去贪，彻侈则人从俭，用实则人不伪，崇让则人不争"，对君主的行为提出了要求，只有这样，才能"得人心和平，天下淳质，

---

① 贾谊著，阎振益、钟夏校注：《新书校注》，《新编诸子集成》本，中华书局 2000 年版，第214页。
② 董仲舒著，凌曙注：《春秋繁露》，中华书局 1975 年版，第 207 页。
③ 马融：《忠经》，《丛书集成》，商务印书馆 1936 年版，第 4 页。
④ 马融：《忠经》，《丛书集成》，商务印书馆 1936 年版，第 2 页。
⑤ 马融：《忠经》，《丛书集成》，商务印书馆 1936 年版，第 1 页。
⑥ 马融：《忠经》，《丛书集成》，商务印书馆 1936 年版，第 9 页。

乐其生，保其寿，优游圣德，以为自然之至也"①。

（二）君道无为

君道要做到"无为"。《有度注》曰："道尚空虚，无为而无不为，人能行之，亦无不为也。"高诱在《先己注》中，主张"行君人无为之道"，则可以"民安利"，可以"百官承使化职事"，所以，看似"无为"，实则"有为"，"君能无为而治民，以为胜于天"。在高诱看来，君若无为而治，功比天高，意义非同寻常，"胜于天"可以说是对君道无为的最高评价。无为非所有人都能做到。《精谕注》："至德之人为乃无为，无为因天无为，天无为而万物成乃有为也，故至德之人能体之也。"同样，君道无为，并非所有的君主都能做到。《乐成注》："夫唯贤主能无为耳，中庸之主不能无为。"《吕氏春秋》在君道方面继承了老子"无为"的思想。老子主张"无为"，实则是"道法自然"之无不为。《吕氏春秋》则提出"法天地"的君道宗旨，在道法天地的指导下，行"不教之教，无言之诏"，君无所作为也就是最好的君道有为。无论君主如何行有为之道，均以天下国家人民为重，《贵公》"天下非一人之天下也，天下之天下也"，《用众》"立已定而舍其众，是得其末而失其本；得其末而失其本，不闻安居"。《淮南子》在汉初特殊的社会环境下，将先秦道家自然无为的观念运用于政治领域，赋予"无为"更加实际的内涵。《主术训》曰："人主之术，处无为之事，而行不言之教，清静而不动，一度而不摇，因循而任下，责成而不劳。"《诠言训》曰："君道者，非所以为也，所以无为也。何谓无为？智者不以位为事；勇者不以位为暴；仁者不以位为患；可谓无为矣。"为保证面南而无为的实现，还将"势"、"法"、"术"等手段运用于具体的政治实践中，使"无为"有条件适时地转化为"有为"，创造性地发展了道家无为思想。高诱曾花费大量精力注释《淮南子》，对"无为"思想体会自然深刻。作为一介儒生，在汉末复杂动荡的年代里，主张君主有所为有所不为，或许就是他对君主治国的独立思考。

---

① 马融：《忠经》，《丛书集成》，商务印书馆1936年版，第8页。

（三）修身正己

君主修身正己以治国是先秦诸子的共同政治主张，道家有庄子所谓"内圣外王"① 的观点，儒家有"修齐治平"的思想，《大学》："物格而后知至，知至而后意诚，意诚而后心正，心正而后身修，身修而后家齐，家齐而后国治，国治而后天下平。自天子以至于庶人，壹是皆以修身为本。"②《中庸》："知所以修身，则知所以治人。知所以治人，则知所以治天下国家矣。"③

在高诱看来，君道讲究一"正"字——公正、正直。《本生注》："官，正也。"字书关于"官"字的解释多指官职、职事，而高诱训为"正"，足见其对为官之道的基本看法。为君之道，讲究一个"正"字，《圜道注》："君臣上下无私邪相壅蔽之。"君臣皆正，则上通下达，君臣之间无所壅蔽，方能政治清明，否则，君臣壅蔽，相互猜忌，不能以诚相见，难有存君之说也，如《壅塞注》"不纳忠言之说，鲜不危亡"。对于君主而言，"正"显得尤为重要，高诱《先己注》主张君主"身正则天下治"，《知度注》"无所爱恶则公正，治之本也"，《审分览注》表示，如若"主不以正临之"，则"臣自欲容私"，国家必定难逃罹难，"君无所避其负也"。《恃君注》坚持，君"正"则明，"唯明君能知忠臣耳"，明君忠臣，是国家长治久安的基本保证。《审分注》："君明则臣忠，臣忠则政无壅塞，故曰在于人主。"《圜道注》："纳忠受谏，臣情上达，无所壅蔽，是为君之道通也。"君臣之间没有障碍，君爱臣纳谏，臣拥君献策，如此则君道通，《分职注》"桀、纣有天下，非汤、武之有也，而汤、武有之，此之类也"，即为"通乎君道者"。汤、武正是明乎君臣之道，故而能将天下从桀纣手中夺取。《长见注》认为，臣忠，则会"尽力为之，可以致君于王也"，有了忠臣，君主鲜有不霸者也。历史上就有这样的典型事例，《情欲注》："孙叔敖贤，能事君以道，致之于霸，荆国得之，幸也。"楚庄王知忠任贤，成就霸业，"乃孙叔敖之日夜不息，以广其君，君德之所以成也"。然而莒敖公则不知启用良臣，身

---

① 王先谦：《庄子集解》，《新编诸子集成》本，中华书局1987年版，第288页。
② 阮元校：《十三经注疏·礼记正义》，中华书局1980年版，第1673页。
③ 阮元校：《十三经注疏·礼记正义》，中华书局1980年版，第1629页。

败国亡，《恃君注》："敖公弗及也，死其难，可以使后世不知良臣之君惭于不知人也。"

（四）民为国本

《功名》注明确指出："王者以民为本。"高诱和我国古代众多知识分子一样是民本思想的追随者。发端于商周时期的民本思想作为我国古代封建社会主要的政治思想一直存在于朝代的变更和国家的发展中，是我国优秀的文化传统的重要组成部分。《尚书》中有"民惟邦本，本固邦宁"①的道理，《泰誓》记载周武王的言论"天视自我民视，天听自我民听"②，把民众比作天，而君主是依天行事的，君主要顺应民意。孔子曰："百姓足，君孰与不足？百姓不足，君孰与足？"③表达了百姓之于君主的重要性的思想。孟子强调得民的重要性："得天下有道：得其民，斯得天下矣。"④荀子也主张说："天之生民，非为君也；天之为君，以为民也。"⑤到了汉代，从学者到统治者，皆重视民众的力量，民本思想是汉代政治思想的核心和主要行政依据。贾谊曰："闻之于政也，民无不为本也。"⑥王符曰："国之所以为国者，以有民也。"⑦汉代统治者实行的诸如重农等惠民利民政策，就是民本思想在汉代的具体体现。

以民为本，就要让民众得到真正的实惠和利益，故君道的目的在于"利民"。《先己》注："为君之道，务在利民，勿自利身。"《爱类》注："以利民为务。"旗帜鲜明地表明君道要利民、爱民、惠民的政治主张。《知度》注中，为君者"知性命"，"不为无益之事，唯道是从，利民而已"。《慎大注》中，高诱认为，为君者唯一需要做的就是"利民"，"不违民欲"，唯有如此，才是通乎

① 阮元校：《十三经注疏·尚书正义》，中华书局 1980 年版，第 156 页。
② 阮元校：《十三经注疏·尚书正义》，中华书局 1980 年版，第 181 页。
③ 阮元校：《十三经注疏·尚书正义》，中华书局 1980 年版，第 503 页。
④ 阮元校：《十三经注疏·尚书正义》，中华书局 1980 年版，第 2721 页。
⑤ 王先谦：《荀子集解》，中华书局 1988 年版，第 504 页。
⑥ 贾谊著，阎振益、钟夏校注：《新书校注》，《新编诸子集成》本，中华书局 2000 年版，第 338 页。
⑦ 汪继培笺，彭铎校：《潜夫论笺校正》，《新编诸子集成》本，中华书局 1985 年版，第 210 页。

"君道"之人。管子早就指出:"凡治国之道,必先富民,民富则易治也,民贫则难治也。"① 所谓"仓廪实则知礼节,衣食足则知荣辱",百姓生活富足,其精神层面的修养就会提升,物质和精神两方面的富足,势必带来国家的长治久安,如果人民连最基本的生活都得不到保障,终究会带来政权的不稳定甚至是朝代的覆亡。贾谊指出:"德莫高于博爱人,政莫高于博利人。"② 让百姓受益、俘获民心则兴,损百姓利益、忤逆民心则亡。王符更在《务本》中提出了"为国者,以富民为本"③ 的观点,民富则国富,"民安乐则天心顺,民愁苦则天心逆",反之,"饥寒并至","下民亡聊","则国危矣"④。在王符的思想体系中,富民是国家富庶、社会进步、政权稳定的前提和路径。

(五)德法兼顾

君道要求"正",刑德并举,赏罚分明。"正"不仅要求君主要修身,提高自身品德修养,公正无私,还要在国家制度中建立完善的赏罚制度,刑德并举,方能保障君道之"正"的实现。《顺说注》:"(为君)临下以德,则下爱利之矣。"为政以德,必定会得到百姓的爱戴,如《审分注》:"德合则祥瑞应,故苛疾无从来至也。"否则,《士容注》"多藏厚亡,故必不为王"。君以"正"临天下,实行"德治",势必会远离灾难,国富民强。国家作为一个政治统治的机器,需要法律法规等强制或暴力手段的约束作用以维护社会的正常运转,《爱士注》"正法以行德",做到刑德并施。德教和刑罚是治理国家的两种手段,忽视任何一方,社会就失去秩序,无法稳定、和谐。在具体处理两者关系中,赏罚分明是非常关键的一点,它直接关系着人民权益的实现。《先己注》要求政府,要"正听万法,赏罚分明,故奸轨塞断于不皇",《义赏注》则认为"赏罚正而民正,赏罚不正而民邪","是以君人慎之也"。《用民注》:"当赏不赏,

① 黎凤翔:《管子校注》,《新编诸子集成》本,中华书局2004年版,第924页。
② 贾谊著,阎振益、钟夏校注:《新书校注》,《新编诸子集成》本,中华书局2000年版,第360页。
③ 汪继培笺,彭铎校:《潜夫论笺校正》,《新编诸子集成》本,中华书局1985年版,第14页。
④ 汪继培笺,彭铎校:《潜夫论笺校正》,《新编诸子集成》本,中华书局1985年版,第88—120页。

当罚不罚，则民不怀不威。"《振乱注》:"赏所当罚者，罚所当赏者，是以乱天下而害黔首最为大也。"汉代是在暴秦的基础上建立起来的，尤其注重吸取秦亡的教训，建国之初，推崇德教，以笼络人心，巩固统治。在日后的发展中，随着各种社会矛盾的不断暴露，诸多政治弊端的日益突出，提高刑罚地位的呼声逐渐增强，刘向曰:"治国有二机，刑德是也。"① 特别是到了东汉中后期，学者对德与法的强调力度加大。王符一方面主张"人君之治，莫大于道，莫盛于德，莫美于教，莫神于化"②，同时认为"法令赏罚者，诚治乱之枢机也，不可不严行也"③。荀悦认为德法二者当并举:"故凡政之大经，法教而已矣。"④ 在治国方略上，汉代思想家没有偏废哪一方，辩证地处理两者关系，为统治者刑德并举的治国政策提供理论依据。

二、人才观

高诱在注文中多次以非常肯定的语气表达了贤才对国家兴盛的重要作用，如《季春》注"有名德之士、大贤之人，聘而礼之，将与兴化致理者也"，《长见注》"尊贤敬德故能霸"，《谨听注》"惟贤者然后立名成功而存其国也"，《求人注》"身定国安而治，须贤人也"、"国之强，惟在得人"等，反映了汉代儒家经学的用人之道。西汉梅福引《诗》"济济多士，文王以宁"来说明人才对国家的重要意义:"士者，国之重器;得士则重，失士则轻。"⑤ 他还曾以武帝"好忠谏，说至言"为例，得出"汉家得贤，于此为盛"⑥ 的宝贵历史经验。刘向总结历史，说道:"舜举众贤在位，垂衣裳，恭己无为而天下治;汤、文用伊、吕，成王用周、邵，而刑措不用，兵偃而不动，用众贤也。"⑦ 对人才的重

---

① 向宗鲁:《说苑校证》，中华书局 1987 年版，第 144 页。
② 汪继培笺，彭铎校:《潜夫论笺校正》，《新编诸子集成》本，中华书局 1985 年版，第 371 页。
③ 汪继培笺，彭铎校:《潜夫论笺校正》，《新编诸子集成》本，中华书局 1985 年版，第 210 页。
④ 荀悦:《申鉴》，《诸子集成》，世界书局 1935 年版，第 1 页。
⑤ 班固:《汉书》，中华书局 1962 年版，第 2919 页。
⑥ 班固:《汉书》，中华书局 1962 年版，第 2918 页。
⑦ 刘向:《新序》，《丛书集成》本，商务印书馆 1936 年版，第 52 页。

视和认识，从先秦到汉代是一贯的。

（一）明己

"世有伯乐，然后有千里马。千里马常有，而伯乐不常有。"[1]贤臣得以重用的前提是君主要有自知之明，认清自己的长短，不专断，"察纳雅言"，君臣能互相信任，方能相得益彰，正所谓《本味注》"贤主得贤臣，贤臣得贤主，故曰'相得然后乐'也"，独断专行的君主往往弃贤臣而不用，被巧言佞臣所迷惑。《知接注》："人君自知不智，则求贤而任之，故不闻亡国危君也。桀纣所以国亡身灭，不自知不智故也。"桀纣身败国亡的历史教训昭示，即使君主不聪慧，只要有得力的助手，也不会亡国。《骄恣注》："不受谋臣之言而自谋之，则谋虑之言竭尽也。"摒弃忠言，自作主张，必定山穷水尽。人才能否得到重用，决定于君主的圣明与否，《赞能注》："贤者以人，以人之德也。中人任人，以人之力也。不肖者任人，以人之财贿也。"《不苟注》："贤主能用忠臣之言，不肖主能刑杀之。"对待贤臣，贤主、昏君之差距何其大矣。故王褒指出："世必有圣知之君，而后有贤明之臣。"并引《诗》说："《诗》曰：'思皇多士，生此王国。'故世平主圣，俊艾将自至，若尧、舜、禹、汤、文、武之君，获稷、契、皋陶、伊尹、吕望，明明在朝，穆穆列布，聚精会神，相得益章。"[2]西汉元帝就明确指出："君不明，而所任者巧佞。"[3]

（二）知贤

知贤为用人之根本，乃为政之关键，更是国家社稷的希望所在。谷永曾上疏说："帝王之德莫大于知人，知人则百僚任职，天工不旷。故皋陶曰：'知人则哲，能官人。'"[4]刘向亦引晏子之言指出："国有三不祥，是不与焉。夫有贤而不知，一不祥；知而不用，二不祥；用而不任，三不祥也。"[5]《谨听注》"文

---

① 刘真伦、岳珍：《韩愈文集校注》，上海古籍出版社1986年版，第35页。
② 班固：《汉书》，中华书局1962年版，第2826页。
③ 班固：《汉书》，中华书局1962年版，第3161页。
④ 班固：《汉书》，中华书局1962年版，第3391页。
⑤ 向宗鲁：《说苑校正》，中华书局1987年版，第19页。

王知太公贤"，因之而得天下，"纣不知贤"，故而失天下，此乃知贤与否的区别所在。故《恃君》注曰："人君务在知人，知人则哲。"《勿躬》注："用其人，得其任。"要使人尽其才，物尽其用。《谨听》注"商纣不能礼士，故失太公以灭亡也"，就是惨痛的历史教训。而《本味》注所谓"贤主得贤臣，贤臣得贤主，故曰'相得然后乐'也"，则是君臣相处的至高境界。

汉代基于对人才的重视，在经学框架的人才理论指导下，制定了相应的人才培养、选拔和任用制度。在董仲舒的建议下，汉武帝在中央设立太学、地方设立郡国学，官学得以迅速发展，并在全国范围内形成了系统规模。经学的提倡，带动了民间私学的蓬勃发展，反过来又推动了经学的兴盛。官学、私学为国家培养了大批儒生，为日后参与政治、辅佐皇室奠定了基础。汉武帝创立了以征辟和察举为主的选官制度，既有严格的自上而下的选拔程序，又注重儒生的日常品行，两种方式德才兼顾，相得益彰。这种考试与举荐并用的用人政策，为后世所继承，成为我国古代传统的人才选拔制度。

三、孝道观

汉代不仅确立了"以孝治天下"的大政方针，而且用政治措施加以保障。高诱作为东汉末期的一介儒生，对汉代的孝文化感受颇深。且高诱曾注《孝经》，对儒家孝道理解深刻，《孝行》专门讨论"孝"的问题，认为治天下国家当以孝为本，高诱在《吕氏春秋注》中表达出来的孝道观很有代表性。

孝的观念在我国起源很早，甲骨文中就有孝字，作，字形的上半部分是"老"字的省略，下面是"子"，表示小孩子搀扶老人的意思。金文作，上半部分为"老"，搀扶、奉养的意思更加明朗。《说文解字·老部》："孝，善事父母者，从老省，从子，子承老也。"敬老的观念在原始社会就已普遍存在，对父母长辈的孝顺、敬养是"孝"的最基本的含义，《孝行》注："所重，谓其亲；所轻，谓他人。"孝行的对象，近则父母长辈，远则祖宗先人，尊则君主皇帝，无处不可用。先秦政治理论中有"六顺"之说，即"君义、臣行、父慈、子孝、兄爱、弟敬"①，这些先秦时期的人伦道德规范就包括"善父母为孝"②。孝是一个人自身人格的应有之义，《孝行注》："孝为行之本也。行于孝者，故圣人贵之。"孝乃做人之根本，有孝行，就会得到别人的尊敬和重视。孔子曾反复申明孝对个人品性的重要性："夫孝，德之本也；教之所由生也。""人之行，莫大于孝。"③曾子将孔子之孝道发扬光大："夫孝，天之经也，地之义也，民之行也。"④"民之本教曰孝。"⑤孝不仅是一个人生前的个人行为，更影响到其身后的声誉，即《孝行注》所谓"勇而立义，扬名于后世，孝之终也"。推而广之，孝由家族内部伦理纲常，上升为维系宗族、社会关系的行为规范，孝道能够治国安民，关乎社稷之大业。《孝行注》曰："先王以孝治天下。"高诱的这句注文实际上反映的是汉代"以孝治天下"的时代特点。

到了汉代，董仲舒提出了"父为子纲"的绝对伦理命题，使"慈孝"的双向关系变成了绝对"孝"的单向行为，子女唯父母之命是从，甚至出现了孝行极端化的趋势，如郭巨"为母埋儿"、曹娥"投江殉父"等典型事例。维系家族血缘关系、体现崇高美德的"孝"也就变成了封建制度的产物——"愚孝"。《高义注》所谓"不忍行刑于父，孝也"、"免父杀身，忠孝之义"就是汉代孝之绝对化、极端化的具体表现。随着宗法等级制度的确立，"孝"从单纯的"善父母"扩展到孝于宗室，衍变成为宗法规范，约束着宗族内部成员。西周时期，孝道观念就已与宗庙祭祀密切联系，"夫祀，昭孝也。各致齐敬于其皇祖，昭孝之至也"⑥，通过尊祖敬宗，表达对祖先的崇拜，从而达到维护宗法制度的目的。"追孝这一道德观念遂成为经亲亲而至尊尊的宗法制的另一条纽带，它正起着维系宗庙之制的作用。"⑦《孟夏注》"先寝庙，孝之至"，《仲夏注》"先致

---

① 阮元校：《十三经注疏·春秋左传正义》，中华书局 1980 年版，第 1724 页。

② 阮元校：《十三经注疏·尔雅注疏》，中华书局 1980 年版，第 2591 页。

③ 阮元校：《十三经注疏·孝经注疏》，中华书局 1980 年版，第 2545、2553 页。

④ 阮元校：《十三经注疏·孝经注疏》，中华书局 1980 年版，第 2549 页。

⑤ 王聘珍：《大戴礼记解诂》，中华书局 1983 年版，第 83 页。

⑥ 《国语》，上海古籍出版社 1978 年版，第 174 页。

⑦ 肖群忠：《孝与中国文化》，人民出版社 2001 年版，第 20 页。

寝庙，孝而且敬"，《季秋注》"先进于寝庙，孝敬亲也"，对谷物丰收后宗庙祭祀情形的描写，反映了传统的宗族之孝。

我国孝道发展的一个重大转折是"移孝作忠"，即将运用于家族宗族内部、维系血缘关系的伦理规范"孝"，延伸成为处理社会关系主要是君臣关系的政治行为准则，传统儒家孝道委身于现实政治，融孝于忠，并成为几千年封建君臣关系的不二法则。"移孝作忠"的提法出自明代袁可立《张家瑞墓志铭》："为亲而出，为亲而处。出不负君，移孝作忠。处不负亲，忠籍孝崇。"但这一观念和主张早在先秦时期就已经产生了。孔门弟子曾子对孝道的发展有着重要贡献。他宣称："民之本教曰孝。""夫孝者，天下之大经也。"① 特别是他将孝道和忠君联系起来，如"事君不忠，非孝也"、"事父可以事君，事兄可以事师长；使子犹使臣也，使弟犹使承嗣也"②，推动了传统孝道的发展，奠定了"移孝作忠"的基础。《孝经》在曾子孝论的基础上，将孝上升为社会政治伦理，促进了孝的政治化。"夫孝，始于事亲，中于事君，终于立身。""父子之道，天性也，君臣之义也。"孝不仅具有维系亲情的作用，更具备社会和政治功能。"君子之事亲孝，故忠可移于君。"③ 孔安国传云："能孝于亲，则必能忠于君矣。求忠臣必于孝子之门也。"④ 第一次比较明确地表明了"移孝作忠"的概念。汉代将"移孝作忠"加以现实化，于实践中用来规范君臣关系，在思想教化和刑律上均有具体体现。汉代孝道认为社会关系是血缘关系的扩展，社会道德是家庭道德的延伸，"孝者，所以事君也；弟者，所以事长也；慈者，所以使众也"⑤。政治上将君比作父，"臣事君，犹子事父母也"⑥，"贤君之治国也，犹慈父之治家"⑦，臣民应以对待父母之"孝"去孝忠于君主。《务本注》"以其孝得于亲，

---

① 王聘珍：《大戴礼记解诂》，中华书局 1983 年版，第 83、84 页。
② 王聘珍：《大戴礼记解诂》，中华书局 1983 年版，第 78—83 页。
③ 阮元校：《十三经注疏·孝经注疏》，中华书局 1980 年版，第 2545—2558 页。
④ 宽政本：《古文孝经孔传参疏》卷下，第 13 页。
⑤ 阮元校：《十三经注疏·礼记正义》，中华书局 1980 年版，第 1674 页。
⑥ 班固：《汉书》，中华书局 1962 年版，第 2790 页。
⑦ 黄晖：《论衡校释》，《新编诸子集成》本，中华书局 1990 年版，第 770 页。

则知必忠于君也"，《孝行注》"孝于亲，故能忠于君。君父之难，视死如归，义重身轻也"，可作为汉代"移孝作忠"观念的很好注脚。

孝是一个人自身人格的应有之义，也关系着国家的兴衰存亡。《孝行注》："孝为行之本也。行于孝者，故圣人贵之。"孝乃做人之根本，有孝行，就会得到别人的尊敬和重视。孔子就曾反复申明孝对个人品性的重要性："夫孝，德之本也；教之所由生也。""人之行，莫大于孝。"曾子将孔子孝道发扬光大："夫孝，天之经也，地之义也，民之行也。"①"民之本教曰孝。"② 孝不仅是个人品德问题，推而广之，由家族内部伦理纲常，而上升为维系宗族、社会关系的行为规范，孝道能够治国安民，关乎社稷大业。《孝行注》："先王以孝治天下。"高诱的这句注文反映了汉代"以孝治天下"的时代特点。

"以孝治天下"的观念历史久远，《左传·文公十八年》："孝、敬、忠、信为吉德。"③ 家族内部的"孝、敬"和国家机制中的"忠、信"并列，视为"吉德"，可见个人品格对国家社稷之重要性非同一般。《孝经》辟专章《孝治》来探讨以孝治国的问题。《孝经·孝治》："昔者明王之以孝治天下也，不敢遗小国之臣，而况于公侯伯子男乎？"其结果是"故生则亲安之，祭则鬼享之。是以天下和平，灾害不生，祸乱不作"④。《孝行》专论孝道，将孝视作治国之本："凡为天下，治国家，必务本而后末。……务本莫贵于孝。"汉代上承先秦"孝治"思想，确立了"以孝治天下"的治国方略，在理论建构和政治实践两方面对孝治加以升格，成为维护汉代大一统政治的有力武器。汉代学者以史为鉴，特别注重孝道在国家长治久安方面的作用，"父子君臣长幼之道，得而国治"，"孝弟发诸朝廷，行乎道路，至乎州巷，放乎蒐狩，修乎军旅，众以义死之，而弗敢犯也"⑤，"汉之传谥常为孝者，以长有天下"⑥，"孝弟者，所以安百

① 阮元校：《十三经注疏·孝经注疏》，中华书局1980年版，第2545—2553页。
② 王聘珍：《大戴礼记解诂》，中华书局1983年版，第83页。
③ 阮元校：《十三经注疏·春秋左传正义》，中华书局1980年版，第1861页。
④ 阮元校：《十三经注疏·孝经注疏》，中华书局1980年版，第2552页。
⑤ 阮元校：《十三经注疏·礼记正义》，中华书局1980年版，第1407—1600页。
⑥ 班固：《汉书》，中华书局1962年版，第2938页。

姓也"①，代表了当时人对孝治的普遍看法。与思想意识同步，汉代在政治规范中推行了一系列的措施来践行"以孝治天下"的治国方略，如优待孝子、举孝廉制度、以孝作谥、重视《孝经》等，确保孝治制度的贯彻实施。

四、农业观

古代中国为农业社会，"重农"观念自上古时代就已发端。《尚书》发出"君子所其无逸! 先知稼穑之艰难，乃逸，则知小人之依"的感叹，鼓励重视农业、体恤民情。周宣王时虢文公明确指出农业在国家事务中的重要作用："夫民之大事在农，上帝之粢盛于是乎出，民之蕃庶于是乎生，事之供给于是乎在，和协辑睦于是乎兴，财用蕃殖于是乎始，敦庬纯固于是乎成"。②孟子的"仁政"突出了"重农"思想，提出了一些具体的措施，如"五亩之宅，树之以桑"、"百亩之田，勿夺其时"、"省刑罚，薄赋敛，深耕易耨"③等。李悝、商鞅、管子学派等先秦政治家又相继提出了一些重农思想和措施，促进了我国古代重农思想的发展，完善了古代的政治统治理论。

汉代面对战乱带来的社会凋敝、物资匮乏、民众流离，依然执行"重农"的政策，贾谊主张："驱民而归之农，皆著于本，则天下各食于力。"④晁错更是把农业置于政治之首的位置，曰："务民于农桑，薄赋敛，广畜积，以实仓廪，备水旱，故民可得而有也。"⑤到了东汉，王符、崔寔、仲长统等皆反对掠夺土地，强调发展生产，确保社会基础的稳定。高诱在注释文字中亦流露出传统的重农观念，《顺民注》："谷者，民命也，旱不收，故曰'伤民之命'。"庄稼是百姓的性命所在，只要有土地和庄稼，百姓就有了最基本的生产生活的条件，所以统治者若要笼络民心，首先要保证人民的土地和庄稼。安顿农民，搞

---

① 董仲舒著，凌曙注：《春秋繁露》，中华书局 1975 年版，第 387 页。

② 徐元诰：《国语集解》，中华书局 2002 年版，第 16 页。

③ 阮元校：《十三经注疏·孟子注疏》，中华书局 1980 年版，第 2666—2667 页。

④ 贾谊著，阎振益、钟夏校注：《新书校注》，《新编诸子集成》本，中华书局 2000 年版，第103 页。

⑤ 班固：《汉书》，中华书局 1962 年版，第 1131 页。

好农业，百姓才会安居乐业，国家也就有了衣食保障，方能天下归心。统治者往往能注意到农民、农业的重要性，为表示其重视态度，往往如《季春注》之"王者亲耕""后妃亲桑"，作为表率，"以为天下先，劝众民也"。

君主亲耕、后妃亲桑在中国古代是一项专门的政治活动——籍田，且有一套固定严格的仪式，演化过程中逐渐带上了宗教信仰的色彩。籍田用天子亲耕作表率，祈求农业的五谷丰登，宣扬"王室唯农是务"[1] 的重农精神，表示国家对农业的关注，以及其他更深层的目的[2]，但客观上起到了重视农业生产的积极作用，为历朝历代所传承。"籍田"之"籍"，本字当为"耤"。甲骨文作 𦓐，像一个人手执农具耒劳作的样子。《说文解字·耒部》："帝耤千亩也。古者使民如借，故谓之耤。从耒昔声。"郑玄、韦昭注《周礼》亦释为"借"，借民力而为农事。"耤"字段玉裁注："亲耕不能终事，故借民力而谓之籍田。"此乃"籍田"名称之来历。"籍田"是由原始社会末期的礼俗转变而来[3]，在西周时就已经成为一种制度而固定下来，这在《诗经》中就有所反映。《周颂·载芟》："载芟，春籍田而祈社稷也。"汉代，籍田礼继续沿袭，历史有详细的记载。在贾谊的劝说下，西汉文帝"始开籍田，躬耕以劝百姓"[4]，董仲舒劝武帝"亲耕籍田，以为农先，夙寐晨兴，忧劳万民"[5]，昭帝两度举行过籍田仪式，东汉明帝、顺帝、献帝均曾"亲耕籍田"。皇上亲耕的同时，皇后还要亲桑——

---

① 徐元诰：《国语集解》，中华书局 2002 年版，第 21 页。

② 杨宽指出："'籍礼'原是村社中每逢某种农业劳动开始前，由首脑带头举行的集体耕作仪式，具有鼓励集体耕作的作用。等到'籍田'被侵占，其生产物被作为剥削收入，'籍'成为一种剥削办法，'籍礼'就被加以改造，变成贵族监督庶人从事无偿劳动的仪式和制度了。……同时还利用这种仪式，掩饰其剥削行为，仍然虚伪地宣称其目的在于鼓励耕作，并虚伪地宣称其生产物仍然用于祭祀、救济、尝新等。"（杨宽：《西周史》，上海人民出版社 1999 年版，第 280 页。）

③ "'籍礼'如同当时贵族所实行的许多'礼'一样，是由原始公社制末期的'礼'转变而来。……在每种重要的农业劳动开始时，往往由族长主持一种仪式，以组织和鼓励成员的集体劳动。"（杨宽：《西周史》，上海人民出版社 1999 年版，第 270 页。）

④ 班固：《汉书》，中华书局 1962 年版，第 1131 页。

⑤ 班固：《汉书》，中华书局 1962 年版，第 2512 页。

亲自祭祀蚕神并参加亲蚕活动。据《后汉书》记载:"是月（三月），皇后率公卿诸侯夫人蚕。祠先蚕，礼以少牢。"①

举行"籍田礼"之外，汉代统治者多次发布重农亲耕、劝勉农桑的号召和政策。汉武帝即位时表示:"今朕亲耕籍田以为农先，劝孝弟，崇有德，使者冠盖相望，问勤劳，恤孤独，尽思极神。"②明帝曾下诏曰:"夫春者，岁之始也。始得其正，则三时有成。……有司其勉顺时气，劝督农桑，去其螟蜮，以及蟊贼；详刑慎罚，明察单辞，夙夜匪懈，以称朕意。"③鼓励农桑，减轻刑罚，以免干扰农事。躬耕、亲蚕在董仲舒的政治理论里备受推崇，"秉耒躬耕，采桑亲蚕，垦草殖谷，开辟以足衣食，所以奉地本也"④，此乃明主贤君取信于天下的应有之义。东汉荀悦将此提高到"政之当崇"的高度，"先丰民财以定其志，帝耕籍田，后桑蚕宫，国无游民，野无荒业，财不虚用，力不妄加，以周民事，是谓养生"⑤。

汉代的重农思想，还体现在举行祭祀社稷农神的典礼上。《孟冬注》:"凡天地四时皆为天宗。万物非天不生，非地不载，非春不动，非夏不长，非秋不成，非冬不藏。"在高诱看来，土地和谷物乃上天所赐，为自然之物，非人为意志可以支配。《任地注》:"天降四时，地出稼穑，自然之道也。"所以应顺天而行，因时而动。为表示对上天的敬畏，每年每季国家都要举行大型的祭祀活动，祈谷求雨，降丰收于百姓。汉代祭祀的农神主要有后土、后稷、先农神炎帝等，历史均有记载。《仲春注》:"社祭后土，所以为民祈谷也。嫌日有从否，重农事，故卜择之。"社为土神，"社祭土而主阴气"、"社，所以神地之道也"⑥，举行社祭以求丰收,《国语·鲁语上》:"土发而社，助时也。"韦昭

---

① 范晔:《后汉书》，中华书局 1965 年版，第 3110 页。

② 班固:《汉书》，中华书局 1962 年版，第 2507 页。

③ 范晔:《后汉书》，中华书局 1965 年版，第 105 页。

④ 董仲舒著，凌曙注:《春秋繁露》，中华书局 1975 年版，第 211 页。

⑤ 荀悦:《申鉴》,《诸子集成》本，世界书局 1935 年版，第 2 页。

⑥ 阮元校:《十三经注疏·礼记正义》，中华书局 1980 年版，第 1449 页。

注："土发，春分也，《周语》曰：'土乃脉发。'社者，助时祈福为农始也。"①
《礼记·月令》郑玄注："社，后土也，使民祀焉，神其农业也。"②

农作物既为天地所生，均有其自然的生长规律，种植作物就要因时而动，政令的制定也要充分考虑农业的发展。春季三月，正是桑树和柘树长成期，《季春注》"桑与柘皆可以养蚕，故命其官使禁民不得斫伐"，以此保证养蚕业的发展，为国家的布帛供应提供保障。夏季，草木尚旺盛，应当予以保护，《季夏注》："视山木，禁民不得斩伐。"《仲夏注》："为草木未成，不欲夭物。"

我国对山林资源保护的理论和实践由来已久，"以时禁发"是先秦对山林保护利用的主要观点，如"斧斤以时入山林，材木不可胜用也"③，"山林虽近，草木虽美，宫室必有度，禁发必有时"、"山林梁泽，以时禁发"④，"草木荣华滋硕之时，则斧斤不入山林，不夭其生，不绝其长也"⑤。《吕氏春秋》则系统地记录、总结了古代山林禁发的时间和法令。周代专设"山虞"一职，专门管理山川林木，"掌山林之政令，物为之厉而为之守禁，仲冬斩阳木，仲夏斩阴木，凡服耕，斩季材，以时入之"⑥。高诱注文中对山林草木的保护思想是中国古代森林保护传统观念的延续。

"重农"精神还体现在与民休息的惠民政策上：减省徭役赋税，聚拢民心，如《音律》注："民当务农，长养谷木，徭役聚则心携离、逆上命也"。给予农民充分的休息时间，如《孟冬注》"是月农夫空闲，故劳犒休息之，不役使也"，《季冬注》"农事将起，独于农民无所役使也"。隆冬乃农闲时节，要"与民休息"，以养足精神、体力，做好充分的准备以迎接即将到来的繁忙春耕。汉代统治者在惠民政策上确实采取了一些切实的措施：汉文帝曾两次把租税由什五税一减为三十税一，汉景帝则把三十税一作为制度确定下来；史书有文帝"减

---

① 徐元诰：《国语集解》，中华书局 2002 年版，第 145 页。
② 阮元校：《十三经注疏·礼记正义》，中华书局 1980 年版，第 1361 页。
③ 阮元校：《十三经注疏·孟子注疏》，中华书局 1980 年版，第 2666 页。
④ 黎翔凤：《管子校注》，中华书局 2004 年版，第 261—514 页。
⑤ 王先谦：《荀子集释》，中华书局 1988 年版，第 165 页。
⑥ 黎翔凤：《管子校注》，中华书局 2004 年版，第 747 页。

外徭"①、景帝"省繇赋"②的记载；武帝宣布"当今务在禁苛暴，止擅赋，力本农"③；其后昭帝、宣帝、和帝等多次下诏免除田租赋税……这些措施的推行对减轻农民的压力、缓和社会矛盾是有作用的。

五、教育观

《吕氏春秋》有专章论述了教育、学习的问题，如《劝学》、《尊师》、《诬徒》等，强调了教育对于社会秩序与个人修养的作用，以及尊师重教的重要性。高诱也在注释这部分内容时，透露出他的教育观念。

《劝学注》："不知理义，在君父则不仁不慈，在臣子则不忠不孝。"教育关系经国之大业，若君臣父子之间没有了忠孝仁慈，国家的伦理纲常秩序就会混乱。《精通注》："四表荒裔之民，法圣人之德，皆饬正其仁义，化使之然。"周边少数民族虽文明程度低，但通过教化依然能法德修仁义之道。《圜道注》："不可者能令之可，不善者能令之善，化使然也。"教育能对个人的行为品格起到教化的作用，不仅如此，还能改变一个人的世界观，《尊师注》："学以致之，无鬼神。"汉代是一个谶信盛行的时代，从君主到平民百姓，都笃信谶纬，国家的大政方针也曾受到谶纬的影响，唯心主义的有神论成为当时占据重要地位的意识形态。东汉王充曾在《论衡》中旗帜鲜明地表达了无神论的观点，对时局造成了冲击。高诱思想中也有唯物主义的成分，认为通过学习，就能更好地了解世界，改变对世界、社会、自然的看法，更加理智地生活。

教育大处事关国家社稷，小处关系个人修养，要提倡教育，而教育的前提是尊师。《仲春》："上丁，命乐正，入舞舍采。"高注："初入学官，必礼先师，置采帛于前以赞神也。"《仲春注》所谓"（《周礼》）春入学，舍采合舞，秋颁学，合声，以六乐之会正舞位"，此之谓也。古代入学拜师，讲究"释菜"之礼，表示对老师的尊敬，正文和注文引《周礼》所提到的"舍采"即是。郑玄

---

① 班固：《汉书》，中华书局1962年版，第2335页。
② 班固：《汉书》，中华书局1962年版，第115页。
③ 班固：《汉书》，中华书局1962年版，第3914页。

《周礼注》曰："舍即释也，采读为菜。始入学，必释菜礼先师也。菜，苹蘩之属。"①"释菜"之礼，既表尊师，又表忠信，贵若采帛，薄如苹蘩之菜，皆可为用。三皇五帝尊重知识，敬重贤者，所以兴也；而《尊师》注"五帝、三代之后，不复重道尊师，故所以绝灭"，故而天子当以史为鉴。《劝学注》"天子朝师，尊有德"，上行下效，尊师重教之风蔚然。汉代非常重视君主的教育，自昭帝起，历朝皆择名儒为太子师，到了东汉，更专设侍讲为皇帝、太子讲经通道。与此相应，历代皇帝也非常重视师道，给予他们显赫的社会地位和丰厚的俸禄，以彰显他们的尊师行为。如韦贤因授昭帝《诗经》而加官晋爵；元帝时，萧望之"以师傅见尊重"②，显赫一时；光武帝时，桓荣曾为太子少傅，后明帝即位，"尊以师礼，甚见亲重"，"荣卒，帝亲自变服，临丧送葬"③。

　　"尊师"是从先秦时期就建立的优秀传统，孔子、荀子等多次发表尊师主张。所谓"一日为师，终身为父"，师生关系犹如父子，即《劝学注》"尊师犹尊父"。历史上，尊师犹如事父的例子不在少数，如《劝学》之"颜回之于孔子也，犹曾参之事父也"。汉代充分重视老师在国家事务中的重要作用，如汉元帝下诏："国之将兴，尊师而重傅。"④《白虎通·辟雍》曰："天子之大子，诸侯之世子，皆就师于外者，尊师重先王之道也。"⑤随着经学研究的深入，师生关系乃"恩义"的"父子之道"的思想观念进一步加强，学生不仅要尊师从师，还要为老师复仇、代死。如汉末夏侯惇"年十四，就师学，人有辱其师者，惇杀之，由是以烈气闻"⑥，"平原礼震，年十七，闻狱当断，驰至京师，行到河内获嘉县，自系，上书求代歆死"⑦。《劝学注》："师不为之爱道也，故曰'尽智竭道以教'也。"师生关系是双向的、平等的，生尊师，师爱生，老师当毫不

①　阮元校：《十三经注疏·周礼注疏》，中华书局 1980 年版，第 794 页。
②　班固：《汉书》，中华书局 1962 年版，第 3283 页。
③　范晔：《后汉书》，中华书局 1965 年版，第 2570 页。
④　班固：《汉书》，中华书局 1962 年版，第 283 页。
⑤　陈立：《白虎通疏证》，中华书局 1994 年版，第 255 页。
⑥　陈寿：《三国志》，中华书局 1959 年版，第 267 页。
⑦　范晔：《后汉书》，中华书局 1965 年版，第 2556 页。

保留地把知识传授给学生，孔子就是这方面的典范。孔子曰："二三子以我为隐乎？吾无隐尔乎。吾无行而不与二三子者，是丘也。"其诚难能可贵，其所倡导建立的平等的师生关系对后世影响深远。汉代经学讲究师承，各家各派学术皆依靠师生之间的传授而得以延续，故老师往往是倾其全部传授生徒，从而培养了大批"明经"之士。除了学术上的传授，道义上师生感情亦可见一斑，"是时羌蛮寇难，岁俭民饥，（窦）武得两宫赏赐，悉散与太学诸生"[1]，包咸"俸禄增于诸卿，咸皆散与诸生之贫者"[2]，赵典"每得赏赐，辄分与诸生之贫者"[3]，类似事例俯拾皆是。

《尊师》曰："君子之学也，说义必称师以论道，听从必尽力以光明。听从不尽力，命之曰背；说义不称师，命之曰叛。背叛之人，贤主弗内之朝，君子不与交友。"对不尊师之人表示出极大的蔑视和不满，基本可以代表先秦时期的尊师态度。其中的"背"、"叛"主要指对老师和学业的背叛，是对不忠诚的人格的否定。而到了东汉末年，高诱注释此处时，则曰："学者听从不尽其力，犹民背国；说义不称其师，犹臣叛君。"将学生对老师的不敬和违背等同于臣民对国家君主的背叛。这种解释一方面说明汉代学术门派之间的壁垒森严，另一方面反映了汉代以来在经学影响下，先秦平等的师生关系已悄然发生了变化。汉代师法、家法非常严格，门户森严，绝不能越雷池半步，师所传授，弟子一字不能更改。东汉中后期，家法师法的界限方才逐渐松动，不同门派、学说之间有了互动，这在马融、许慎、卢植等人身上已经体现出来，郑玄更是打破了门派限制，变专门而为博通，有宗主而无门户。高诱此言虽为注释之文字，实则是汉代学术门派之间界限较先秦时期更加分明的表现。武帝时期，董仲舒"罢黜百家，独尊儒术"，将儒术提升为国家的主导思想形态，并兴建太学，置五经博士，传授经学。随之而来的是汉代经学教育的逐渐兴盛，师生关系成为汉代一种极为普遍的社会关系，先秦尊师爱生的美德在汉代依然不同程

---

① 范晔：《后汉书》，中华书局 1965 年版，第 2239 页。
② 范晔：《后汉书》，中华书局 1965 年版，第 2570 页。
③ 范晔：《后汉书》，中华书局 1965 年版，第 948 页。

度地延续，从天子至百姓，俨然成为普遍认可的社会风尚。汉代儒术独尊的政治导向又赋予师生关系新的时代特点，董仲舒提出"尊师重道"，将师生关系从双向互动变成单方的服从，学生不仅在学业上要完全被师长支配，而且在政治上也存在依附关系。东汉时期，在察举征辟中出仕之人，往往是"年少能报恩者"①，长此以往，官僚与弟子门生之间就形成了庞大的政治集团和政治势力。"尊师重道"片面强调师生之间的隶属关系，学生对老师绝对服从和尽忠尽孝，"这使师生之间形成了主从的二重君臣关系"②，"父子之道"和"君臣之道"支配着师生关系，"离经叛道"之人也就必然遭到社会的否定和唾弃，尊师演变成了忠君，并成为汉代忠孝思想的重要组成部分。高诱将《劝学》中的"背"、"叛"比附成君臣之间的背叛，是有着深刻的社会原因的。

汉代的经学家不论是治今文经学抑或是治古文经学，都有着强烈的"经世致用"的思想，在这一思想指导下，他们把对经书的注释作为实现治世理想的途径和手段，经书注释也就由颇具理论性的单纯的学术行为转而成为具有极大现实意义和应用性的社会行为，并成为经生儒士毕生的个人追求和精神寄托。从其注文看，高诱是一个既精于学问之道又明于圣贤之旨的思想通达的学者，对学问保其严谨执着的素养，对世事有着敏锐的合乎时宜的观点，将济世之志托之于注疏，将治世之思寄之于"兼儒墨、合名法"的杂家著作，希望通过诠释、张扬杂家的经世功能，回答新的时代课题，完成自己关注现实、关怀民生的社会愿望。高诱对"移忠作孝"的肯定与汉代"以孝治天下"的宗旨相吻合；将"君道至上"和"君道无为"相结合，实际上是儒、道融合的表现；任人唯贤的人才观，是对东汉大官世族垄断仕途现象的批判，与王符等思想家反对"以族举德，以位命贤"的行为是一致的。高诱的思想与汉代通行的社会思潮基本一致，又对社会弊端有所批判，他与汉末诸思想家一道迎接新思潮的到来。

---

① 范晔:《后汉书》，中华书局 1965 年版，第 1122 页。

② 刘厚琴:《论儒学与两汉师生关系》，《山东大学学报》(哲学社会科学版) 1994 年第 1 期。

结　语

　　我国有着悠久的语言解释的历史和传统，古语与今语的解释、方言与通语的解释、典籍的解读与传授，正是凭借语言的解释功能，我国丰富的古籍文献资源才能得以传承并被奉为经典，华夏民族优秀的文明成果才得以生生不息地延续。欲保存并发扬这些古籍的文化资源的力量，古籍的整理和解释工作当是首当其冲的任务。

　　孔子开创了"述而不作"的典籍解读传统，"述而不作"实则是寓作于述，在"述"中"作"，"在解释经典本文的过程中，以解说圣贤心志的拭义阐发自己的新见解"①，在对典籍文本解释、传授的过程中抒发自己的世界观、人生观及精神诉求。孔子之后，历代学人，纷纷以各种方式对以儒家经典为主的典籍进行注释，董仲舒对微言大义的衍发、郑玄对文字训诂的考究、魏晋士人对言外之意的钟情、宋儒强经以就我的疑古创新、清人对声义关系的孜孜以求，都是当时人对经典的解释途径以及看待世界、表达自己的方式，而我们也正是通过一部部的注释文字来认识古代学者的思想和情操的。

　　"注"本义是灌注，《说文解字·水部》："注，灌也。"作为训诂名称，则是对经文进行解说使其义明。贾公彦曰："注者，注义于经下，若水之注物也。"② 从词义命名之源揭示了"注"对经文的解释效用。"注"字段玉裁注："注

---

①　周光庆：《中国经典解释学研究刍议》，《华中师范大学学报》（社会哲学版）1993 年第 2 期。
②　阮元校：《十三经注疏·仪礼注疏》，上海古籍出版社 1980 年版，第 945 页。

之云者，引之有所适也，故释经以明其义曰注。"①则从功能的角度肯定了"注"对经文的解释之义。这种注释体例，一般认为始于东汉经学大师郑玄，如《仪礼注》、《周礼注》、《礼记注》等。孔颖达指出："毛君、孔安国、马融、王肃之徒，其所注书，皆称为传，郑玄则谓之注。"②自此，"注"成为典籍注释的通称，如高诱《淮南子注》、《吕氏春秋注》、《战国策注》，郭璞《尔雅注》，颜师古《汉书注》等。

郑玄注书，一扫董仲舒等今文学家大肆阐发微言大义的浮夸之风，以名物训诂为切入口，兼及经义的疏通，今古文经结合，实事求是，风格朴实，充分体现了古文经学的学术风范。郑玄的学术品格和学术倾向既是汉代学术集大成之结果，又影响了其后的很多学者，高诱就是其一。高诱注书，秉承了古文经学的传统，以字词训释为主，用简洁朴实的语言疏通文章大意，寓"作"于"述"。汉代流传至今的注书数量有限，但高诱的三种注书却都能基本保存下来，其成就和价值不言自明。如孔颖达所言，"注"当与"传"同义，也就具有"传通其义"的作用，"是东汉解释学大师郑玄在总结前人经典解释经验的基础上正式确立的一种经典解释体式"③。综观高诱注书三种，既有字词解释，又有思想内容的疏通，是非常标准的典籍解释之作。《吕氏春秋注》是我国传统的古籍注释历史上的一部重要著作，它跨越经学的藩篱，扩大注释范围，为传统语言学的独立做出了贡献。赵振铎评价道："早在东汉时期，我国已经有一批研究语言的著作摆脱了经学的附庸地位，向着独立的语言学学科的道路发展。"④《吕氏春秋注》中词语解释的多种方式，为词汇研究提供了大量可资借鉴的同义词群，为同义并列复合词的研究保存了珍贵的语料，也在词义界定的严谨性、科学性上进行了探索。它多维的注释视角、历史的注释观念和严谨的注释态度都是后世古籍注书的榜样。

---

① 段玉裁：《说文解字注》，上海古籍出版社 1980 年版，第 555 页。

② 阮元校：《十三经注疏·春秋左传正义》，上海古籍出版社 1980 年版，第 1712 页。

③ 周光庆：《中国古典解释学导论》，中华书局 2002 年版，第 162 页。

④ 赵振铎：《两汉的经学和语言学》，《楚雄师专学报》1999 年第 1 期。

我国古籍注释最根本的取向是通过经典文本本旨的探寻，"念述先圣之元意"，探求"元意"也就成了历代经学家所追求的目标。然而，探求"元意"的过程并非易事。齐召南《李太白全集序》言："注古人书，虑闻见不博也，尤虑其识不精。既博且精，又虑心偶不虚不公，知有疑勿阙，有误亦曲为解。"① 杭世俊亦在是书"序"中指出："作者不易，笺疏家尤难，何也？……为之笺与疏者，必语语核其指归，而意象乃明；必字字还其根据，而证佐乃确。才不必言，夫必有什倍于作者之卷轴而后可以从事焉。空陋者固不足以与乎此，粗疏者尤未可以轻试也。"② 真可谓道出了注疏者的苦衷，只有真正参与、亲身实践过方能有如此真切的体会。

早在先秦时期，孟子就针对先秦时期普遍存在的"断章取义"、"以诗为史"等诗学误读现象而提出了"说《诗》者不以文害辞，不以辞害志。以意逆志，是为得之"③ 的解释方法。"以意逆志"作为我国古代典籍文本注释的一个基本方法，自提出以来一直备受关注和研究，并广泛地运用于经书、诗歌等的解释中。"以意逆志"的说法，意味着承认古籍的注释力求客观真实，又难免主观发挥。力求客观真实，就要恢复文本原貌，通训诂以明经；而"意"、"志"都是个人主观能动的行为，这就难免会存在解读中的偏离和超越。

高诱注书，就非常明显地体现了"以意逆志"的辩证关系。一方面，返经通诂，通过校勘版本、文字还原《吕氏春秋》的文本原貌，通过名物训诂来明确文义，给予《吕氏春秋》最合乎本义的解释。另一方面，高诱以他儒者的身份于经学一统天下的东汉时代来为《吕氏春秋》作注，很难保证对《吕氏春秋》的理解一定符合作者的意图，而高诱也会让注文代言，在《吕氏春秋注》中将他的观点、认识、理想阐发出来，这就不可避免地会存在解读中的偏离和超越。高诱之《淮南子注》和《吕氏春秋注》是典型的经子互注：表面上是以经解子，高诱引用了很多儒家经书来注释《淮南子》、《吕氏春秋》等子书，用儒

① 齐召南：《李太白全集序》，王琦辑注：《李太白全集》，中华书局1977年版，第1681页。
② 杭世俊：《李太白全集序》，王琦辑注：《李太白全集》，中华书局1977年版，第1683页。
③ 阮元校：《十三经注疏·孟子章句注疏》，中华书局1980年版，第2735页。

家经书的道义去附会演绎子学思想，更确切地说是道家思想；而更深层的是以子解经，通过注释子书，实际上反映了他的经学观念和经学修养，如以经学为主的学术结构、古文经学的治学方法、今文经学唯心思想成分等。高诱经子互注的治学模式，既说明儒道互补融合的可能性，以及高诱为此所做出的努力，又预示了汉末经学的走向，为汉代经学向魏晋玄学过渡做了铺垫。

高诱《吕氏春秋注》虽部头不大，然包罗万象，远非鄙文所能涵盖的了的。论文长于考据，欠理论分析；长于训诂，欠思想阐述，所以关于高诱《吕氏春秋注》所体现出来的哲学思想观念未能进行很好的说明，是需要进一步完善之处。

关于《吕氏春秋注》，还有很多可以深入研究的地方，如将汉代现存的传注著作进行横向比较研究以见各自的注释风格，将汉代学者的注疏与汉代学者的自著作所征引先秦文献作系统的比较研究能对汉代文献的流传情况有更好的把握，对注文中的语法、语义进行系统的分析以见汉代语法的发展状况等。

主要参考文献

一、专著

［1］高诱:《吕氏春秋注》,世界书局 1935 年版。

［2］陈奇猷:《吕氏春秋新校释》,上海古籍出版社 2002 年版。

［3］王利器:《吕氏春秋注疏》,巴蜀书社 2002 年版。

［4］许维遹:《吕氏春秋集释》,中华书局 2009 年版。

［5］吴福祥:《吕氏春秋八览研究》,台湾文史哲出版社 1984 年版。

［6］王范之:《〈吕氏春秋〉研究》,内蒙古大学出版社 1993 年版。

［7］张双棣:《〈吕氏春秋〉词汇研究》,商务印书馆 1989 年版。

［8］张双棣:《吕氏春秋词典》,山东教育出版社 1993 年版。

［9］李家骧:《吕氏春秋通论》,巴蜀书社 1995 年版。

［10］殷国光:《吕氏春秋词类研究》,华夏出版社 1997 年版。

［11］焦冬梅:《高诱注释语言词汇研究》,北京师范大学出版社 2011 年版。

［12］(清)阮元:《十三经注疏》,上海古籍出版社 1980 年版。

［13］(唐)陆德明:《经典释文》,上海古籍出版社 1985 年版,影印宋元递修本。

［14］(宋)朱熹:《四书章句集注》,中华书局 1983 年版。

［15］(清)俞樾:《群经平议》,清光绪二十五年(1899)刻,《春在堂全书》本。

［16］(清)陈寿祺:《五经异义疏证》,清嘉庆十八年(1813)刻本。

［17］(清)卢文弨:《抱经堂文集》,中华书局 1990 年版。

［18］(清)朱彝尊:《经义考》,台湾中央研究院中国文哲研究所筹备处 1997 年版。

［19］周予同:《经今古文学》,商务印书馆 1933 年版。

［20］周予同:《群经概论》,商务印书馆 1933 年版。

［21］吴承仕:《经典释文序录疏证》,中华书局 2008 年版。

［22］王褒玹:《今古文经学新论》,中国社会科学出版社 1997 年版。

［23］钱穆:《两汉经学今古文平议》，商务印书馆 2001 年版。

［24］顾颉刚:《汉代学术史略》，人民出版社 2008 年版。

［25］刘汝霖:《汉晋学术编年》，华东师范大学出版社 2010 年版。

［26］廖名春:《周易研究史》，湖南出版社 1991 年版。

［27］廖明春:《马王堆帛书周易经传释文》，上海古籍出版社 2002 年版。

［28］（清）阎若璩:《古文尚书疏证》，清光绪十四年（1888）江阴南著书院刊本。

［29］（清）皮锡瑞:《今文尚书考证》，中华书局 1989 年版。

［30］刘起釪:《尚书学史》，中华书局 1989 年版。

［31］程学敏:《尚书学史》，五南图书出版有限公司 1997 年版。

［32］黄怀信:《逸周书源流考辨》，西安大学出版社 1992 年版。

［33］黄怀信:《逸周书汇校集注》，上海古籍出版社 1995 年版。

［34］罗家湘:《逸周书研究》，上海古籍出版社 2006 年版。

［35］（清）孙希旦:《礼记集解》，中华书局 1989 年版。

［36］侯家驹:《周礼研究》，联经出版事业股份有限公司 1987 年版。

［37］陈戍国:《先秦礼制研究》，湖南教育出版社 1991 年版。

［38］杨天宇:《郑玄三礼注研究》，天津人民出版社 2007 年版。

［39］（清）陈寿祺:《三家诗遗说考》，清刻左海续集本。

［40］（清）王先谦:《诗三家义集疏》，中华书局 1987 年版。

［41］（清）陈奂:《诗毛氏传疏》，商务印书馆发行 1934 年版。

［42］（清）马瑞辰:《毛诗传笺通释》，中华书局 1989 年版。

［43］（清）李富孙:《春秋左传异文释》，皇清经解续编本。

［44］（清）刘文淇:《春秋左氏传旧注疏证》，科学出版社 1959 年版。

［45］吴静安:《春秋左氏传旧注疏证续》，东北师范大学出版社 2005 年版。

［46］赵伯雄:《春秋学史》，山东教育出版社 2004 年版。

［47］（清）刘宝楠:《论语正义》，清同治四年（1865）本，中华书局 1990 年版。

［48］（清）徐养原:《论语鲁读考》，皇清经解续编本。

［49］（清）冯登府:《论语异文考证》，清道光十四年（1834）广东学海堂刻本。

［50］（汉）孔安国:《古文孝经孔传参疏》，宽政本。

［51］钱穆:《孟子研究》，开明书店 1948 年版。

［52］董洪利:《孟子研究》，江苏古籍出版社 1997 年版。

［53］（清）郝懿行:《尔雅义疏》，中国书店 1982 年版。

［54］（汉）司马迁:《史记》，中华书局 1963 年版。

［55］（汉）班固：《汉书》，中华书局 1962 年版。

［56］（南朝）范晔：《后汉书》，中华书局 1965 年版。

［57］（清）惠栋：《后汉书补注》，清嘉庆九年（1804）冯集梧刻本。

［58］（清）姚振宗：《后汉艺文志》，开明书店 1936 年版。

［59］梁启超：《中国近三百学术史》，东方出版社 1996 年版。

［60］缪文远：《战国策新校注》，巴蜀书社 1998 年版。

［61］诸祖耿：《战国策集注汇考》（增补本），凤凰出版社 2008 年版。

［62］徐元诰：《国语集解》，中华书局 2002 年版。

［63］（宋）高似孙：《子略》，江苏广陵古籍刻印社 1988 年版。

［64］蒋伯潜：《诸子通考》，岳麓书社 2010 年版。

［65］蒋锡昌：《老子校诂》，商务印书馆 1937 年版。

［66］许抗生：《帛书老子注译与研究》（增订本），浙江人民出版社 1985 年版。

［67］朱谦之：《老子校释》，中华书局 1984 年版。

［68］聂中庆：《郭店楚简〈老子〉研究》，中华书局 2004 年版。

［69］刘笑敢：《老子古今：五种对勘与析评引论》，中国社会科学出版社 2006 年版。

［70］王先谦：《庄子集解》，中华书局 1987 年版。

［71］陈鼓应：《庄子今注今译》，中华书局 1983 年版。

［72］（春秋）孙武撰，（三国）曹操注：《十一家注孙子校理》，中华书局 1999 年版。

［73］李零：《孙子古本研究》，北京大学出版社 1995 年版。

［74］（汉）高诱：《淮南子注》，世界书局 1935 年版。

［75］吴承仕：《淮南旧注校理》，北京师范大学出版社 1985 年版。

［76］（宋）李防：《太平御览》，上海涵芬楼影宋本，中华书局 1960 年版。

［77］（宋）祝穆：《古今事文类聚》，明万历三十二年（1604）唐富春刻本。

［78］（清）严可均：《全上古三代秦汉三国六朝文》，清光绪二十年王毓刻本，中华书局 1958 年版。

［79］何九盈：《中国古代语言学史》，广东教育出版社 2000 年版。

［80］濮之珍：《中国语言学史》，上海古籍出版社 2002 年版。

［81］陆宗达、王宁：《训诂与训诂学》，山西教育出版社 2005 年版。

［82］黎千驹：《现代训诂学导论》，华中师范大学出版社 2008 年版。

［83］（清）阮元：《经籍籑诂》，嘉庆阮氏琅嬛仙馆刻本。

［84］宗福邦、陈世饶、萧海波：《故训汇纂》，商务印书馆 2003 年版。

［85］（梁）顾野王：《玉篇》，黎庶昌：《古逸丛书》本，清光绪十年（1884）版。

［86］（清）朱骏声：《说文通训定声》，清道光二十八年（1849）刻本，中华书局1984年版。

［87］（清）桂馥：《说文解字义证》，上海古籍出版社1995年版。

［88］（清）吴玉搢：《说文引经考》，商务印书馆1936年版。

［89］商承祚：《说文中之古文考》，上海古籍出版社1983年版。

［90］（宋）洪适：《隶释·隶续》，中华书局1985年版。

［91］（宋）黄伯思：《东观徐论》，文渊阁《四库全书》本。

［92］容庚：《金文编》，中华书局1985年版。

［93］陈梦家：《殷墟卜辞综述》，中华书局1988年版。

［94］陈直：《读金日札》，西北大学出版社2000年版。

［95］郭沂：《郭店竹简与先秦学术思想》，上海教育出版社2001年版。

［96］王彦坤：《古籍异文研究》，广东高等教育出版社1993年版。

［97］钱绎：《方言笺疏》，中华书局1991年版。

［98］游汝杰：《汉语方言学导论》，上海教育出版社1992年版。

［99］华学诚：《周秦汉晋方言研究史》（修订本），复旦大学出版社2007年版。

［100］张联荣：《古汉语词义论》，北京大学出版社2000年版。

［101］蒋绍愚：《古汉语词汇学纲要》，商务印书馆2005年版。

［102］冯广艺：《语境适应论》，湖北教育出版社1999年版。

［103］王占馥：《境况语义学导论》，福建人民出版社2000年版。

［104］汪耀楠：《注释学纲要》，语文出版社1991年版。

［105］董洪利：《古籍的阐释》，辽宁教育出版社1993年版。

［106］黄亚平：《古籍注释学基础》，甘肃教育出版社1995年版。

［107］饶尚宽：《古籍语义阐释学》，新疆人民出版社1996年版。

［108］李清良：《中国阐释学》，湖南师范大学出版社2001年版。

［109］潘德荣：《文字·诠释·传统——中国诠释传统的现代转化》，上海译文出版社2003年版。

［110］（清）姚振宗：《快阁师石山房丛书》，开明书店1936年版。

［111］（宋）晁公武、孙猛校证：《郡斋读书志校证》，上海古籍出版社1990年版。

［112］傅增湘：《藏园群经眼录》，中华书局1983年版。

［113］严灵峰：《周秦汉魏诸子知见书目》，中华书局1993年版。

［114］高路明：《古籍目录与中国古代学术研究》，江苏古籍出版社1997年版。

［115］（元）马端临：《文献通考》，中华书局1986年版。

[116] 金德建:《古籍丛考》,中华书局 1941 年版。

[117] 张舜徽:《郑学丛著》,齐鲁书社 1984 年版。

[118] 钱玄:《校勘学》,江苏古籍出版社 1988 年版。

[119] 张舜徽:《广校雠略》,华中师范大学出版社 2004 年版。

[120] 张舜徽:《中国文献学》,华中师范大学出版社 2004 年版。

二、论文

[121] 陆宗达、王宁:《古汉语词义研究——关于古代书面汉语词义引申的规律》,《辞书研究》1981 年第 2 期。

[122] 陆宗达、王宁:《文献语义学与辞书编纂——古代文献词义的探求》,《辞书研究》1982 年第 2 期。

[123] 王宁:《试论训诂学在当代的发展及其旧质的终结》,《中国社会科学》1988 年第 2 期。

[124] 陈从:《注释对原典的超越看语言与文化的关系》,《古汉语研究》1992 年第 3 期。

[125] 周光庆:《二十世纪训诂学研究的得失》,《华中师范大学学报》(人文社会科学版)1999 年第 2 期。

[126] 邓军、李萍:《郑玄随文释义的语境研究》,《古籍整理研究学刊》2000 年第 6 期。

[127] 邓新华:《"以意逆志"论——中国传统文学释义方式的现代审视》,《北京大学学报》(哲学社会科学版)2002 年第 4 期。

[128] 王宁:《单语词典释义的性质与训诂释义方式的继承》,《中国语文》2002 年第 4 期。

[129] 杜敏:《论典籍注释对语言传意研究的拓展》,《北京师范大学学报》(社会科学版)2004 年第 1 期。

[130] 傅荣贤:《从〈汉志〉看西汉解释学规范的建立——〈汉志〉文化价值研究之二》,《贵州师范大学学报》(社会科学版)2004 年第 2 期。

[131] 史应勇:《郑玄经学三论》,《四川大学学报》(哲学社会科学版)2004 年第 3 期。

[132] 黎千驹:《古代〈楚辞〉注本训诂方法研究》,《云梦学刊》2004 年第 3 期。

[133] 周裕锴:《语言还原法——乾嘉学派的阐释学思想之一》,《河北学刊》2004 年第 5 期。

[134] 周光庆:《经学传统中的解释空间》,《河北学刊》2004 年第 5 期。

[135] 周光庆:《中国古典解释学的现代转型》,《学术界》2004 年第 6 期。

[136] 傅荣贤:《文献阐释和中国古代目录学》,《图书馆》2006 年第 6 期。

［137］黄玉顺:《注生我经:论文本的理解与解释的生活渊源——孟子"论世知人"思想阐释》,《中国社会科学院研究生院学报》2008 年第 3 期。

［138］金玲:《〈仪礼古今文疏义〉引书考》,《浙江社会科学》2011 年第 9 期。

［139］岳宗伟:《论衡引书研究》,复旦大学 2006 年博士学位论文。

［140］郭伟宏:《赵岐〈孟子章句〉研究》,山东大学 2008 年博士学位论文。

［141］安敏:《〈春秋左传正义〉研究》,华中师范大学 2008 年博士学位论文。

［142］张明:《刘孝标〈世说新语注〉引书研究》,东北师范大学 2009 年博士学位论文。

责任编辑：王怡石

封面设计：周方亚

图书在版编目（CIP）数据

高诱《吕氏春秋注》研究／王翰颖 著.—北京：人民出版社，2024.1

ISBN 978－7－01－025602－3

I.①高…　II.①王…　III.①《吕氏春秋》–研究　IV.① B229.25

中国国家版本馆 CIP 数据核字（2023）第 065526 号

高诱《吕氏春秋注》研究

GAOYOU LÜSHICHUNQIUZHU YANJIU

王翰颖　著

人民出版社 出版发行

（100706　北京市东城区隆福寺街 99 号）

北京汇林印务有限公司印刷　新华书店经销

2024 年 1 月第 1 版　2024 年 1 月北京第 1 次印刷

开本：710 毫米 ×1000 毫米 1/16　印张：17

字数：290 千字

ISBN 978－7－01－025602－3　定价：88.00 元

邮购地址 100706　北京市东城区隆福寺街 99 号

人民东方图书销售中心　电话（010）65250042　65289539